Wilde Weiblichkeit

SILKE GENGENBACH

WILDE
Weiblichkeit
LEBENDIG, SINNLICH, FREI

Wege in ein neues
Körper- und Lebensgefühl

INTEGRAL

Verlagsgruppe Random House FSC® N001967

Erste Auflage 2020
Copyright © 2020 by IntegralVerlag, München,
in der Verlagsgruppe Random House GmbH,
Neumarkter Straße 28, 81673 München
Alle Rechte sind vorbehalten. Printed in Germany.
Umschlaggestaltung: Guter Punkt GmbH, München
Umschlagfoto: Sabuas Lichtraum Fotografie
Hintergrund: © ifc2 / Getty Images
Fotos im Innenteil: Sabuas Lichtraum Fotografie, Anouk Pross Photography
Satz: Markus Weber, Guter Punkt GmbH & Co. KG, München
E-Book-Produktion: Satzwerk Huber, Germering
Druck und Bindung: Alföldi, Debrecen
Printed in Hungary
ISBN 978-3-7787-9301-5

www.Integral-Lotos-Ansata.de
www.facebook.com/Integral.Lotos.Ansata

Für meine Mutter, die das Licht gehalten hat

Inhalt

Willkommen

Du wunderbare wilde Frau! Ich bin so glücklich und dankbar, dir zu begegnen!

Ich habe lange gebraucht, um mich dir ganz zu öffnen und mit dir meine Erfahrungen und Gedanken zu teilen. Plötzlich waren große Selbstzweifel da, sodass ich es beinahe nicht mehr wagte, dieses Buch zu schreiben. Ich spürte auch große Erschöpfung, mein Arbeitspensum war mit drei Kindern, Yogakursen und dem normalen Alltag schon anspruchsvoll genug. Doch die Sehnsucht, meinen Träumen zu folgen, für die ich brannte, es zu wagen und das Leben kraftvoll spüren zu wollen, war stärker. Seit meiner Jugend wollte ich als Autorin etwas Wundervolles, Bereicherndes mitteilen. Ich wollte über etwas schreiben, das unsere Herzen berührt, stärkt und heilt.

Das habe ich gefunden, ich musste es »nur« zu Papier bringen. Von den Frauen in meinen Yogakursen und Frauenkreisen, von meinen Freundinnen erfuhr ich viel über das weibliche Bewusstsein: Der weibliche Anteil fehlt nicht nur in der Welt, sondern auch in uns selbst. Das Weibliche ist uns fremd geworden, nicht mehr spürbar. Ich beschloss: Wir müssen dringend unsere Weiblichkeit wiederentdecken und sie aus der dunklen, verstaubten Ecke zurück ins Leben holen.

Ich wusste, was ich über das weibliche Mysterium, über die besondere Kraft in uns Frauen, entdeckt hatte, war außergewöhnlich. Dennoch kamen Zweifel und alte Glaubenssätze in mir auf. Sie überraschten mich wie ungebetene Gäste. Ich musste mir ein Herz fassen und selbst ganz und gar die wilde, leidenschaftliche, authentische Frau sein, über die ich in diesem Buch schreibe. Ich musste die starke und unabhängige Frau sein, die in uns allen steckt und die aus Liebe über ihre Ängste und Begrenzungen hinauswächst.

Denn die wilde Frau in mir hat nur gelacht, wenn ich ängstlich den Kopf einziehen wollte, mich für nicht gut genug hielt und wenn Kritik mich beunruhigte, runterzog oder lähmte. Sie hörte nicht auf mein Jammern und mein Selbstmitleid, wenn ich mich kleinmachte und es anderen überlassen wollte, ein Buch über die Weiblichkeit zu schreiben. Ich dachte einen Moment daran, lieber doch nicht auf die Bühne des Lebens zu gehen, sondern das zu tun, was ich sonst auch tat und dessen Routine mir Sicherheit gab. Doch die Wilde in mir stampfte kurz auf und gab mir einen sachten Schubs. Sie erinnerte mich an meine Lust, meine Freude und mein Feuer, etwas zu tun, das ich liebte und das aus mir heraussprudeln wollte, ganz unbeeindruckt von der Meinung und dem Können anderer. Sie zwinkerte mir zu und zeigte mir meinen leeren Platz.

Ich reiche dir meine Hand. Lass uns den Kopf wieder aufrecht und unsere Herzen offen halten und das Leben gestalten, es rocken, es feiern! Komm, Schwester, es ist unsere Welt!

Wilde und sanfte Weiblichkeit – ein Widerspruch?

Warum ist die Weiblichkeit wild, fragst du dich womöglich. Ist sie nicht sanft, zart und weich? Doch, das ist sie. Und gleichzeitig ist sie von unglaublich zäher und ausdauernder Kraft. Sie kann wie das Wasser weich, nährend und fließend sein, aber auch durch Unermüdlichkeit und Kraft Staudämme zum Einsturz bringen. Die weibliche Energie ist eine ursprüngliche, schöpferische Kraft unserer kreativen, wilden Natur, die gelebt werden will.

Wir leben in einer fordernden Zeit, die nach Balance sucht und in der die weiblichen Qualitäten mehr an Bedeutung gewinnen und nach Ausdruck verlangen. Wir haben als Frauen eine starke Anbindung an die weibliche kreative Urkraft, diese ungezähmte und unerschütterliche Quelle in uns, und es ist für uns nicht schwer, diesen Zugang zu erschließen. Doch die weibliche Kraft ist uns fremd geworden, wir nehmen sie kaum noch natürlich und wild wahr. Sie zu spüren, ihre unendlich große Kraft und Vielschichtigkeit zu nutzen und auszuleben, trauen wir uns noch nicht so ganz zu. Was uns hindert, ganz in unserer Kraft zu sein, ist nur die Angst vor der eigenen Macht, dem eigenen Licht, das wir sehr lange unter den Scheffel gestellt haben.

Dabei ist das, was wir Frauen wollen, nicht egoistisch, sondern liebevoll und lebendig. Frauen wünschen sich, dass es allen gut geht. Wir haben Träume, Ideen von einem besseren Leben und gleichzeitig eine sensible Wahrnehmung von Stress und jeglicher Disharmonie, die uns irritieren könnten, wenn sie uns nicht bewusst sind oder wir nicht wissen, wie wir mit ihnen umgehen können.

Unsere Weiblichkeit braucht ihre wilde Seite, um in ihre Kraft zu kommen und heilend zu wirken. Sie braucht ihre Wildheit, um sich selbst immer wieder zu befreien von Begrenzungen. Dann kann sie von Neuem beginnen, sich auf die Beine stellen, weitergehen, wenn sie ihrer zyklischen Natur ungezwungen folgt.

Unsere Weiblichkeit kann erschaffen, ohne sich zu erschöpfen oder zu verlieren, wenn sie sich ihrer einzigartigen Natur bewusst wird. Wenn sie erkennt, dass sie selbst die Liebe und das Leben verkörpert. Sie sollte aber auch die Stolperfallen kennen, die sie sich womöglich selbst stellt oder die aus vergangenen Zeiten stammen, in denen die weiblichen Qualitäten nicht wertgeschätzt wurden. Zeiten, in denen Frauen ihre Fähigkeiten und Bestimmung nicht ausleben und tun durften, wozu sie Lust hatten. Wir sind heute freier denn je. Wir können tun und lassen, was uns Freude bereitet. Wir können lieben, wen wir wollen, leben, wie wir wollen.

Wir sind es selbst, die unsere Wildheit und damit unser Potenzial unterdrücken, indem wir uns angreifen, kleinmachen und uns nicht lachend und lustvoll am Leben beteiligen. Die Weiblichkeit möchte sich prall und sichtbar ausdehnen, sich ausdrücken, sie möchte genussvoll ihren Körper spüren, sich und andere schön finden und fühlen dürfen, wild und frei von Schönheitsidealen und Anstrengungen sein und ihrer Intuition folgen. Die wilde Weiblichkeit kennt keine Normen und Vorgaben. Sie ist nicht dem ehrgeizigen Wahn der Perfektion und Selbstoptimierung unterworfen, sondern hat Zugang zur Quelle universeller und kreativer Optimierung. Sie muss es nicht allen recht machen.

Die Weiblichkeit ist lebendig, fühlend, liebend! Das ist sie, weil sie einen Körper hat. Doch indem wir diesen treuen, besten Freund kritisieren, ihn ändern wollen, statt ihn zu lieben, wie er ist, seine Weisheit nicht erkennen, entfernen wir uns von unserer Natur und damit von uns selbst. Denn wir sind selbst die Natur.

Wir sind nicht wild im Sinne von »wahnsinnig«. Auch wenn wir verrückte Ideen haben, zu starken Gefühlsschwankungen oder Meinungsänderungen neigen, sind wir nicht von Sinnen, ganz im Gegenteil. Wir haben durch unsere Gefühle und Impulse einen natürlichen Zugang zu Weisheit und Intuition. Wir kennen unsere tiefste Wahrheit, wenn wir uns selbst nahe sind. Wir können etwas bewirken und verändern – wenn wir zu unserem Herzen finden in unserer Brust und in unserem Schoß, der unser weibliches Potenzial unverändert bereithält.

Ab jetzt darfst du dich entspannen und genießen! Wir machen es auf die weibliche, gefühlvolle und intuitive Art! Du darfst dich frei machen von Ballast, verkopftem Denken und Vorgaben. Sei kreativ, locker und ungezwungen, hab Spaß. Experimentiere und spüre, wie sich die Übungen, Tipps und schamanischen Rituale in diesem Buch für dich anfühlen. Wir haben heute die Möglichkeit, mit der Hilfe von altem Wissen moderne Lösungen zu finden, wenn wir sie für uns stimmig anwenden. Der Weg der Weiblichkeit geht lustvoll nach innen und folgt dem eigenen Gefühl.

Die meisten der hier vorgestellten leichten Yogaübungen haben ihren Ursprung im Kundalini-Yoga, dem Yoga der Lebensenergie. Sobald wir den sogenannten »Flow« spüren, sind wir voller positiver Energie und Glücksgefühle. Wir können mühelos, geradezu erhebend mitschwingen, haben Herz und Bewusstsein weit geöffnet. Ich möchte dich in diesem Buch ermutigen und dabei unterstützen, wie du dich noch leichter an die Urquelle, die wir selbst verkörpern, anschließen kannst. Übe nicht – spüre! Hab Freude, sei neugierig.

Innerhalb weniger Minuten können wir die aufbauende, heilsame Energie zum Fließen bringen. Wichtig ist, dass du anerkennst, wie einzigartig du bist und dass du deinen ganz eigenen Weg hast, den deine Empfindungen wie Laternen erhellen. Vertraue dir selbst, deinen Gefühlen und Impulsen. Mach dich frei von Vergleichen und Bewertungen. Viele der Übungen und Rituale stärken deinen Mut, dein Vertrauen in dich und deine Selbstliebe.

Werde weich, fließe mit und tu, was dir gefällt. Das sind die Türöffner für deine weibliche Energie und dein Potenzial. Wozu hast du Lust? Was ist deine Sehnsucht? Finde heraus, was dir wichtig ist und was du eigentlich tun möchtest in deinem Leben. Deine Weiblichkeit ist eine kreative, verjüngende Energie, die sich verwirklichen möchte. Mach alles mit Genuss, zart und gefühlvoll oder feurig und ungezwungen. Lerne dich, dein Feuer, deine Sexualität und Partnerschaft auf eine vielleicht neue Art kennen und lieben.

Entdecke! Das Kapitel, das die freie, selbstbestimmte Menstruation beschreibt, ist ein Beispiel für Loslassen- und Vertrauenkönnen, Intuition und Kreativität. Es ist eine wunderbare Übung, um deine Wahrnehmung zu schulen und einen heilsamen Umgang mit deinen Emotionen zu finden. Es muss dir nicht gelingen, deine Menstruation vollkommen kontrollieren zu können. Löse dich von Dogmen und Erwartungen, die dich unter Druck setzen. Freue dich über die Linderung und Freiheit von negativen Gefühlen, belastenden Themen, Ängsten, Schmerzen und anderen monatlichen Beschwerden. Du wirst deinen Zyklus als kostbares Geschenk erkennen dürfen.

Finde den Weg zurück zu dir. In deinem Inneren bist du noch immer in der ursprünglichen Kraft: unverletzt, frei und voller Liebe. Lebe deine Wildheit!

Ich wünsche dir von Herzen viel Spaß, Lebensfreude, Freiheit und Liebe. Sei frei und genieße!

Zeit der wilden Weiblichkeit

EINS

Unter Wölfen

Alles geschieht aus einem bestimmten Grund. Und das, was verloren ging, möchte gesucht werden. Mir war immer bewusst, dass mir etwas Entscheidendes im Leben fehlte. Ich suchte nach etwas, das mich erfüllte, wärmte und über alle Anstrengungen und Hindernisse hinwegtrug. Ich suchte nach Lebendigkeit und Lust am Leben. Ich erkannte erst in den letzten Jahren, dass es vielen ähnlich ging wie mir.

Ich war Anfang dreißig, als mich meine Freundin Claudia überredete, zu einem Yogaworkshop mitzukommen, der mich komplett »transformieren« oder zumindest sehr glücklich machen sollte. Yoga faszinierte mich, ich machte gerade meine Kundalini-Yogalehrer-Ausbildung und war offen für andere Lehrer.

Der schwarzbärtige Yogi kam zu spät und grußlos in den Raum, in dem fast ausschließlich aufgeregte Frauen warteten, schwatzten und ehrfürchtig verstummten, als sie ihn erblickten. Als er sich hinsetzte, wuselte die Leiterin des Yogastudios um ihn herum, servierte ihm Tee, brachte ein zusätzliches Sitzkissen und ein Schaffell, verrückte Blumenvasen und Kerzen, ohne dass er eine Gefühlsregung erkennen ließ. Als sie ihm die Musikanlage erklären wollte, verwies er auf die hübsche Helferin und Dolmetscherin an seiner Seite. Wäre er kein Yogi gewesen, hätte ich gedacht, er sei ziemlich genervt.

Er erzählte uns die alte Geschichte von den beiden Wölfen, die wie »Engelchen und Teufelchen« in uns vorhanden sind und gefüttert werden wollen. Die blonde junge Schönheit lächelte und übersetzte sein indisch klingendes Englisch tadellos ins Deutsche. Sie erklärte uns, dass uns der gutmütige, unterstützende Wolf mit seinen edlen Eigenschaften auf lichtvollen Pfaden begleite, während uns der gierige Wolf in seiner niederträchtigen Art ins Verderben reißen wolle, sobald wir unter Druck geraten. Um den Widrigkeiten des Lebens und den Schwächen trotzen zu können, schlug der Yogi uns die »Meditation der Kraft eines Kriegers« vor. Seiner Meinung nach lauerte der gierige Wolf im Schatten, um jeden Augenblick mit gebleckten Zähnen hervorzuspringen und Unheil anzurichten. Der Blick des Yogis war jetzt eindringlich und etwas blitzte in seinen dunklen Augen. Machte sich da ein Wolf bemerkbar und wenn ja, welcher? Ich hatte dennoch eine andere Theorie zu den Wölfen und hielt nichts davon, sich nur schützen und wappnen zu wollen. Ich wusste inzwischen, dass man nichts in den Schatten verdrängen kann, was zu einem gehört. Es würde sich nur umso stärker bemerkbar machen. Alles will gesehen, mit Liebe genährt und zurückgeführt werden.

Unsere Yogaübungen waren sehr dynamisch und schweißtreibend. Dann sollten wir uns hinsetzen und die Arme waagrecht und steif vor der Brust halten. Mal sollte der linke Arm über dem rechten sein, mal umgekehrt. Dazu hörten wir ein klangvolles, motivierendes Mantra. Die Leiterin des Yogastudios war eine spröde und drahtige Frau. Sie patrouillierte zwischen uns und ich meine, ein schmales Lächeln in ihren Mundwinkeln gesehen zu haben, als die ersten Leute vor Anstrengung stöhnten. Der Yogi schloss unbeeindruckt die Augen und meditierte. Es wurde langsam schmerzhaft. Meine Schultern verspannten und ich versuchte, tief in den Bauch zu atmen. Wie lange machten wir das schon? Zwanzig Minuten oder erst zehn? Und wie lange würde es noch dauern? Ich sah Claudia an, dass sie Schmerzen hatte. Warum taten wir uns das überhaupt an? Die Erste legte sich auf den Rücken und weinte. Da die Aufseherin ihre offensichtliche Freude an den Qualen der Leute hatte und der Bärtige, dessen Augen jetzt zwar offen waren, uns ignorierte, wollte ich nicht aufgeben und keine Schwäche zeigen.

Ich atmete weiterhin tief in den Bauch und schloss für einen Moment die Augen. Ich hörte die Musik, sie klang wie die sanften Wellen eines Flusses. Ich summte die Melodie, versuchte mir vorzustellen, wie mein Körper und jede Zelle sanft vibrierte und in Schwingung versetzt wurde. Gleichzeitig machte ich meine Schultern, meine Muskulatur ganz weich. Ich spürte sie warm und ließ sie in meiner Vorstellung geschmeidig werden. Ich atmete tief und fühlte mich vom Atem erfüllt, ich spürte, wie sich mein Körper ausdehnte. Mit dem Ausatmen wurde ich so weich wie irgend möglich und ließ die Verspannung gedanklich gehen. Meine steifen, schmerzenden Arme hielt ich zwar noch vor der Brust, bewegte sie aber nun geschmeidig wie eine Tänzerin. Meine Hände bewegten sich anmutig und grazil. Ich fühlte das Kribbeln in meinen Handflächen. Die Energie war da, ich musste sie nur entsprechend anwenden. Ich ließ meine Arme von der Luft und dem Klang tragen, der sie umgab. Innerlich erzeugte ich mit meinem Atem und Tönen die gleiche Unterstützung.

Die Schmerzen waren weg. Ich fühlte auf einmal ein unglaubliches Gefühl von Leichtigkeit, Schwingung und Energie, die mich trugen und mitnahmen. Ich öffnete meine Augen und sah das schmerzverzerrte Gesicht meiner Freundin. Ich drehte mich ihr direkt zu, ohne den Tanz meines Oberkörpers zu unterbrechen. Ich summte und tönte die Melodie lauter und deutete mit meinen Augen auf meine sich zart bewegenden Arme, Schultern und Hände. Claudia verstand mich und drehte sich mir zu. Wir schauten uns in die Augen. Sie fing an, sich ebenso leicht und geschmeidig zu bewegen. Ich schnitt einige Grimassen und sie grinste. Nach einigen Minuten waren wir beide wie auf Droge. Wir tönten die Melodie und ließen begeistert und enthusiastisch unsere Arme kreisen und tanzen. Wir bekamen von außen nichts mehr mit. Als die Musik endete, fielen wir uns lachend in die Arme. Claudia rief: »Unglaublich, ich hätte noch weitermachen können!«

Ich nickte und war glücklich. Dann sah ich die auf dem Boden liegenden Leute um uns herum. Wir waren außer dem Bärtigen die Einzigen, die saßen. Einige hatten einen apathischen, erschöpften oder noch immer schmerzverzerrten Gesichtsausdruck. Ich fühlte mich großartig und empfand diesen Workshop, der so unangenehm angefangen hatte, als eine wundervolle Erfahrung. Ich fühlte mich beschenkt.

Die spröde Chef-Yogini kam zu uns und sagte mit einem miesepetrigen Gesichtsausdruck nur: »Na!« Claudia sprudelte drauflos, wie erhebend und beglückend dies alles gewesen sei. Sie hätte ihre Arme leicht wie Federn gespürt und wir hätten uns gegenseitig unterstützt durch unseren Blickkontakt. Ich nickte begeistert. »Dann habt ihr es falsch gemacht!«, schoss es aus unserer Foltermagd heraus. Claudia öffnete sprachlos den Mund. Erst als die Gute-Laune-Gegnerin wieder weg war, protestierte meine Freundin und meinte: »Die ist doch nur sauer, dass wir das so locker gemeistert haben.« Ich lachte.

Wir triggerten sie wohl genauso wie sie uns. Sie stand beim Yogi und redete wie ein Wasserfall. Immer wieder zeigte sie auf uns. Sie verpetzte uns! Gehörte ihr wirklich dieses Yogastudio oder half sie nur aus? Er schaute kurz auf und in unsere Richtung. Ich dachte: Was auch immer sie ihm erzählt, bestimmt ist es ihm egal und er bleibt standhaft »bewertungsfrei«. Doch dann blickte er sie an und sagte etwas mit tiefer, ruhiger Stimme, das die Frau förmlich schrumpfen und mit gesenktem Kopf davonschleichen ließ. Er hatte sie in den Senkel gestellt oder zum Küchendienst verdonnert! Der Bärtige erhob sich, lächelte in die Runde, sagte nette Abschiedsworte und ging.

Ich hatte zum ersten Mal ganz bewusst die Kraft in mir erzeugt, die ich brauchte, um mit Leichtigkeit, Anmut und positiver Energie Hindernisse zu überwinden. Ich hatte den Zugang zur weiblichen, weichen und strömenden Energiequelle gefunden!

Auf die weibliche Art im Flow sein

Noch nie zuvor waren wir Frauen so frei, ehrgeizig, autonom und selbstbewusst wie heute. Wir sind auf der Überholspur des Lebens und geben Gas. Wir dürfen und können alles und wir tun es auch!

Aber machen wir es auf die weibliche Art? Hören wir erst einmal auf uns selbst, was uns unser Gefühl sagt, und entscheiden wir dann, ob und wie wir etwas aus einer Freude und Lust tun, oder sind wir sofort zur Stelle und erfüllen gewissenhaft alle Aufgaben und unsere zum Teil überzogenen Ansprüche? Es gibt ständig etwas zu tun, nie ist es genug. Dabei laufen wir Gefahr, uns mehr zu verausgaben, als dass wir uns erholen und entspannt in unserer weiblichen, sehr weichen und fließenden Kraft bleiben, in einem mühelosen, grandiosen »Flow«.

Als Frauen haben wir einen ganz natürlichen Zugang zur nährenden, kreativen Energie, die uns schnell, geradezu magisch, auffüllen, regenerieren und in Balance bringen könnte. Aber häufig verhindern wir diese Anbindung, ohne es selbst zu bemerken.

Die wilde weibliche Kraft ist da, wir müssen sie nicht erst verzweifelt irgendwo suchen. Sie ist der Teil in uns, der uns weibliche Identität, Stärke, Vertrauen, ein Ankommen in uns selbst verleiht. Viele Ängste und Bemühungen um Sicherheit und Anerkennung lösen sich einfach auf, wenn wir mit unserer Weisheit verbunden sind und gelassen im Hier und Jetzt bleiben. Die weibliche Energie kommt so richtig ins Fließen, je wohler wir uns fühlen. Das weibliche Potenzial erschließen wir liebevoll, genüsslich und mit Spaß!

Ganz gechillt – das Geheimnis der Entspannung

Entspannung und Wohlgefühle sind die wesentlichen Schlüssel, um die weibliche Kraft zu aktivieren. Das heißt, je entspannter und freier wir sind, desto mehr sind wir einfach wir selbst. Die Sehnsucht nach einem »cosy«, »hyggeligen« Wohlfühl- und Kuschelambiente in unserem Zuhause ist ein Ausdruck unserer weiblichen Seite, die mehr in ihre Kraft finden möchte. Sollten wir beim nächsten Einkauf nicht an Kerzen, Blumen, Kissen, Düften und Dekoartikeln vorbeikommen, braucht die weibliche Energie mehr Beachtung. Wir wollen auftanken, um die Härte und das Tempo des Alltags zu mildern.

Wir brauchen wieder Balance in unserem Leben. Das heißt nicht, den Deko-Laden leer zu kaufen, aber diese Sehnsucht nach Gemütlichkeit und auch Romantik sollten wir wahrnehmen und nicht als unsinnig abtun. Im Übrigen stärken Männer ihre weibliche Energie, ihre Gesundheit und Ausgeglichenheit ebenso mit schönen Dingen, die ihre Sinne ansprechen, wie beispielsweise genüssliches Essen bei Kerzenschein, Musik und viel Wärme.

Unsere Gesellschaft, die nur Leistungs- und Motivationsprinzipien predigt, unterliegt allerdings noch alten, ungesunden Konditionierungen, die besonders dem Weiblichen schaden. Wir tun uns schwer, unter Anstrengung, Missachtung oder Druck voller Energie und Lust zu sein. Im Gegenteil: Auf Stress und Lieblosigkeit reagiert das weibliche Prinzip empfindlich.

Wir können weder besonders kreativ und kraftvoll sein noch uns fallen lassen, wenn wir uns erschöpft und schlecht fühlen oder glauben, wir hätten noch zwanghaft unsere To-do-Liste abzuarbeiten. So funktionieren wir nicht. Wir können nicht einfach die Zähne zusammenbeißen und weitermachen. Es gilt immer wieder innezuhalten und zu erforschen, womit wir uns liebevoll unterstützen und wahrnehmen können, aber auch, wo wir unsere Anbindung an die weibliche Urkraft blockieren und in einer Dauerschleife aus Stress und Erschöpfung hängen.

Wir haben beispielsweise Mühe, uns ganz selbstverständlich und regelmäßig sinnliche Wohlgefühle zu erlauben. Zudem meinen wir immer noch, uns Entspannung erst verdienen zu müssen und erst nach den ganzen Anforderungen des Alltags, die immer mehr zu werden scheinen, ausruhen zu dürfen. Die wenigsten Frauen kommen verspannt und müde dazu, nachsinnen und spüren zu können, was ihnen im Moment Freude bereiten würde.

Aber auch Entspannung ist oftmals nicht mehr das süße Nichtstun, das Träumen oder der Rückzug, sondern ein grandioses Wellness-Programm voller Aktivitäten. Natürlich ist nichts gegen besondere Momente einzuwenden, aber wenn wir Erholung nur von außergewöhnlichen Erlebnissen abhängig machen, dann werden diese seltenen Gelegenheiten nicht zur Erholung ausreichen. Nur mit täglichen Auszeiten können wir unsere Energie halten.

Auftanken ist schwierig, wenn wir Spaß immer mit dem Nützlichen verbinden, zum Beispiel, wenn wir beim Backen mehr ans Verwöhnen anderer oder beim Sport an die Ausdauer und ans Kalorienverbrennen denken. Es mag sein, dass manche Frauen Bügeln, Staubsaugen oder Buchhaltung nicht als Arbeit empfinden, aber Wellness für die Seele ist etwas anderes. Deine Auszeit sollte beglückend und nährend sein! Du solltest dich ganz auf das Empfangen einlassen, denn das ist der weibliche Weg.

Vielleicht versagen wir uns auch manches, das zu unvernünftig oder zu *besonders* ist. Was wir für unser Wohlbefinden brauchen, sind zunächst Zeit und Momente der Ruhe, in denen wir überhaupt erst nachspüren können, was für uns wirklich wichtig ist und womit wir uns schaden. Wir dürfen uns nicht vom Anspruch und Tempo des Alltags unterkriegen und mitreißen lassen. Das würde bedeuten, unsere Wahrnehmung auszuschalten und damit unsere Möglichkeit, Dinge mit Leichtigkeit und Freude zu tun, im beglückenden Flow zu sein oder wenigstens in Balance.

Im Alltag sein bedeutete bisher, sich nach männlichen Prinzipien richten zu müssen, sich anzustrengen, etwas erreichen, alles geben zu müssen. Dadurch ist Entspannung leider zu einer Art »Energie-Notschalter« geworden, der nach Bedarf gedrückt wird, wenn man sich schon völlig verausgabt hat. Auch beim Sex kann man sich einseitig verausgaben und erschöpft zur Seite rollen oder miteinander den Augenblick liebevoll wahrnehmen, sich erfüllt fühlen und genießen.

Entspannung und Wellness sind kein Luxus und nur wenigen Glücklichen vergönnt. Glücklich sind diejenigen, die sich diese Zeit der Muße gönnen, denn niemand hat heutzutage Zeit. Du findest in den folgenden Kapiteln eine Fülle an kleinen Übungen und Ritualen, die dir helfen, innerhalb weniger Minuten loszulassen und deine weiblichen, regenerativen Kraftressourcen zu erschließen.

Alles, was wir brauchen, ist bereits vorhanden. Es ist nur überdeckt von alten und negativen Konditionierungen, die wie breite Türsteher den Durchgang versperren. Unser Potenzial, die weibliche Kraft, liegt in uns brach und wartet auf unsere Wahrnehmung und Bereitschaft, sie in die Welt zu bringen und uns erst einmal selbst zu versorgen.

Die Fragen, die wir uns immer wieder stellen dürfen, sind: Was brauche ich in diesem Moment? Was hilft mir, zurück zu mir selbst zu kommen? Es lebe künftig das Seele-baumeln-Lassen! Zelebriere, was dir das Gefühl von Freiheit – ein Synonym für Entspannung – vermittelt.

Freizeit ist eine Zeit, in der du völlig frei bist, das zu tun, was dir gefällt. Suche nach Augenblicken, die dir Leichtigkeit und Weite schenken. Positive, erfreuliche, liebevolle Gedanken und Gefühle lassen dich tief entspannen!

Schön, dass es mich gibt!

Natürlich brauchen wir Auszeiten, Spaß und Verwöhnprogramme! Wir erledigen schließlich ein enormes Pensum an Arbeit und tragen viel Verantwortung. Als Frauen sind wir sehr aktive, ausdauernde, engagierte Wesen. Wir halten die Welt in ihren Bahnen und im Gleichgewicht. Abgesehen davon, dass alles Leben vom Weiblichen erschaffen wird! Ohne uns Frauen gäbe es kein Leben (mehr) auf diesem Planeten. Wir machen das Leben lebenswert, bringen Wärme, Harmonie, Heilung, Liebe, Toleranz und Schönheit in den Alltag. Mit unserer Sensibilität und Weisheit erkennen wir so manche Unstimmigkeiten und Notlagen und schaffen sie aus der Welt. Zäh und unermüdlich trotzen wir den Widrigkeiten. Wir verstehen, helfen und sind für andere da. Wir sind Heldinnen des Alltags, Quellen der Liebe!

Aber wissen wir das auch zu schätzen? Kennen wir die anderen Schlüssel zu unserer ausdauernden und schöpferischen Kraft: Liebe, Wertschätzung und Dankbarkeit?

Unsere Gesellschaft verehrt materielle und protzige Dinge und die auffallende Show – Liebe und Fürsorge dagegen kommen oft auf leisen Sohlen daher. Es wird mehr das Sichtbare gewürdigt als das Gefühl. Es läuft teilweise noch das alte Programm: Geld übertrifft Liebe.

Wir arbeiten meistens im Hintergrund und erwarten keine Lorbeeren für unser Tun. Es ist für uns selbstverständlich, dass wir uns auch emotional engagieren. Dafür müssen wir uns nicht feiern lassen. Man kann es auch nicht immer sofort erkennen, was wir tun, es sind oft unzählige, kleine Dinge, die wir erledigen. Unser Engagement hängen wir einfach nicht an die große Glocke! Aber warum eigentlich nicht?

Uns muss nicht gehuldigt werden, wir wünschen uns allerdings Respekt und Fairness. Leider gibt es da immer viel »Luft nach oben«. Es ist aber auch schwierig, sich von seinem Umfeld Beachtung und Wertschätzung oder Fairness zu wünschen, wenn man nichts davon für sich selbst übrighat.

Können wir uns nicht endlich selbst die Anerkennung und Wertschätzung entgegenbringen, die wir uns von anderen wünschen? Sobald wir dankbar anerkennen, wer wir sind, welchen oft mühsamen Weg wir gegangen sind und nicht aufgegeben haben, öffnen wir uns für die weibliche Kraft, die aus Liebe gibt und in der Liebe bleibt, egal was geschieht. Wir verbinden uns mit unserer Essenz. Denn wir sind aus Liebe hier.

Es ist nicht wichtig, was du erreicht hast und wo du gescheitert bist. Was wirklich zählt und was du selbst anerkennen solltest, ist, dass es dich gibt. **Du verdienst Wertschätzung und Dankbarkeit – von dir selbst!**

Das ist die Hürde, die wir zu nehmen haben. Immer wieder uns die Treue halten, uns nicht abzuwerten und es anderen recht machen zu wollen. Denn egal wie viel wir tun, es ist nie genug. Oder wir können nicht unterscheiden, was weniger wichtig ist, ganz ausgeklammert oder abgegeben werden könnte. Dann müssen wir damit zurechtkommen, dass andere, zum Beispiel der Partner oder die Kollegen, Aufgaben weniger perfekt, später oder anders machen. Wollen wir die Verantwortung etwa nicht teilen, unbedingt unentbehrlich sein oder haben wir einfach zu wenig Vertrauen und Gelassenheit?

Man könnte glauben, wir hätten eine Art Verantwortungs- und Perfektionssucht, die uns davon abhalten, unsere weibliche Energiequelle zu erschließen. Ständig zerbrechen wir uns den Kopf darüber, was noch alles getan und organisiert werden muss. Übertreiben wir es mit der Verantwortung für alle? Was ist mit der Verantwortung für uns selbst? Mit dem Stress, der uns aus der Balance bringt, uns die Laune, die Gelassenheit und unseren sensiblen Hormonhaushalt verdirbt?

Manchmal ist es ratsam, einen Blick von außen auf uns selbst zu werfen, auf das ganze Chaos, das wir aus Liebe (!!!) zu bewältigen versuchen. Dankbarkeit würde uns durchfluten, wenn wir erkennen könnten, was alles an Gutem in unserem Leben vorhanden ist, das wir unter anderem auch uns selbst zu verdanken haben. Vieles hätten wir nicht geschafft und vieles wäre nicht zu uns gekommen oder würde bei uns bleiben, wären wir nicht so, wie wir wirklich sind. Könnten wir nur einen Moment innehalten, dann würde uns die eigene Wertschätzung zuflüstern: »Es ist gut und mehr als genug. Du bist wertvoll!«

Unser geringes Selbstwertgefühl und die wenigen Verschnaufpausen machen uns aber das Leben ungeheuer schwer und schneiden uns von unseren weiblichen Fähigkeiten ab. Wie Getriebene erledigen wir unsere Aufgaben, ohne auch nur einen Moment der Zufriedenheit und Dankbarkeit zu verspüren oder nach dem Sinn unseres Handelns zu fragen.

Was denken denn die anderen von mir; glauben sie, ich bekomme nichts auf die Reihe oder liege nur faul rum; andere können es viel besser als ich – solche Gedanken machen uns gleich wieder einsatzbereit. Zuerst gab es das

Märchen von der fleißigen Goldmarie, dem folgte das »Fräuleinwunder« der Nachkriegszeit. Dieses Programm ist bis heute aktiv, zumindest in unseren Köpfen. Wir sind wie »Wonder Women«: Wir wollen alles schaffen, als hätten wir keine eigenen Bedürfnisse. Wir müssen die Welt retten und es scheint, als kämen wir einfach nicht mehr aus dieser Nummer raus.

Doch künftig rollen wir uns selbst und der Liebe den roten Teppich aus! Denn wir haben die wilde Frau in uns, ein ganzes Team an urweiblichen Frauenanteilen, Archetypen, die uns auf dem Weg der Selbstliebe und Dankbarkeit führen und begleiten.

Lieber echt sein und manches lassen

Der Wunsch nach Authentizität wird immer deutlicher, je oberflächlicher, sinnentleerter und liebloser das Leben sich zeigt. Die Wilde in uns ruft nach Natürlichkeit, nach echten Gefühlen und nach einem Sinn!

Ja, wir sind furchtbar perfektionistisch geworden, was unseren Alltag noch anstrengender macht, als er sein müsste. Wir sind so in diesen Strudel der Selbstoptimierung und Plackerei hineingeraten, dass wir uns fragen sollten, was das alles noch mit uns selbst zu tun hat: Sind das wirklich meine Ängste und Gefühle, nicht wertvoll zu sein, Erwartungen nicht erfüllen zu können und nicht genug getan zu haben? Oder habe ich sie von meinem Umfeld oder von früheren Generationen übernommen, und jetzt führen sie ein zermürbendes Eigenleben? Ist mir bewusst, dass ich jederzeit das Alte, das nicht mehr zu mir gehört, loslassen kann, damit mein wahres Ich zum Vorschein kommt?

Der weisen Frau in uns ist bewusst, dass all die Erwartungen an uns in Zeiten entstanden sind, in denen es ums Überleben ging. Sie wurden von Generation zu Generation weitergereicht. Wir dürfen uns heute von diesem Überlebensprogramm lösen und neu entdecken, was für uns wirklich das Beste ist. Wir dürfen und können das Negative ablegen, ausatmen und loslassen. Damit erneuern und stärken wir unsere Wurzeln zutiefst. Kannst du dir vorstellen, welche Erlösung es für unzählige Generationen bedeutet, wenn du, anders als die Frauen deiner Ahnenreihe, wirklich frei dein Leben führst, so, wie es dich glücklich macht? Es ist unendlich kraftvoll und segensreich, wenn wir leidvolle Themen und Erfahrungen unserer Familien beenden und sie durch eine neue und liebevolle Ausrichtung ersetzen. Damit erschließen wir für uns und nachfolgende Generationen die ursprüngliche Kraft unserer Wurzeln.

Wir sind heute frei, unsere Sehnsüchte zu verwirklichen. Vielleicht träumte schon der Urgroßvater oder die Ururgroßmutter davon, Ähnliches wie du tun zu dürfen, mussten aber trotz ihrer Talente, die sie an dich weitergegeben haben, einen anderen Weg gehen. Du bist die Erste deiner Ahnenlinie, die die Gaben und Urkraft eurer Wurzeln befreien und nutzen kann.

Es ist unsinnig und schwächt dich, etwas anderes tun zu wollen als das, was deinen eigenen Fähigkeiten und Sehnsüchten entspricht. Es ist wenig beglückend, anderen nachzueifern, die den Eindruck vermitteln, sie seien erfolgreich und glücklich. Das Glück ist einzigartig und etwas Persönliches. Ich brauche mich nicht zu vergleichen oder unter Druck zu setzen. Vielleicht bin ich schon glücklich, habe es aber nicht bemerkt, und es braucht nur einen Funken Selbsterkenntnis oder eine bessere Umsetzung meiner Ziele? Vielleicht lasse ich mich zu sehr von anderen beeindrucken und weiß meine Gaben und mein Leben nicht zu schätzen?

Wir müssen nicht mehr nach rechts und links schielen, ob einer anderen Person aufgefallen ist, dass wir eine unserer unzähligen Aufgaben nicht ganz perfekt ausgeführt haben. Es mag dich erstaunen, aber weder dieser Perfektionswahn ist typisch weiblich, noch das zwanghafte Vergleichen und Konkurrieren mit anderen. Wir tun gut daran, uns mit unserer Weisheit zu verbinden, für die wir Frauen stehen, und herauszufinden, was uns wirklich glücklich macht.

Das wahre Glück ist ein Teil von uns selbst. Wenn wir es spüren können, wissen wir plötzlich, dass es nichts Unerreichbares war, sondern schon immer zu uns gehörte.

Ich sehe geil aus und führe ein geiles Leben

Es gibt auch keinen Grund, sich mehr als nötig in der Welt der sozialen Medien aufzuhalten. Denn dort läufst du leicht Gefahr, zu denken, alles sei besser als das Leben, das du führst. Eines solltest du wissen: Nichts ist glücklicher und echter als dein eigenes Leben. In den sozialen Medien ist das meiste inhaltslos, künstlich, scheinheilig und anstrengend. Zu allem muss man eine Meinung haben, alle tun etwas unglaublich »Geiles« oder es sieht wenigstens geil aus. Jeder preist sich an, als wolle man sich selbst zum Verkauf anbieten.

In Wahrheit müssen wir unser Profil gar nicht verbiegen, um beliebt zu sein. Im Gegenteil: Wir dürfen normal oder aus der Norm und Form gefallen oder sogar mal langweilig sein, weil wir einzigartig sind. Das ist durch nichts zu übertreffen. Es muss auch nicht immer etwas »Geiles« passieren und wir müssen uns nicht permanent mitteilen. Die wilde Frau ist frei und unabhängig. Sie muss nichts beweisen oder nach Aufmerksamkeit heischen. Sie kennt sich, ihr Potenzial und ihre Schönheit. Sie weiß, dass ein perfektes Aussehen nicht das Maß aller Dinge ist, für das sie ihre Zeit und Energie opfert. Sie weiß, dass Schönheit nicht das ist, was eine körperfeindliche Gesellschaft, Mode- und Kosmetikindustrie diktiert. **Wahre, zeitlose Schönheit ist die Ausstrahlung deiner Seele!**

Die Wilde in dir weiß, dass sie sich vor der weisen, reifen Frau und vor der freien, lustvollen Frau nicht fürchten muss. Sie spürt ihr inneres Feuer, das besonders dann lodert, wenn es Liebe, Hingabe, Kreativität und Neues braucht. Dann kann die wilde Frau ihre Pionierkraft entfesseln und Neues erschaffen. Sie braucht dazu weder eine Einladung noch die Zustimmung anderer!

Geliebter wilder Körper, was fühlst du?

Stell dir vor, du hast einen besten, sehr weisen, dich bedingungslos liebenden Freund, einen Gefährten, der immer an deiner Seite ist, helfend, vermittelnd und mitfühlend. Das ist dein Körper!

Er ist tatkräftig und tut durchweg alles, was er kann, um dir das Leben zu ermöglichen. Ohne deinen Körper würdest du nicht dieses Leben leben können. Er nimmt wahr, was gerade ist, ob es etwas zu erfahren, genießen oder zu verdauen gibt. Er gibt dir Schutz, Regeneration und Gefühle. **Dein Körper lässt dich das Wertvollste und Wichtigste im Leben fühlen: die Liebe.**

Die Liebe fließt durch dich hindurch, belebt deine Zellen, lässt dein Herz schlagen, dich immer wieder heilen, neu aufstehen und gehen. Es ist die Liebe, die deinen Körper in magische Schwingung versetzt, dir ein Lächeln ins Gesicht zaubert. Sie spüren zu dürfen, wenn wir sie empfangen und geben, ist das größte Geschenk. In der Liebe sind wir ganz Seele und der Körper macht es uns möglich, unsere Seele, unser Licht zu fühlen! Je stärker wir mit unserer Seele und unserem Körper verbunden sind, desto energetisierter und glücklicher sind wir.

Der Körper, unsere Gefühle und unsere Seele sind miteinander verbunden. Die Berührungen unserer Haut spüren wir im Herzen. Wir haben Gefühle, die unser Herz berühren. Wir bringen über den Körper unsere Gefühle und unser ganzes Sein in Einklang. Sanfte Bewegung, sinnliche Körperberührung, Streicheleinheiten für den Körper sind Seelenbalsam.

Durch unseren Körper können wir unsere Träume und Ideen ins Leben bringen, uns verwirklichen. **Unser Körper ist ein Vermittler.** Er zeigt uns unsere innere Welt, unsere Gefühle, Ziele, Bedürfnisse und unsere Hindernisse. Er gibt uns tiefe Einsichten in die äußere Welt, durch die wir uns erfahren und reifen, wenn wir auf seine Weisheit und auf unsere Intuition achten. Sehr lange haben wir Frauen den Zugang zu unserem Körper und seiner Magie verloren. Wir durften und wollten besonders unser Becken, unseren Schoßraum, nicht mehr fühlen, dort, wo unsere weibliche Kraft am stärksten wirkt und wo wir mit der Schöpfungsenergie, sogar der Quelle, verbunden sind.

Unsere Seele drückt sich durch den Körper aus, spricht durch ihn zu uns. Wir können durch unseren Körper erkennen, was uns in der Tiefe beschäftigt und wahrgenommen, gefühlt und in Harmonie kommen möchte. Wir gehen einen Weg, auf dem wir unterschiedliche Erfahrungen machen; schmerzhafte, beglückende, erfreuliche und lehrreiche Erlebnisse lassen uns innerlich wachsen. Manchmal zeigt uns der Körper, was ihn schmerzt und wo er oder vielmehr wir Heilung brauchen, indem wir unsere Liebe und Aufmerksamkeit darauf richten. Ein anderes Mal hüpft uns das Herz vor Freude, schlägt aufgeregt oder bleibt uns vor Schreck fast stehen. Durch den Körper haben wir eine Möglichkeit, mit unserer eigenen Wahrheit in Kontakt zu treten. Er manipuliert und belügt uns nicht. Er zeigt uns, was uns wirklich Freude macht, was uns locker von der Hand geht, wofür wir unglaublich viel Energie und Lust haben und was uns schwerfällt, uns auslaugt oder krank macht.

Wir verkörpern die Schöpfung und ihre Weisheit, indem wir den Zyklus des Lebens immer wieder selbst erfahren und körperlich durchleben. Monatlich müssen wir loslassen, fühlen Schmerz und Trauer, Neues will geboren werden. Durch unsere Sensitivität und Gefühlstiefen können wir den Prozess des Loslassens, Veränderns und neu Beginnens jederzeit durchschreiten. Durch den Monatszyklus erfahren wir diesen Prozess besonders tief. Wir können durch unsere Blutungen Gefühle erfahren und verändern, die transformiert werden wollen. Die Menstruation ist kein Tabu, sondern in Wirklichkeit ein großes Geschenk. Denn unser Zyklus erlaubt uns Heilung, Befreiung und einen Neuanfang. **Unser Körper schenkt uns diese Weisheit und Magie.**

Wir können etwas erschaffen, indem wir unsere Träume verwirklichen. Und wir können etwas Vergangenes verabschieden, indem wir es beweinen und gehen lassen. Wir können wahrnehmen, was wir Neues ins Leben rufen wollen, und uns danach ausrichten. Wir können lernen, wozu unser Körper fähig ist, wenn wir ihm wieder vertrauen und ihn als unseren Verbündeten lieben, statt ihn ständig kritisch zu betrachten und ändern zu wollen.

Unsere Gabe der Intuition, die Wahrheiten aufdeckt und uns körperlich anzeigt, was es in mehr Harmonie zu bringen, zu heilen und zu wandeln gilt, machte die Frauen einst zur Bedrohung. Die Heilerin, Hebamme des Lebens, die weise Frau, die Hexe in uns – sie haben heute nichts mehr zu befürchten. Sie dürfen und sollen frei ans Werk gehen!

Befreie dich von alten körper- und frauenfeindlichen Idealen und entdecke Freude, Lebendigkeit und Sinnlichkeit. Vielleicht offenbaren sich dir ungeahnte Talente, so wie ich die freie, selbstbestimmte Menstruation für mich entdeckt habe. Ich lernte, meinen Körper so sensibel wahrzunehmen, dass ich ganz bewusst meine Blutung kontrollieren und abfließen lassen konnte.

Unsere größten Hürden sind unsere Gefühle! Wir fühlen uns mutlos, wertlos, unsicher, ungeliebt und geben uns auf, bevor wir uns wirklich kennengelernt haben. All diese blockierenden Gefühle haben nichts mit unserer wahren Identität zu tun. Sie sind falsch. **Wenn wir die Gefühle positiv verändern können – und das können wir –, verändern wir alles!**

Durch unsere urweibliche Kraft lernen wir unsere Gefühle kennen und können mit ihnen wieder heilsam und natürlich umgehen. Wir wissen, Gefühle können sich harmonisch verändern, sobald sie gefühlt werden. Das verändert uns, klärt uns und lässt uns immer mehr die Frau sein, die wir wirklich sind.

Du bist in Wirklichkeit wild, sinnlich, schön und immer anders. Du bist eine lebendige Frau, die mit allem mitfließen kann.

Wer hat Angst vor der wilden Frau?

Alles hängt mit dem Weiblichen zusammen: woher wir kommen, wie und wohin wir gehen, wie wir uns verwirklichen, unserer Bestimmung folgen. Die Macht, Leben hervorzubringen und Altes zu Neuem zu verwandeln, beschreibt den Zyklus des Lebens und der weiblichen Kraft. Unsere Weiblichkeit ist Macht. Doch die meisten Frauen zucken beim Wort »Macht« zusammen.

Wir wollten lieber nett sein als kraftvoll, mächtig und unbequem oder gar bedrohlich. Wir konnten schon immer anstrengend werden, wenn wir Veränderungen, Verbesserungen und ein gutes Leben für alle wollten. Jetzt sind wir frei, ohne Anstrengung und mit Freude etwas zu verändern. Wir dürfen zu unserer wahren Identität finden und erkennen, wer wir mit all unseren Facetten sind.

Wir müssen nicht mehr unsere Energie verschwenden, sondern können sie endlich für das einsetzen, was uns am Herzen liegt, das Leben schöner, bunter, fröhlicher und liebevoller gestalten und einfach wir selbst sein.

Unser Zeitalter wird wieder weiblicher! Wir kehren nach langer Zeit zu unseren Wurzeln zurück, um alte Hemmnisse zu überwinden und uns frei zu entwickeln. Die alte, hässliche Schublade der Geschlechterrollen, in die wir alle, auch die Männer gesteckt wurden, ist aufgebrochen. Weiblichkeit ist etwas ganz anderes, als wir bisher dachten! Wir können als Frau zäh und tough sein, Vollzeit arbeiten gehen, in einer hetero- oder homosexuellen Partnerschaft leben. Wir können Kinder haben oder nicht, Single, Chefin, Angestellte, Ingenieurin, Köchin sein, lieben, wen wir wollen, leben, wie wir wollen.

Die wilde, ursprüngliche Weiblichkeit kennt keine Normen und Einschränkungen! Sie ist unser aller Ursprung, dem auch das Männliche entstammt. Dass Männer ihre Sensitivität, Zartheit, Kreativität, Empathie und Verletzlichkeit entdecken und mehr leben dürfen, zeigt auch ihre Rückkehr zu ihrer wahren Identität, die sich von alten Konditionierungen befreit. Wenn wir wissen, woher wir kommen, dort unseren Halt und unsere Bestimmung finden, können wir uns für die Weite öffnen, in der wir frei, wild, bunt wachsen können.

Es geht weder um die Ver*herr*lichung des weiblichen Prinzips, was ein Widerspruch wäre, da das Weibliche Harmonie und Verbindung sucht, noch um eine Einteilung in »typisch« männliche und weibliche Eigenschaften. Wichtig ist vielmehr, überholte Rollenbilder zu entlarven und unsere Köpfe und Körper davon zu befreien. Es ist ohnehin schwierig und spitzfindig, alles im Leben in Yin und Yang, männlich und weiblich, zu trennen, denn sie gehören wie das Ein- und Ausatmen zusammen. Aber nach Jahrhunderten der patriarchalen Dominanz und Entfremdung der ursprünglichen Prinzipien müssen wir für Klärung und Versöhnung unserer inneren Anteile sorgen. Unsere innere Frau will endlich gefunden, gesehen und an den ihr zustehenden Platz geführt werden.

Von dort aus kann sie dem männlichen Prinzip auf Augen- und vor allem auf Herzhöhe begegnen und sich mit ihm verbinden. Eine wilde Frau versucht nicht, das Männliche zu übertrumpfen. Sie liebt das männliche Prinzip, das auch in ihr wirkt.

Jeder Mensch ist ein individuelles Geschöpf, das seine eigene, einzigartige Harmonie hat. Diese Harmonie muss nicht übereinstimmen mit dem Empfinden anderer. Wer ich bin und wie ich leben möchte, darf ich aus mir heraus erfahren und zum Ausdruck bringen. Ich kann in mir selbst einen Kampf austragen, meine weibliche Energie unterdrücken, meinen männlichen Qualitäten den Vorrang geben, dabei erschöpft ausbrennen und diesen Konflikt von meinem Umfeld schmerzhaft gespiegelt bekommen. Oder ich kann für Balance in mir selbst sorgen, indem ich meine Weiblichkeit zu ihrer ursprünglichen Bestimmung entwickle und unterstütze. Das erfordert ein Bewusstsein für die weibliche Energie und ihre Qualitäten: Wir sind *Wild Women!*

Es gehört zu unseren Fähigkeiten, unsere Energie frei, überreich und mühelos fließen lassen zu können. Es ist auch an uns, alte Blockaden und Irrtümer wahrzunehmen und zu überwinden.

Wenn du beginnst, dich selbst in deiner Tiefe und Vielfalt zu entdecken, und dir erlaubst, du selbst zu sein, bist du frei von dem, was andere behaupten. Eine Frau, die sich traut, ihre wilde Weiblichkeit zu fühlen und zu leben – sich letztlich selbst zu ermächtigen –, wird sich selbst finden und freier, stärker, kreativer und lustvoller sein als je zuvor. Sich energiegeladen, feurig, stark und gleichzeitig vollkommen weiblich und sensibel zu fühlen ist kein Widerspruch.

Wir Frauen haben uns und unsere Fähigkeiten in einen winzigen und begrenzten Schuhkarton pressen lassen! Es gehört Mut dazu, diesen alten Käfig zu verlassen. Mit unserem Körper bekommen wir nach wie vor Aufmerksamkeit, doch die wenigsten Körper entsprechen dem unnatürlichen Schönheitsideal unserer Zeit. Jetzt können wir alles tun, um unsere wahre innere Schönheit in ihrer Wildheit zum Ausdruck zu bringen, indem wir uns aus alten Panzern und der »Shapewear« unserer Gedanken schälen und richtig »wild« werden!

Bisher waren die meisten von uns sich selbst der größte Feind und Kritiker, wollten den unnatürlichen Vorstellungen und Konditionierungen entsprechen. Doch warum sollten wir weiterhin einem Lebensstil folgen, der uns selbst nicht dienlich ist? Ist es nicht sinnvoller, das Leben und sich selbst in seiner sinnlichen Vielfalt anzunehmen und den Weg des Herzens zu gehen?

Du bist eine Frau, das heißt, du bist ein grenzenloses, liebendes, strahlendes Wesen, das einfach leuchten und leben will! Hör auf, dich selbst anzugreifen, dich sinnlos zu verausgaben, kleinzumachen und auszubremsen. Wenn du etwas tun willst, tu es, und wenn nicht, lass es sein. Und entspann dich endlich mal: Scheine, strahle, leuchte! *Sei jetzt du und nicht: werde irgendwann irgendwas! Sei ungezähmt und wild!*

Essenz

Die weibliche Energie ist kreativ, gefühlvoll, liebend und voll wilder, ausdauernder und regenerierender Kraft. Das weibliche Prinzip lässt uns mühelos Hürden überwinden, weich, mit Freude und Leichtigkeit im Flow mitfließen. Wir unterstützen unsere weibliche Kraft, das Ankommen in uns selbst und die Anbindung an unsere Wurzeln, wenn wir darauf achten, dass es uns gut geht, wir uns wohl- und frei fühlen und entspannen können.

Wir brauchen die sinnliche, liebevolle Verbindung zu unserem Körper und seiner Weisheit. Unsere Weiblichkeit drückt sich durch den Körper aus, kann sich durch ihn in der Welt verwirklichen. Über den Körper können wir unsere ursprüngliche Kraftquelle erschließen, die uns mit schöpferischer Energie, Freude und Lust auf das Leben versorgt und uns gleichzeitig auch Geborgenheit und Gelassenheit schenkt.

Wir verkörpern die Schöpfung und ihre Weisheit, indem wir den Zyklus des Lebens immer wieder selbst erfahren. Monatlich müssen wir loslassen, fühlen Schmerz und Trauer, Neues wird geboren, wir fangen erneut an und leben. Durch unsere Sensitivität und Gefühlstiefe können wir den Prozess des Loslassens, Veränderns und Neubeginnens unabhängig von unserem Zyklus durchschreiten. Wir erkennen jede Unstimmigkeit und bemerken, wann etwas verändert werden sollte. Unser Streben nach Harmonie ist unerschütterlich. Haben wir uns bisher vor unserer Kraft gefürchtet, stellen wir uns unseren Ängsten, Begrenzungen und negativen Gefühle. Wir lernen, für uns selbst da zu sein.

Das weibliche Prinzip lässt uns regenerieren, heilen und immer wieder auf die Beine kommen, wenn wir ihm liebevoll und wertschätzend begegnen. Das heißt, wenn wir Dankbarkeit, Verständnis und Achtung für uns selbst haben, für unsere Bedürfnisse und unseren bisherigen Weg.

Je mehr Freiraum wir uns gönnen, auch die Freiheit, uns zurückzuziehen und für uns selbst da zu sein, desto besser können wir uns entfalten. Wir sind einzigartige, facettenreiche Geschöpfe mit einem Plan für ein besseres Leben, der allen um uns herum zuteilwerden soll.

Frauen wünschen sich Harmonie für die Welt. Leider vergessen wir dabei oft uns selbst. Wir haben durch die Prägungen aus patriarchalen, frauenfeindlichen Zeiten noch immer mit geringem Selbstwertgefühl, wenig Körpergefühl und fehlender Selbstliebe zu kämpfen. Dadurch schneiden wir uns selbst von unserer weiblichen Kraftquelle ab, die uns überreich mit nährender, regenerierender Energie versorgen will.

Wir müssen nur erkennen, wer wir sind: wild und wunderbar! Wir dürfen selbst an erster Stelle stehen und uns mit allem auffüllen lassen. Das weibliche Prinzip ist empfangend, auch das haben wir vergessen. Wir können für alle da sein, aber nur, wenn wir auch auf unsere eigenen Bedürfnisse achten und uns selbst versorgen.

Unsere Selbstfürsorge macht uns stark und unabhängig. Wir haben unseren Platz, wir müssen ihn nur einnehmen. Wir sind in Sicherheit, brauchen uns nicht unentbehrlich zu machen. Wir dürfen unseren Träumen und Sehnsüchten nachgehen und sie verwirklichen. Wir dürfen mutig sein und etwas wagen. In jeder Frau steckt die Pionierkraft und das Feuer, Neues zu schaffen!

Neid und Konkurrenzdenken gehören nicht zu den ursprünglichen weiblichen Eigenschaften. Wir dürfen authentisch sein, dürfen die Frau sein, die wir wirklich sind. Wir müssen nicht lieblosen, engen Normen folgen, uns anpassen, mitmachen, andere imitieren oder Rollen spielen. Je mehr wir unsere individuelle Einzigartigkeit leben, desto erfüllter und authentischer ist unser Leben.

Unsere Schönheit ist die Schönheit und Tiefe unserer Seele. Unser Lebenselixier ist die Liebe, die wir verkörpern und in der Welt sichtbar machen.

Wild-Woman-Test: Wie wild bin ich?

Kreuze A, B oder C an.

1	Ich liebe es, laut zu lachen!	C	
	Ich bin eher der stillere, lächelnde Typ.	A	
	Mein lautes Lachen ist mir manchmal peinlich.	B	

2	Nur wenn ich alleine bin, singe ich laut.	B	
	Das Tanzen und Singen überlasse ich gern anderen.	A	
	Wenn ich tanze, dann bis in den Morgen.	C	

3	Ich trage gern ausgefallene Klamotten und Frisuren.	C	
	Ich würde mich gern mutiger anziehen, könnte Lästereien aber nicht ertragen.	B	
	Ich mag den neutralen Kleidungsstil – lieber Understatement.	A	

4	Ich höre oft, ich sei laut und umwerfend! Wer von mir genervt ist, ist einfach selbst schuld.	C	
	Wenn ich etwas Neues vorschlage und nicht auf Resonanz stoße, bin ich sehr enttäuscht.	B	
	Mein Umfeld mag meine stille, zurückhaltende Art.	A	

5	Ich habe meine Lieblinge: Orte, Rezepte, Gewohnheiten. Ihnen bleibe ich treu.	A	
	Mich reizt das Unbekannte. Gern unternehme ich etwas ganz Neues.	C	
	Meistens pflege ich Altbewährtes, dann bin ich bei Neuem nicht enttäuscht.	B	

6	In meinen vier Wänden brauche ich es klar und aufgeräumt – das beruhigt mich.	A	
	Ich liebe schöne Deko! Gern würde ich öfters streichen und mutiger bei der Farbwahl sein.	B	
	Ich liebe es bunt und außergewöhnlich! Meine Deko mache ich gern selbst, hole Natur ins Haus mit Zweigen, Steinen, Federn.	C	

7	Ich liebe Tiere! Leider habe ich weder Zeit noch Platz.	B	
	Ich habe ein geliebtes Haustier. Mich interessieren Krafttiere und deren Botschaften.	C	
	Ich mag keine Tiere, sie sind mir zu unberechenbar.	A	

8	Ich zelebriere meine regelmäßigen Auszeiten mit Wonne! Teuer müssen die schönen Momente nicht sein, aber ausgefallen.	C	
	Ich würde mir mehr Auszeiten für mich wünschen, aber wer macht dann die ganze Arbeit?	B	
	Wenn ich mir schon eine seltene Auszeit gönne, dann brauche ich ein Arrangement mit Wellnesshotel oder 5-Gänge-Dinner.	A	

A = 1 Punkt   B = 2 Punkte   C = 3 Punkte

Auswertung

8–13 Punkte: Du bist ein sehr angenehmer, geradliniger Mensch. Du magst Klarheit, Sicherheit und Ruhe. Im Job bist du sehr strukturiert und kompetent. Man kann dir nichts vormachen und dich nicht so leicht aus der Fassung bringen. Da du ein Kopfmensch bist, bist du davon überzeugt, dass sich viele Probleme mit Diplomatie und Sachlichkeit lösen lassen. Mit Emotionen tust du dich schwer. Genauso beunruhigen dich neue, aufregende Ereignisse. Das Leben ist Veränderung und Entwicklung! Versteck dich nicht! Versuche, dich mehr auf deine Gefühle einzulassen. Sie führen dich nicht nur zu unangenehmen, sondern auch zu beglückenden Erfahrungen. Hab keine Angst vor dir selbst, du darfst überrascht sein, welch lebens- und abenteuerlustige Frauenanteile in dir stecken und nur auf das Leben warten!

14–19 Punkte: Du bist eine warmherzige, lebensbejahende Frau! Du brauchst Harmonie in deinem Umfeld, das du mit Liebe und großem Engagement versorgst. Dir ist nichts zu viel. Manchmal hättest du gern mehr Zeit für dich. Du würdest gern etwas Neues ausprobieren, aber du bleibst realistisch und bescheiden. Du weißt: Man kann auch mit wenigem viel erreichen und die Schönheit steckt auch in den kleinen Dingen. Du darfst dich mehr trauen! Pfeife auf die Meinung anderer, es ist dein Leben! Sieh doch, was du schon alles geschafft hast, das hat deine Anerkennung und deine Wertschätzung verdient. Gib nicht immer gleich nach. Du hast Träume, die du verwirklichen solltest. Lass dir deine Freude und Lust nicht nehmen. Die wilde Frau in dir will tanzen und leben! Dazu braucht sie keine Einladung und Zustimmung, sie scharrt schon mit den Füßen!

20–24 Punkte: Du bist eine *Wild Woman!* Du fühlst und gestaltest das Leben in allen Farben! Du kennst die Liebe, den Schmerz und das pralle Glück! Du gibst niemals auf. Oft ist dir nicht bewusst, wie einzigartig du bist, wie sehr dich das Leben liebt und wie glücklich die Welt ist, dass es dich gibt. Du bist oft voller Ausgelassenheit und Energie, Kreativität und Hilfsbereitschaft, kannst aber auch still und nachdenklich sein. Du suchst gern die Ruhe in der Natur oder die Verbindung zu Tieren und anderen sensiblen Wesen. Du lachst laut und versteckst dich nicht. Wenn es etwas zu sagen, zu feiern, durchzustehen oder Neues zu wagen gibt, bist du dabei. Dir ist egal, was jemand erreicht hat, wie viel Geld oder Titel jemand angehäuft hat. Du kennst den inneren Reichtum und die Weisheit des Herzens. Sei dir bewusst: Du bist eine Königin, eine Kriegerin, eine weise Frau, eine Hexe, ein wildes, verrücktes Mädchen – du bist die Liebe in Person! Du bist eine Pionierin, ein Licht für andere.

Den Flow und die Energie spüren

Diese Übung hilft dir, schnell in deine Kraft und Klarheit zu kommen. Sie wirkt sehr energetisierend und bringt dich in den Flow. Du merkst, dass es neben der körperlichen Kraft, die dich anstrengt, noch eine andere Energiequelle gibt, die dich weich, schwingend und mühelos trägt.

Setze oder stelle dich dazu etwas breitbeinig hin, beide Füße fest auf dem Boden. Entspanne dein Gesäß, lass deine Schultern locker nach unten sinken, richte deinen Rücken gerade auf.

Atme tief und ruhig durch die Nase ein und aus. Weite deinen Brustkorb. Nimm deine Arme nach oben in Herzhöhe. Verschränke alle Finger ineinander bis auf die Daumen, diese zeigen nach oben.

Runde deine Arme, als würdest du einen Baum umarmen.

Atme tief und ruhig weiter, die Schultern bleiben entspannt.

Sobald du merkst, dass diese Haltung anstrengend wird, lass gedanklich deine Schultern, deinen ganzen Körper weicher werden. Atme tief und lass gedanklich deinen Atem den Körper energetisieren.

Dies ist eine Übung für viel neue Energie. Vielleicht stellst du dir vor, du umarmst tatsächlich einen Baum und die Energie durchströmt dich aus der Tiefe seiner Wurzeln. Sie tritt durch dein Steißbein in deine Wirbelsäule ein und steigt nach oben. Du spürst vielleicht Wärme an deinem Rücken, im ganzen Körper.

Bald wird es anstrengend werden. Versetze deine Arme in eine leichte Schwingung, als würdest du auf einem Fluss über sanfte Wellen gleiten und mitfließen. Werde immer weicher. Spüre den Unterschied zur Starre.

Fühlst du dich getragen und spürst du, wie du mitschwingen kannst? Mach diese Übung zwischen 1 und 3 Minuten, wenn du viel Kraft und Stärke, Selbstbewusstsein brauchst.

Im Kreis der Frauen

ZWEI

Du bist nicht allein

Diese Welt ist groß und voller Leben, sie ist bunt und vielfältig. Warum meinen ausgerechnet wir Frauen, wir dürften uns nicht in jedem Moment so zeigen und so sein, wie wir sind? Warum denken wir, wir müssten uns zurücknehmen, weniger bekommen und weniger sein: weniger einflussreich, ernst zu nehmend, anerkannt, machtvoll, gewürdigt, gewichtig, sichtbar, ausdrucksstark, anspruchsvoll, stabil, laut, emotional, kreativ, lustig, frei, wütend, sensitiv, ausgelassen, wild? Weil wir denken, wir seien machtlos und allein? Aber sind doch das Gegenteil von dem, was uns beigebracht wurde! Wir sind stark, wertvoll, Schöpferinnen des Lebens und niemals allein.

Unsere weibliche Natur verbindet sich mit der Schöpfung wie ein zartes und zugleich unzerreißbares, lebendiges Netz.

Das Spinnen dieses Netzes dürfen wir wieder aufnehmen. Wir sind miteinander verbunden. Es gibt keine Trennung und Ausgrenzung. Alles darf sein: das Dunkle und das Lichte, der Tag und die Nacht, beide »Wölfe«, das Starke und das Schwache. Alles darf sein und ist gleich wichtig. Nichts ist schlecht oder böse im Licht der Liebe und des weiblichen, mütterlichen Prinzips. Das Starke schützt, nährt und unterstützt das Schwache, bis es wieder in seine Kraft kommt. Das Zarte darf sich frei und kreativ entfalten. Alles, was ist, darf sein, wie es ist, und wird geliebt.

Das weibliche Prinzip schafft Vielfalt, es repräsentiert Fülle und Facettenreichtum. Jede Frau trägt in sich ein inneres Netz, das sie im Gleichgewicht hält und mit allen Herausforderungen und Veränderungen des Lebens mitschwingen lässt.

Wir müssen uns nicht unseren Platz erkämpfen oder hart verdienen – er gehört uns von Anfang an. Wir sind die Gestalterinnen des Lebens, die Mütter, Töchter, Schwestern, Lehrerinnen, die Wissenden, Liebevollen, Heilerinnen, diese zarten und zähen Wesen, die Weisheit, Freude, Schönheit, die Verbindung, das Einssein der Liebe repräsentieren.

Wir halten die Energie und den Raum. **Wir sind der Mittelpunkt, der Anker und die Sonne.**

Wir sind die wilde, ungezähmte Natur in all ihren Facetten.

Wir sind die Schlange, die sich häuten muss, um die Veränderungen zu bewältigen und das Neue in die Welt zu bringen.

Die Rückkehr des Weiblichen

Jetzt ist die Zeit der Rückkehr zu Weiblichkeit und Harmonie, eine Zeit, in der wir unseren Platz im gesamten Spektrum unseres Seins mit all unseren Gesichtern, Anteilen, Fähigkeiten einnehmen. Wir gestalten diesen Platz aktiv und bestimmen mit, was unseren Visionen von einem guten Leben entspricht. **Alles, was wir brauchen, bringen wir in dieses Leben mit.**

Wir müssen nicht anders sein, als wir sind. Denn so, wie wir sind, werden wir gebraucht: unsere urweiblichen Eigenschaften, die wild, stark, unbequem und unangepasst sind. Unsere inneren Frauen wollen ihre Kraft ausdrücken und lebendig sein. Wir wollen wieder frei, lebendig und eins sein.

Vertraue darauf, dass die neue Zeit neue Qualitäten – weibliche Qualitäten – braucht. Warte nicht auf die Zustimmung und Einladung von außen, sondern folge deinen eigenen Impulsen. Was ist dir wichtig, wofür brennst du? Was behindert dich?

Das weibliche Prinzip wählt den Weg der Liebe, der Weisheit des Herzens. Dieser Weg führt von innen nach außen, verweilt im Jetzt und verbindet sich dem Morgen.

Eine Frau kann ganz präsent sein in ihrer Hingabe, Verwurzelung und Verantwortung, fürsorglich da sein, viele Aufgaben auf einmal erledigen, Entscheidungen treffen, Probleme lösen und gleichzeitig die Herausforderungen der Zukunft im Auge behalten und beginnen, diese zu managen. **So ist die Frau vollkommen im Jetzt präsent, aber auch immer einen oder mehrere Schritte visionär voraus.**

Das Leben der Frauen war geprägt von Unterdrückung, Schrecken und Zerstörung; die gesamte Menschheit lebte wie erstarrt in der Angst. Wir können diese Traumen endlich überwinden, für uns und für alle Generationen, die vor uns waren und die nach uns kommen. Wir sind frei, den sich nun öffnenden Weg für Harmonie und Heilung zu gehen.

Wir sind frei, Hand in Hand mit unseren inneren wilden Frauen unsere neuen Wege leicht, kraftvoll und mit Lust zu gehen. Unsere wilden weiblichen Seiten, die wir bisher wenig kannten, öffnen uns mit ihren Kräften für die Liebe, das Erblühen und Wachsen, das Vertrauen, Loslassen und den Neuanfang. Sie unterstützen uns so weit, dass wir auch mit unserer Angst gehen können. Liebe ist das Gegenteil von Angst. Sie ist unerschrocken, furchtlos, sie kennt keine Grenzen und kein Ende. Die Liebe überwindet den Tod. Für das Liebste können wir Urgewalten entfesseln und über alle Hindernisse gehen.

Die weibliche Energie »sieht« und integriert. Die Angst wird nicht unterdrückt oder bekämpft, sodass sie sich nur umso stärker bemerkbar machen muss. Die Angst darf da sein und Heilung finden. Unser kleines, ängstliches Ich findet in den Armen des großen Ichs Schutz, Liebe und Trost. Wir dürfen in unserem weiblichen Sein die Anbindung und das Vertrauen wiederfinden und entspannen.

Während Angst uns in die Verzweiflung und den Mangel treibt, macht die Liebe uns weit und eins mit allem. Sie verbindet uns mit unserer Essenz und wirkt öffnend, entwickelt sich schöpferisch. Die Liebe ist wie ein Baum, der genährt und gehalten wird, dessen Krone weit in den Himmel wächst und dessen Lebendigkeit unendlich ist.

Atmen heißt lieben

Atme tief und ruhig. Sobald du wieder ruhig und tief in den Bauch atmest, entspannst du dich. Atmen bedeutet, leben zu wollen, nicht der Angst zu folgen und dem Glauben, man sei in Gefahr. Der Atem ist dein Ja zum Leben. Wenn du gestresst bist, atme bewusst. Das ist wie eine Liebeserklärung. **Atmen heißt lieben. Atmen heißt sich erinnern, wer man wirklich ist.**

Es wird dir helfen, die Illusion von Angst und Gefahr aufzulösen, dich ins Jetzt zurückzuholen und zu erden.

Lebenselixier

Leg deine Handflächen auf den Bauch. Lockere deine Schultern, dein Gesicht, die Muskulatur deines Körpers. Lass deinen Atem wie Flüssigkeit in dich einströmen. Während Stress, Sorgen und Ängste wie Gift auf uns wirken, sind der Atem, Wasser, gesunde Nahrung, positive Gedanken unser Lebenselixier – Prana.

Spüre, wenn du einatmest, wie sich die Bauchdecke sanft hebt. Fühle dich wie eine bauchige Teekanne, die gefüllt wird. Der Atem erfüllt deine Lungen bis in die Spitzen. Stell dir den Atem golden und glitzernd vor. Deine Bauchdecke wölbt sich sanft deinen Handflächen entgegen. Nach einer Weile hebt und weitet sich dein Brustkorb. Deine Lunge ist vollständig gefüllt.

Lass sanft den Atem ausströmen. Spüre, wie du weicher wirst, besser entspannst, wie deine Schultern absinken, dein Gesicht und die Muskulatur deines ganzen Körpers mehr entspannt, wie die Bauchdecke nach innen sinkt, auch dein Brustkorb. Du lässt den Atem los und auch gedanklich alles, was dich aus deiner Mitte bringt. Lass die Kontrolle los und den Zwang, an etwas festhalten oder für etwas kämpfen zu müssen. Spüre, wie dein Körper sich mit dem Ausatmen entspannt und zurückzieht. Stell dir vor, du ziehst dich selbst vom Drama zurück.

Du atmest stattdessen Weisheit, Klarheit, Frieden, Liebe ein.

Du lässt weiter mit dem Ausatmen los, wirst frei. Vielleicht möchtest du dir auch Fesseln der Angst vorstellen, Seile, die du noch festhältst, um etwas aus Angst und mangelndem Vertrauen zu kontrollieren. Lass auch sie mit dem Ausatmen los.

Wie geht es dir nach einigen Atemzügen? Spürst du, wie du ruhiger wirst, wie sich in dir dieses Gefühl sanft ausbreitet, einerseits zentrierter im Jetzt zu sein und gleichzeitig freier geworden zu sein von Zeit und Raum? Merkst du, wie du dich stabiler und gleichzeitig leichter fühlst? Das ist die Magie der Weiblichkeit, die sich mit dem Jetzt und der Unendlichkeit verbinden kann, dem puren Sein.

Weiter, immer weiter

Alles wird gut. Der Kreislauf des Lebens endet nie. Er ist ein universelles Gesetz, eine universell gültige Wahrheit. Das Leben geht immer weiter über viele Stationen und Schwellen.

Wenn wir mitten in der Angst stecken und verzweifeln, können wir nicht fühlen, sondern nur hoffen, dass es eine Lösung gibt. Diese können wir selbst herbeiführen, indem wir versuchen, uns selbst für einen Moment von diesem Thema zu lösen, auszuatmen und uns mit unserer Mitte, unserer Seele und Weisheit, zu verbinden und zur universellen Wahrheit zurückzufinden. Es wird immer einen Morgen geben. Es wird eines Tages einen Neuanfang, eine Geburt, ein neues Leben(sgefühl) geben.

Wir Frauen verkörpern diese Weisheit, diesen Zyklus des Lebens. Wir sind eng verbunden mit dem Prozess des Loslassens, der neuen Anfänge, der Lebendigkeit, Kreativität und Fruchtbarkeit. Es gibt kein Ende, keinen Tod und keine Auslöschung unserer Existenz, so wie die Angst es uns glauben machen will. Unsere Seele, unsere wahre Existenz sind unsterblich. Welche Erfahrungen ich auch mache, ich bleibe weiter auf meinem Weg. Manche Erfahrungen gehen tiefer und ich muss mehr loslassen, manchmal geht es leichter voran, manchmal glaube ich zu scheitern. Dann nimmt mich meine innere Frau an die Hand und führt mich auf meinem Pfad weiter. Die starken weisen Frauen sind diesen Weg schon oft gegangen.

Unsere wilden urweiblichen Archetypen verkörpern den unendlichen Kreislauf, der niemals endet: Es gibt die *wilde Kriegerin* in uns, sie schützt uns und unsere Wahrheit. Die *Königin* durchschreitet selbst demütigende Momente voller Anmut und Würde. Sie lebt in der Fülle des Lebens. Die *weise Alte* bringt uns den Zauber zurück, sie sieht die Vergangenheit und den anbrechenden Morgen. Sie kennt alle Geheimnisse. Das *wilde Mädchen* in uns trägt unser Feuer und tanzt vor Lebensfreude. Sie führt dich immer wieder zurück zur Lebenslust.

Weiblichkeit ist unverletzbar und authentisch

Unsere weibliche Seele ist nicht zu verletzen, zu entwürdigen oder zu beschämen. Sie bleibt unversehrt, strahlend und rein. Sie wartet nur darauf, wieder wirken zu dürfen, unserer Bestimmung und unseren Träumen zu folgen.

Das ursprüngliche Prinzip des Lebens will und darf sich wieder entfalten und das tut es mit aller Kraft und Wildheit. Es strömt uns geradezu entgegen. Einmal gefühlt, entfaltet sich das weibliche Potenzial zu ungeahnter Kraft. Wir Frauen können heilen und verändern, wir können Blei in Gold, Schmerz in Weisheit, Mitgefühl und Liebe verwandeln. **Unsere kreative Quelle will** **überfließen!**

Es ist Zeit, dass wir unser Licht nicht länger dimmen, nur um gefällig, langweilig, unverändert, ängstlich und angepasst zu sein, sondern es ist Zeit, dass wir strahlen und wirken. Dazu brauchen wir unsere ursprüngliche weibliche Kraft, um nicht mit angezogener Handbremse unerfüllt durchs Leben zu schleichen und auf andere zu schielen, die womöglich glücklicher sind.

Würden wir unsere Sensibilität und Intuition besser nutzen und wären wir bereit, andere an unseren Gefühlen teilhaben zu lassen, gäbe es keinen Neid und mehr Verständnis füreinander. Wir wüssten, dass jeder Mensch die gleichen Chancen für sein persönliches Glück hat. **Die Entfernung zur Sonne und die zum eigenen Herzen ist für jeden Menschen gleich weit.**

Sei ehrlich mit dir selbst. Nimm alles an, so wie es gerade ist. Das gibt dir selbst die Erlaubnis, so sein zu dürfen, wie du bist. In jedem Augenblick. Das ist Authentizität. Die wilde Weiblichkeit lässt sich nicht erpressen, sie hat keine Angst, allein zu sein und ihren Weg zu gehen. Sie ist nicht abhängig von anderen und um leben zu dürfen, braucht sie keine Existenzberechtigung oder das Wohlwollen anderer. Sie selbst ist das Leben!

Sie weiß, es geht nicht immer gerecht zu im Leben. Sie kennt die Krisen, die Dunkelheit, die Regeneration, Heilung und Wachstum. Daher nennt man sie auch die »dreifache Göttin«, die um das Loslassen, Sterben, das erneute Beginnen und das pralle, fruchtbare Leben weiß. Das ist der natürliche Zyklus des Lebens, in dem auch die unangenehmen, schmerzvollen Seiten sein dürfen. Die Frau in ihrer Kraft lebt diesen Zyklus, sie erfährt ihn an sich.
 Sie reift durch den Zyklus des Lebens.

Die wilde Weiblichkeit zeigt keine Maske, wenn es ihr nicht gut geht, sondern sie ist aufrichtig und dadurch frei! Sie ist mit ihrer eigenen, inneren Wahrheit verbunden. Bin ich nämlich nicht bereit, innerhalb des Lebensrhythmus »durch den Winter zu gehen«, sitze ich noch im Frühling bei künstlichem Licht im Zimmer und überlege mir, wie ich es noch heller und wärmer haben könnte, obwohl draußen längst die Sonne scheint. Ich werde den Frühling, den Sommer, den bunten Herbst nicht erleben, wenn ich mich dem Winter verweigern möchte, der Kälte und Dunkelheit. Wie will ich etwas ernten können, wenn ich nicht bereit bin, zuerst loszulassen, damit ich die Hände frei habe?

Deine innere Frau bleibt nicht im Dunkeln stecken. Fließend durchläuft sie den Prozess des Loslassens, sie kennt die Weichheit der Hingabe. Sie wird nicht hart und verbittert. Sie spürt, dass sie getragen wird. Sie akzeptiert sich selbst und alles, was ist. Sie verzeiht sich und anderen und steht treu zu sich. Wenn das Licht und die Wärme wieder zurückkehren, erlebt sie genussvoll die Fülle und die Freude umso intensiver.

Wir erfahren und leben alles gleichzeitig, was ist. Wir können jetzt Traurigkeit empfinden und im nächsten Moment unbändige Lebenslust. Wir können die Freude und Ungezwungenheit eines Kindes in uns spüren und gleichzeitig die Weisheit und Güte einer alten Weisen. In uns gibt es die Verantwortung und das Bewusstsein einer Königin, den Pioniergeist einer Amazone und die Fröhlichkeit eines wilden Mädchens.

Wir sind nicht allein. Finde zu deinem Humor, zu mehr Gelassenheit!
Mach einfach das Fenster auf und lass die alten Energien hinaus!

Frühling im Herzen

Du kannst innerlich die Fenster aufmachen und tief frische Luft einatmen und alles Verbrauchte, Alte ausatmen. Leg für einen Moment deine Hände auf dein Herz. Denke beim Einatmen »Ich atme Liebe ein«, beim Ausatmen »Ich atme Liebe aus«. Sag: »Ich bin Liebe.«

Reibe deine Handflächen aneinander, bis sie prickeln. Deine Hände sind direkt mit dem Herzen verbunden. Sie sind nun vollkommen aufgeladen. Leg deine warmen Hände auf deine Augen. Spüre die Wärme. Eine geballte Ladung an Herzensenergie strömt in dich hinein wie Frühlingsluft.
Deine Augen erholen sich, deine Gedanken werden erfrischt.
Als würdest du die Fenster öffnen am schönsten, sonnigsten Frühlingsmorgen, der alles Alte und Schwere hinausfegt. Atme lang und tief, bis du dich ganz gereinigt und energetisiert fühlst.

Authentizität und Befreiung

Wie soll es weitergehen, wenn wir Frauen nicht unsere Wahrheit leben und uns zeigen? Vielleicht war unser Start ins Leben nicht der beste oder wir haben viele Steine im Gepäck und auf unserem Weg vorgefunden, aber wir können unser Leben jederzeit verändern und verbessern. Warum trauen wir uns nicht, darüber zu reden, was uns traurig macht, verwirrt, verunsichert, verletzt oder beschämt? Weil wir denken, wir seien allein und nur wir müssten durch den Morast kriechen. Sei weise und erkenne: Alle müssen hin und wieder durch den »Dreck«. *Shit happens!*

Verkriech dich nicht hinter einer Maske und einem aufgesetzten Lächeln, wenn dir nicht danach nicht ist! Es ist befreiend für dich und andere Frauen, wenn du offen mitteilst, wie es dir geht. Wenn du ab und zu zugibst: »Ich bin erschöpft, oft ist alles zu viel und ich glaube, ich schaffe es nicht.« Vielleicht trifft dich dann der erstaunte Blick einer anderen Frau. Sie hat dich vielleicht bisher für eine »Superwoman« gehalten und gedacht, sie könne nicht mit dir mithalten. Sie wird es vermutlich kaum glauben können, dass du dich auch (manches Mal) hilflos und überfordert fühlst.

Wir denken oft, wir müssten alles allein schaffen. Das ist ein negatives Glaubensmuster, das die meisten starken Frauen kennen. Doch durch deine Wahrhaftigkeit und Authentizität können andere erkennen, dass wir gar nicht so verschieden sind, sondern dass es uns allen ähnlich geht. Die Illusion der Trennung kann sich auflösen durch deine Ehrlichkeit. Verschwende nicht deine Energie, indem du anderen etwas vormachst, was nicht ist. Setz deine Energie so ein, wie du es brauchst, um in deinem Gleichgewicht zu sein.

Drücke dich frei aus. Zeig, was dir wichtig ist. Du bist hier, du bist lebendig, werde sichtbar!

Du hast einen Körper und eine Stimme! **Sag, was deine Wahrheit ist, und was du nicht möchtest.** Du hast eine Stimme, benutze sie!

Freiheit deines Selbstausdrucks

Lass deine Schultern ganz entspannt hängen. Schließe deine Augen und dreh sanft deinen Kopf mit dem Einatmen nach links und mit dem Ausatmen nach rechts. Konzentriere dich eventuell auf das dritte Auge, den Punkt zwischen den Augenbrauen (das geht auch mit geschlossenen Augen), damit dir bei der Pendelbewegung nicht schwindelig wird. Spüre, wie sich dein Halsbereich mit dieser Bewegung und Atmung mehr und mehr entspannt, weicher und weiter wird. Denke oder sprich beim Einatmen »Ich« und beim Ausatmen »bin«, um dich noch mehr zu zentrieren, oder beim Einatmen »Ich bin« und beim Ausatmen »Wahrheit«.

Vielleicht stellst du dir dein Halschakra, das für Kommunikation, deinen Selbstausdruck steht, in einer helleren Farbe vor, als würde ein Licht in ihrem Inneren leuchten. Das muss nicht hellblau sein, sei frei in deiner Vorstellung. Die Farben Türkis und Hellblau werden dem Halschakra zugeordnet. Du könntest einen Schal oder Kleidung in passender Farbe tragen oder Edelsteine, etwa Larimar oder Türkis.

Bewege deinen Kopf locker pendelnd hin und her, bis du spürst, dass dein Hals sich geschmeidig anfühlt. Stell dir vor, dass diese engste Stelle deines Körpers wieder weit und durchlässig wird.

Drücke dich aus durch Singen, Tönen, Summen, mit Malen, Schreiben, Reden, Körpersprache und Kleidung, wie sie dir gefällt. Es gibt viele Wege, finde deinen!

Aufgewärmt

Reibe deine Handflächen aneinander, bis sie prickeln. Leg die Hände übereinander auf dein Herz und lass gedanklich Liebe fließen. Reibe die Handflächen noch einmal und leg sie dann an deinen Hals. Streiche sanft über deine Kehle. Nimm deine Handflächen vor dein Gesicht und puste hinein, so als wolltest du sie aufwärmen. Sag laut: »Die Liebe macht mich frei.« Du kannst es mehrmals sagen. Leg erneut die Hände auf deinen Hals.

Die Balance meiner Welt

Für die Balance sollten wir erkennen, wie wir mit der Welt in Kontakt treten. Wir sind immer verbunden mit unserer inneren Welt, ebenso mit der äußeren. Sind wir in Balance, stark, gelassen, freudig oder sind wir ängstlich und misstrauisch? Wie zeigen wir uns, was geben wir in die Welt und was empfangen wir von ihr?

Halten wir selbst das Gleichgewicht, den Ausgleich, den wir uns von unserem Umfeld wünschen? Sind wir zurückhaltend, nehmen wir mehr auf, ertragen wir mehr, als wir wollen?

Lasst uns aufräumen und loslassen, was uns nicht mehr guttut! Nicht umsonst war das Symbol der weisen Frauen der Besen, der für die Reinigung von alten Energien sorgte. In vielen Kulturen trägt die Frau noch das Symbol des Schwertes oder Dolches, das ihre Wehrhaftigkeit zeigt, aber auch ihre Fähigkeit, Abhängigkeiten zu durchtrennen und Altes, Schadhaftes zu lösen. Die Wilde in uns nimmt wahr, wenn etwas aus der Balance geraten ist. Sie spürt, wenn das Lebendige nicht mehr fließen kann, weil das Gleichgewicht von Geben und Empfangen nicht mehr vorhanden ist. Wenn der Lebensstrom ins Stocken geraten ist und einer Veränderung oder eines Loslassens bedarf. Dann hat sie den Mut, bedingungslos zu sich zu stehen, sich unbeliebt zu machen. Sie weiß, wenn etwas keine Liebe mehr ist. Sie kennt die Enttäuschungen, die Täuschungen der Beziehungen, die keine Liebe hervorbringen können, sondern Abhängigkeiten. Dann zieht sie sich innerlich zurück, wird wieder ganz sie selbst. Sie begreift sich und ihre Natur, die gelebt werden will. **Die Wilde durchbricht den Boden wie ein Keimling, stärker, wilder und schöner als je zuvor.**

Sie fühlt die harte Schale, die Widerstände, den Gegenwind und das Unverständnis, wenn sie sich reifer und verändert auf neue Wege begibt. Sie nimmt die Weite wahr und deutet sie nicht als trostlose Einsamkeit, sie spürt das Neue und entwertet ihre Verletzlichkeit nicht zur Schwäche. Sie weiß, sie darf sich neu entfalten, hineinwachsen, und es ist so viel Platz für neue Qualitäten, für Gleichgesinnte, andere Begleiter, die ihr Leben vielfältig, prall und lebendig machen.

Tief in unserem Inneren wissen wir, dass wir vollkommen angebunden sind. Nichts kann uns wirklich aus unserer Mitte und wahren Essenz bringen. Wir sind emotional und sensitiv. Aber die Gefühle halten wir nicht fest. Wir zentrieren und stabilisieren uns.

Dazu brauchen wir keine Ewigkeit oder ein furchtbar anstrengendes Programm. Wenige Minuten, in denen wir uns selbst mit liebevoller Absicht zuwenden, reichen aus, damit wir uns besser und kraftvoller fühlen.

In deiner Mitte – emotionale Reinigung und Stabilität

Steh aufrecht mit beiden Füßen fest und etwas breitbeinig auf dem Boden. Nimm die Arme zu den Seiten waagrecht hoch, die Finger gehen nach innen in die Handfläche, die Daumen zeigen nach vorn.

Dreh mit dem Einatmen den Oberkörper samt der Arme nach links und mit dem Ausatmen nach rechts. Geh etwas in die Knie, falls du Probleme mit den Knien hast und diese nicht drehen solltest.

Schließe die Augen und stell dir vor, du würdest lange Pinsel in den Händen halten und diese würden eine Linie um dich ziehen. Diesen Kreis, in dessen Mitte du stehst, kannst du überall ziehen, egal wo du dich befindest. Egal wohin du gehst, welchen Job, welche Wohnung, welche Menschen du bei dir hast, egal wo du gerade im Leben stehst, du befindest dich immer exakt in deiner Mitte. Du stehst nicht irgendwo oder neben dir. **Egal wo, egal wann, du bist immer im Zentrum deines Selbst.**

Diese Linien sind auch deine schützenden Abgrenzungen. Achte deine Grenzen. Du darfst mit dieser Übung deine natürlichen Grenzen erneuern. Wo kannst du weiter werden, wo hast du dich aus Angst und Unsicherheit hinter Mauern verschanzt, wo sind deine Grenzen zu durchlässig und werden überschritten? Bist du achtsam mit dir, fällt es dir leicht, andere in ihrem Feld, in ihrer Wahrheit zu lassen? Atme tief und gleichmäßig und konzentriere dich auf dein Ausatmen und auf das, was du in deiner Mitte und in deinem System nicht mehr haben willst. Du lässt es mit der Drehbewegung los und verdrängst es wie mit Zentrifugalkraft aus dem Kreis. Du hast als Einzige Macht über dein Feld. Dein Feld gehört dir. Du bist frei, all das loszulassen, was dich daran hindert, vollkommen zentriert und du selbst zu sein.

Atme aus und lass gedanklich gehen, wodurch du dich belastet fühlst oder was nicht mehr zu dir gehört. Lass auch deinen Ärger und dein Hadern los, lass los, dich selbst und andere kontrollieren und anders haben zu wollen. Besinne dich auf dich selbst.

Spüre dich mit jeder Bewegung und jedem Atemzug leichter und freier. Reinige so deine Energie und dein Feld. Dann entspanne, öffne deine Hände, lass deine Arme sinken, spüre mit geschlossenen Augen nach, wie du dich fühlst. Mach diese Übung so oft, wie du magst, um dich emotional zu reinigen und dich in deine Kraft und Mitte zu bringen.

Keine Angst vor Energieräubern

Hab keine Angst vor unangenehmen Situationen oder Zeitgenossen. Bist du in deiner Mitte, bist du vollkommen geschützt. Solltest du es nicht sein – es ist in unserem stressigen und zyklischen Alltag normal, sich dünnhäutiger zu fühlen und durch Krisen zu gehen –, siehst du dich in kritisierenden und negativen Mitmenschen wie in einem Spiegel. Nimm dies als Hinweis, dich wieder zu stabilisieren und auf dich zu besinnen. Die anderen können dich nicht aus deiner Kraft bringen, wenn du erkennst, was sie mit dir und deiner momentanen Balance zu tun haben.

Muss deine innere Kriegerin mehr auf die Barrikaden gehen, bist du verwundbar geworden, weil du dich zu wenig um dich selbst gekümmert hast, bist du mit deiner Güte und Weisheit nicht verbunden, hast du den Spaß im Leben und die Leichtigkeit vergessen und verkümmern lassen? Bist du mit deiner Energie verschwenderisch, respektlos umgegangen, hast du sie und damit dich selbst nicht gewürdigt? Durch unsere alte Konditionierung neigen wir dazu, mit uns und unserer weiblichen Seite zu achtlos umzugehen. Wir geben unsere Kraft weg, als seien wir das Büfett eines All-inclusive-Urlaubs. Deine weibliche Urquelle sprudelt endlos, aber nicht, wenn sie unter Wert verkauft wird. Sie fließt nur, wenn sie Liebe spürt. Und nur dann bist du in deiner Kraft.

Es gibt so viele Gründe, warum uns manche Menschen vermeintlich Energie rauben. Aber das können sie in Wirklichkeit gar nicht. Du hast nur selbst den Zugang zu deiner überfließenden Quelle momentan verstellt und diese Personen zeigen dir deinen eigenen Mangel und die Blockaden auf. Doch die Energie fließt. Sie ist immer da. Es ist wie mit dem Wetter: Schimpfen bringt dir nichts. Zieh dich entsprechend an. Fühlst du dich instabil, schütze dich und nimm dir ausgedehnte Auszeiten.

Erkenne, wer du bist. **Erkenne dich selbst!**

Wisse, alles und alle helfen dir, deine Balance und dich immer wieder zu finden. Sie bringen also durchaus etwas Gutes mit sich. Sie sind ein Turbo für das innere Wachstum, denn sie legen den Finger in deine schmerzhaften Blockaden.

Keiner macht dich so stark und hilft dir, zu deinem inneren Kern, zu deiner Essenz, zu gelangen, wie jemand, der dich verletzt oder dir gewaltig vors Schienbein tritt. Das bedeutet natürlich nicht, dich weiterhin verletzen zu lassen oder das Geschehene kleinzureden. Frag dich aber: Was hat es mit mir zu tun? Wie kann ich meine Balance wiederherstellen?

Die Macht der positiven Lebenseinstellung

Wir sehen oft eher das Haar in der Suppe, statt uns über all das Gute in unserem Leben zu freuen. Ein negatives Erlebnis kann ein Hinweis für uns sein, sich mal wieder emotional zu reinigen und Freude, Lebenslust und positive Energie einzuladen und damit die Türen zu etwas Neuem, Schönerem zu öffnen.

Für viele Menschen ist Stress geradezu ein fester Bestandteil ihres Lebens. Wer nicht gestresst ist, macht wohl etwas falsch. Sie glauben, dass man nur anerkannt wird, wenn man sich ohne Pause anstrengt, etwas leistet und gestresst ist bis unter die Schädeldecke. Wer sagt, ihm sei sein Erfolg mühelos zugeflogen, oder wer viel Erfolg, Glück und Energie hat, wird nicht immer beklatscht und beglückwünscht. Vielleicht passiert das auch dir gerade und du bekommst Missgunst zu spüren. Vielleicht zeigt dir dein Umfeld dadurch auf, dass bei dir eine (positive) Veränderung stattgefunden hat. Du bist also nicht aus der Balance geraten, sondern vollkommen im universellen Gleichgewicht.

Du weißt selbst, wo du gerade stehst. Falls es nicht deine Mitte ist, finde wieder hinein. Wir bewegen uns. Unsere Bewegung geht immer vorwärts, auch wenn wir glauben, Rückschritte oder Fehler gemacht zu haben.

Das weibliche Prinzip kennt die Mühelosigkeit, wenn einem alles gelingt und man angebunden ist an eine universelle, unbegrenzte Weisheit und Kraft. Die weibliche Seite kennt aber auch Anstrengung, Schmerz, Widerstände oder lange Dürrephasen, die unsere Ausdauer und Zähigkeit brauchen. Wir gehen mit allem mit und erkennen unsere positive Entwicklung.

Du bist nicht deine Verletzungen, du bist stärker, schöner, lebenshungriger und liebender als zuvor.

Wir bleiben nicht in der schmerzhaften Verletzung der Vergangenheit stecken, sondern wir sehen Transformation und Heilung. Wir haben aus der Vergangenheit gelernt und einen anderen Blickwinkel und neue Handlungsspielräume gewonnen. Wir dehnen im Jetzt unser Bewusstsein aus und unsere Seelen dürfen reifen. Wir brauchen nicht im Schmerz zu verharren. Mitleid gibt es zwar umsonst, aber diese Energie fühlt sich nicht schön an. Wer die berstende Kraft eines Neuanfangs kennt, weiß, wie unvergleichlich gut sich das anfühlt!

Das Leben hinterlässt seine Spuren, an denen wir wachsen und stärker werden. Unsere Verletzungen leuchten zum Teil sichtbar in den Farben der Wundheilung und Transformation. Unsere Narben erinnern nicht an Schmerz und Leid, sondern an die innere Kriegerin und die alte Weise in uns, die wir in Wahrheit sind. Unsere innere Frau lässt los und geht weiter. In uns brennt ein Feuer, das Altes verbrennt und Neues erschafft.

Die wilde Frau sieht die Heilung, das Neue und das Wunder.

Du bist eine starke, tapfere Frau, die aus Liebe zum Leben in die Heilung gegangen ist, das darf man dir ansehen, sei stolz auf dich. Würdige dich und das Wunder des Lebens.

Vertraue und folge dem, was dein Herz wieder zum begeisterten Schlagen bringt.

Liebe ist der beste Schutz

Für die Tage, an denen du dich nicht gut fühlst, aber dennoch aus dem Haus oder mit anderen in Kontakt treten musst, brauchst du außer der Liebe keinen anderen Schutz. Finden wir in die Liebe zurück, die wir sind, benötigen wir nichts anderes.

Erinnere dich, wie es ist, wenn du frisch verliebt bist. Die Welt ist wundervoll und du könntest jeden Menschen umarmen, weil du so überglücklich bist. Die Missmutigen und Streitlustigen bemerkst du nicht, deine Nachbarin könnte dich anmeckern, anniesen, und sogar die Viren können dir nichts anhaben. Bist du aber müde, angegriffen, erschöpft und nicht in deiner vollen Kraft, dann solltest du dich schützen. In stressigen Zeiten zieh dich mehr zurück und schone dich.

Krisen, die dich fordern, wachsen und reifen lassen, wird es immer geben, aber du wirst mit ihnen umgehen können! Daher sei dir bewusst, dass du dich zur Wehr setzen und abgrenzen kannst, dass du eine furchtlose Kriegerin und einen inneren Mann in dir trägst, also starke, beschützende Energien.

Irgendwann und immer öfter ist deine Kraft so groß, dass du dich nicht mehr abgrenzen und ständig von Negativität lösen musst. Es macht dir nichts aus, wenn dich jemand anpöbelt, schlechte Laune hat, dich verurteilt oder dich für seine eigenen Ziele einsetzen möchte. Du weißt, es hat nichts mit dir zu tun. Es ist das Spiel der anderen Person, das du einfach nicht mitspielen möchtest. Du bewertest es nicht. Du bist vollkommen bei dir und frei. Angekommen.

Das ist, wie jeden Tag verliebt sein! Das ist dein stärkster Schutz und deine stärkste Kraft. Es gibt nichts Größeres als die Liebe. Du kannst strahlen wie die Sonne, egal ob der Himmel von dunklen Wolken verhüllt oder klar ist. Mach dich frei von deinen Ängsten, sie sind das Gegenteil von Liebe.

Nutze deine Intuition, du weißt doch schon alles! Du trägst die Weisheit tief in dir und brauchst dich nur zu er»innern« und dich immer wieder mit diesem Wissen verbinden. Durch deine Intuition stellst du die Verbindung zur universellen Weisheit her. Sofort. Das Wissen der Intuition ist unendlich, es gibt weder zeitliche noch räumliche Begrenzungen.

Zu sensibel für diese Welt?

Wenn wir uns für die Liebe entscheiden statt für die Angst, brauchen wir keinen Schutz. Die Liebe ist die größte Kraft im Universum, sie löst Feindseligkeiten und Negatives mit ihrem Licht einfach auf. Je mehr wir uns für die Liebe, unser Herz, die Unendlichkeit öffnen können, desto weniger laufen wir Gefahr, negativen Situationen hilflos ausgeliefert zu sein, sondern wir entwickeln uns durch sie weiter und wachsen daran.

Sensible Menschen können sich vor Negativität schützen, indem sie sich vorstellen, vor ihren Bauch ein blaues Band zu legen, ähnlich wie ein Pflaster. Dem Bauchbereich, vielmehr dem Bauchgefühl, werden Intuition und Sensibilität zugeordnet.

Man kann sich am Solarplexus, der Gefühlen von Selbstermächtigung oder Überforderung und Ohnmacht zugeordnet wird, einen gedanklichen An- und Ausschalter setzen. Dieser Schalter soll verhindern, dass hochsensible Menschen ständig die Gefühle und Stimmungen anderer Leute aufnehmen, die gestresst und überfordert sind und dies ihr Umfeld auch spüren lassen. Bevor sensible Menschen aus dem Haus gehen, mit anderen telefonieren oder in Kontakt treten, wird gedanklich der Ausschalter betätigt.

Natürlich kann man sich auch sagen, dass man den Stress und die Negativität anderer genauso wenig annehmen muss wie etwas Ekliges, das man niemals anfassen würde.

In angespannten Situationen kannst du negative Energien zurückstrahlen, indem du in Gedanken ein verspiegeltes Band um deinen Bauch legst, dich in ein verspiegeltes Ei oder eine Wolke einhüllst oder verspiegelte Wände hochziehst. Mach dir bewusst, dass du fremde Energien mit dir trägst und sie an den Absender zurückgeben solltest, der in die eigene Verantwortung kommen möge.

Visualisiere schützende Engel mit Schwertern an deiner Seite oder mächtige Krafttiere, die dich auf Schritt und Tritt begleiten.

Blume im Bauch

Stell dir vor, in deinem Bauch ist eine Blume. Jeder Mensch hat die für ihn passende Blume. Es muss nicht immer eine Rose sein, es kann auch ein Veilchen, ein Buschwindröschen oder ein Gänseblümchen sein. Kleine Blüten sind von besonderer Widerstands- und Heilkraft. Schau dir vor deinem inneren Auge deine Blüte an. Jedes Bild, das du von ihr sehen kannst, ist richtig. Wie sieht sie aus? Welche Farbe hat sie? Ist sie in gutem Zustand oder lässt sie den Kopf hängen? Gieße und versorge gedanklich deine Blume mit Wasser oder Sonnenschein, was immer sie braucht.

Atme so lange tief in den Bauch, bis es ihr gut geht.

Zum Schutz legst du ein blaues oder verspiegeltes Band schützend darüber, wenn du spürst, dass du Abgrenzung und Rückzug für dich brauchst.

Zeichne ein Schutzsymbol auf deinen Bauch, zum Beispiel eine Spirale, eine Sonne, ein Herz oder was dir einfällt. Trage eine lange Kette mit einem Heilstein oder Symbol.

Das Leben ist schön, du bist schön

Immer wieder fällt dir die Schönheit, Ausstrahlung und Kompetenz anderer auf und das macht dich traurig? Dann wird es Zeit, deine eigene vielseitige Schönheit zu entdecken. Du solltest wissen, dass das, was du bei anderen wahrnimmst und bei dir vermisst, nach dir ruft, um wiedergefunden zu werden. Denn alles ist in dir vorhanden. Dir fehlt es an nichts. Du nimmst es nur nicht wahr.

Kennst du die Schönheit deiner Gedanken, deiner Gefühle, deiner Seele? Der sichtbare Körper ist nur eine Schicht. Wir besitzen unzählige Körper, unseren Mentalkörper, Emotionalkörper oder unsere Aura. Diese kann sich in den schönsten Farben weit ausdehnen. Sie kann heilend, inspirierend, harmonisierend und magnetisch anziehend auf andere wirken. Deine Ausstrahlung geht über deine Körpergrenzen hinaus. Sie kann von großer Tragweite und Kraft sein, je weniger du dich, deinen Körper und deine Gedanken begrenzt.

Löse dich von einer engen, starren Sichtweise und begreife deine eigene innere Weite und Vielfalt. Wir sehen und begreifen oft nur einen Bruchteil dessen und manchmal ist unser Blick getrübt oder alles steht kopf.

Du bist viel stärker, weiser und schöner, als du denkst! Wenn du nur wüsstest, wie liebenswert du bist!

Sieh dich nicht mehr verzerrt wie durch ein kleines Guckloch, wie es die meisten Frauen bisher getan haben. Sie haderten mit sich und hatten ein völlig falsches Bild von sich, da sie sich meistens selbst kleinmachten. Die meisten haben sich wie durch einen Zerrspiegel betrachtet, aber nichts von der Wirklichkeit erkennen können. Nicht die Liebe macht blind, sondern das Fehlen von Liebe.

Was man da ohne Liebe und Herz so sehen kann? Cellulite, zu große, kleine, hängende Brüste, dicke, flache Hintern, große Nasen, dünnes Haar, faltige Haut, schlechte Noten, schlechter Konto- und Familienstand … die Liste ließe sich endlos weiterführen.

In Wahrheit sind wir alle wunderschön und einzigartig. Zu schade, dass wir uns immer nur an der Verpackung aufhalten und nicht den Inhalt, das eigentliche Geschenk, beachten. Dabei haben wir Frauen besonders das »Zeug dazu«, in die Tiefe und hinter die »Dinge« zu schauen.

Die wilden Archetypen

Wir Frauen sind vielschichtig, facettenreich und schwer zu begreifen: Heute sind wir fröhlich und beschwingt und morgen sehr emotional. Manchmal wechseln unsere Stimmungen so schnell wie das Wetter. Wir wissen um unsere zyklische Natur und um unsere unterschiedlichen, zum Teil widersprüchlich erscheinenden weiblichen Anteile. Unsere Schwächen sind in Wirklichkeit die Urkräfte einer lebendigen Natur. Wir sind Ausdruck von Weichheit und Geschmeidigkeit, um mit dem ständigen Wandel im Fluss der Lebenskräfte mitgehen zu können. Fatal ist, uns zu manipulieren, zu kontrollieren, in Normen zu halten, dann müssen wir ausbrechen und selbst für unser sensibles Gleichgewicht sorgen, um nicht aus unserer Kraft zu geraten. Die Natur kennt keine Normen!

Wir müssen uns selbst wertschätzen! Wir sollten unsere innere Frau wie eine Königin achten, uns mit Güte und der Nachsicht einer Frau betrachten, die schon viel erlebt hat, und wir dürfen uns unseren Humor, unser Feuer nicht nehmen lassen. Wir sollten uns selbst sagen:

Ich bin ein Geschenk für die Welt, die ich zu einem besseren Ort gestalte. Ich bin wertvoll. Ich bin geliebt und ich liebe. Ich liebe mich und ich liebe mein Leben.

Noch leben wir in lebens- und liebesfeindlichen Zeiten, in denen die Natur respektlos und gierig bis aufs Letzte ausgeplündert wird. Die Frau unterdrückt ihre Empfindungen, um ebenso unablässig geben zu können und sich unverzichtbar zu machen. Männer wie Frauen versuchen, einen sicheren und anerkannten Platz in dieser Welt zu erringen. Innere Bedürfnisse, etwa nach einem sinnvollen Handeln oder angemessenen Ruhezeiten, werden ignoriert. Pausen müssen mit Aktionen gefüllt werden, damit andere uns bewundern oder unsere Posts »liken«. Alles muss bewertet werden.

Ich darf in einer solchen Welt nicht in meiner Mitte sein, frei von Urteilen und vollkommen akzeptiert. Wir brennen aus und spüren unsere weibliche emotionale Seite, die Rückzug, Innenschau und Ruhe braucht, nicht mehr oder übergehen sie. Dadurch geraten wir aus der Balance. Wir reagieren mit Erschöpfung, Burn-out oder Depressionen und denken, wir seien krank, dabei sind unsere Wahrnehmungen und Reaktionen natürlich und funktionieren so, wie sie es sollen. Bedenklich wird es, wenn wir nichts mehr spüren, ein lebensfeindliches System weiter fördern und gleichzeitig unsere Intuition und unsere Gefühle unterdrücken.

Wilde Frauen handeln weder wider ihre eigene Natur noch wider die Natur anderer. Wir spüren das empfindsame Gleichgewicht von Geben und Nehmen, von Aktivität und Passivität. Wir sind mit unseren Zyklen verbunden und gehen mit ihnen. Wir wissen um den Zugang zur Energie und wann er uns verschlossen bleibt, und dass wir Geduld mitbringen müssen, bis die Zeit reif ist. Wir leben die zyklische Natur, weil wir selbst die Natur sind. Die heilsame und fruchtbare Natur ist weiblich.

Wir müssen die unabänderlichen Dinge und Situationen akzeptieren, so sein lassen, mit allem, was ist, und Raum geben, wissend, dass die Lösung das Neue, das Passendere, Gereifte erschafft. Es ist ein Wechselspiel von Wahrnehmen, Be»greifen« und Loslassen. Alles ist im Wechsel, Tag und Nacht, Ebbe und Flut, Schmerz und Glück, Berühren und Lösen, Sterben und Geborenwerden. Das ist der ewige, nie endende Rhythmus, der Tanz des Lebens. Dieses Mysterium können wir schlecht erklären, in Worte fassen, wir können es nur selbst spüren und erfahren.

Wir Frauen sind diesem großen und unendlichen Mysterium nah. Wir erfahren diese Weisheit »leibhaftig« durch unseren Zyklus und durch intensive Gefühle. Je tiefer wir in unser eigenes Sein eintauchen und in unsere Emotionen und Wahrnehmungen gehen können, desto leichter lösen sich Blockaden auf.

Jede Tiefe will uns etwas sagen, will gesehen und gefühlt werden. Die Gefühle leiten uns zum Herzen und zum Einssein. Wir Frauen können durch unsere Gefühle sehr schnell die Verbindung zu allem und zur Quelle herstellen. Es ist unsere Natur, da wir selbst die Quelle des Lebens sind, die Quelle von allem, was ist. Wir sind die Weberinnen des ewigen Netzes.

Wir haben ein feines Gespür. Wir wissen, wann man die richtige Gelegenheit nutzt, um ein heikles Thema zu besprechen, und wann man sich besser in Geduld, Diplomatie oder Vorsicht übt. Deshalb können wir kommunikativ, kreativ, schöpferisch sein, gebären, nähren, versorgen, therapeutisch, heilerisch tätig sein. Um dies tun zu können, müssen wir gleichzeitig hochsensibel, sensitiv, gefühlvoll, emotional, intuitiv, tiefgründig sein!

Erkennst du, wie wichtig es ist, unsere Energie dafür zu nutzen, um uns selbst zu ergründen? Nur so können wir sie bewusst einsetzen und verstärken.

Wir sind oft launisch, reizbar, zu schwankend in unseren Gefühlen und Vorhaben, weil unser Repertoire an Fähigkeiten und Aufgaben immens groß ist: Wir erschaffen, dienen dem Leben, das wir harmonisch, erfüllt und in Balance halten. Wenn wir uns keine Wertschätzung dafür entgegenbringen, werden wir im Außen nur wenig Verständnis für unsere weiblichen Bedürfnisse finden.

Machen wir uns bewusst, dass wir Frauen ohne jegliche Anstrengung und mit Leichtigkeit und Freude Dinge vollbringen können. Warum sollten wir uns in einer Sache abrackern, wenn es auch einfach und schnell auf die weibliche Art gehen kann?

Die wilde Aktive, Amazone, Rebellin

Himmelsrichtung: Westen
Jahreszeit: Frühling
Farbe: Weiß
Zyklus: Beginnender Menstruationszyklus
Themen: Neubeginn, Geburt, Erblühen, Aufstehen, Vorangehen

Die Amazone verkörpert die besonders mutige junge Frau, den Frühling, wenn alles neu beginnt und das Leben von Neuem erblüht.

Unsere Vorfahren verehrten die Weiblichkeit, die sich durch die *dreifache Göttin* ausdrückte, symbolisiert durch die drei Farben Weiß, Rot und Schwarz, die der Storch trägt und der Holunderbusch, der weiß blüht und dessen schwarze Beeren einen blutroten Saft hervorbringen. Die weiße Göttin ist wie der Frühling voll aktiver, sich neu entfaltender Lebenskraft, der sich nichts in den Weg stellen kann.

Zu Beginn unseres Zyklus wirken die Kräfte der Amazone am stärksten, auch wenn eine Veränderung oder etwas Neues umgesetzt und verteidigt werden muss. Deine innere Beschützerin ist eine Rebellin, die für das Leben kämpft. Für dein Leben. Wann immer du dich unterdrückt, diskriminiert und angegriffen fühlst, wird sie wach und will sich aktiv einsetzen. Sie ist furchtlos, kompromisslos, tapfer, aber auch abenteuerlustig und risikofreudig. Sobald sich etwas Neues ankündigt, will sie loslegen. Sie greift auf, was das Mädchen in dir träumt, was die weise, reife Frau in dir weiß und die Verantwortung in dir umsetzen möchte.

Sie ist das Arbeitstier, die Berufstätige in dir. Sie sucht sich den Job aus, den sie will. Sie folgt zielstrebig ihrer Berufung. Erwartungen der Eltern, Ansehen, Sicherheit sind weniger wichtig. Um ihren Traum oder ihre Projekte zu verwirklichen, kann sie auf Geld und Luxus verzichten. Die Weltverbesserin ist der aktivste, wildeste und unabhängigste Frauenanteil in dir, denn sie will selbstlos und stark deine Welt gestalten, zur Not in den Kampf und über die Schmerzgrenzen gehen. Sie lässt sich nichts gefallen. Du erlaubst ihr nicht, für dich da zu sein, wenn du dich ständig schlecht behandeln lässt. Wenn du dir nichts sehnlicher wünschst als Harmonie, musst du der Amazone in dir auch den ihr zustehenden Raum geben!

Bist du dagegen zu sehr in Kämpfe verstrickt, strapazierst du deine Amazone und tust gut daran, deine anderen weiblichen Anteile mehr wirken zu lassen. Deine Kriegerin muss nur in echten Krisen mit allen Archetypen gemeinsam aktiv sein und nicht, wenn du dich angegriffen oder gefordert fühlst, etwas anders machen zu müssen.

Deine Amazone trifft keine Entscheidungen allein. Das sollte sie als wilde Kriegerin auch gar nicht, sonst könnte sie jede Situation als Angriff, Beleidigung oder Notstand empfinden und entsprechend zurückschlagen. Wenn du ein Problem hast, fragst du dein »inneres Team«, ob es etwas mit dir persönlich zu tun hat und es deine Energie und Aufmerksamkeit braucht oder ob du es bei den anderen lassen kannst.

Die meisten Frauen boykottieren jedoch ihre innere Kriegerin und Beschützerin mit alten Programmen, die sie als nettes, engelsgleiches, angepasstes, leise sprechendes Wesen an der kurzen Leine halten. Deine widerspenstige Heldin nimmt jedoch kein Blatt vor den Mund. Sie widerspricht unsinnigen Äußerungen und Erwartungen. Sie ist eine Rebellin, sie gibt nicht eher auf, bis sich etwas geändert hat! Sie pfeift auf Konventionen, Normen und Prestige.

Sie ist kein Püppchen. Eine wie sie rettet Wale, den Urwald oder die Kita vor dem Untergang. Sie setzt sich uneigennützig für eine bessere Welt ein. Dafür verzichtet sie auf Komfort, Markenklamotten, Plastikverpackungen und gar auf leibliche Genüsse. Sie engagiert sich politisch, für den Umwelt- oder Tierschutz, sie verzichtet auf nahezu alles, damit andere Wesen nicht leiden müssen. Ihr Mitgefühl und ihr Engagement sind grenzenlos. Es interessiert sie nicht, wenn sie dabei über das Ziel hinausschießt, man sie ablehnt oder mundtot machen möchte. Sie ist schließlich eine Kriegerin.

Die anderen Aspekte des inneren Teams halten die Rebellin im Gleichgewicht: die gütige, geduldige Weise, das lässige, unbekümmerte Mädchen und die Stimme der Vernunft, die Königin.

Die moderne Amazone ist auch in dir lebendig. Sie lebt im Jetzt. Sie ist vollkommen präsent, selbstbewusst, frei, mutig und stark. Sie lässt sich nicht binden mit faulen Kompromissen. Wir sind nach unserer Menstruation am stärksten in der Kraft der Amazone, wenn der Zyklus neu beginnt oder wenn Neues sich ankündigt, das wir verwirklichen wollen. Dann ist unsere aufstrebende Kraft da, unsere Ideen sprudeln nur so hervor, wir werden aktiv. Wenn es auf die Mitte des Zyklus zugeht, den Eisprung, kann sich die extrovertierte, kämpferische Energie in ein großzügiges Versorgen anderer verwandeln.

Also beobachte dich, wenn du bei einem Vorhaben dranbleiben möchtest, um eine Veränderung zu erreichen. Es lohnt sich, dass wir uns selbst gut kennen, damit uns unser gesamtes Potenzial zur Verfügung steht, aus dem wir schöpfen.

Wurden wir in unserer Jugend, in der Zeit der stärksten Widerstände und Abgrenzung, zu sehr gemaßregelt und unterdrückt, will die Rebellin endlich in ihre Kraft kommen. Dann tun wir uns natürlich schwerer, ihr ihren Platz einzuräumen. Egal wie lange sie warten musste – ruf sie jetzt auf ihren Platz. Es ist so kraftvoll und heilsam, ihr zu vertrauen. Die Visionen und Ideen, die du hast, wollen mit ihrer unerschrockenen Pionierkraft umgesetzt werden. Alle deine Frauenanteile wissen um die Bedeutung der Amazone, die die erste frühlingshafte Kraft verkörpert, wenn nach langen Entbehrungen ihre Energie die Verkrustungen durchbricht. Das ist ihr Bestreben, dazu lässt sie sich nicht lange bitten. Sie ist die Göttin jedes Neuanfangs.

Die Amazone würde keine Beziehung aus Sicherheit führen. Sie macht sich von nichts und niemandem abhängig. Im Gegenteil, sie löst Altes auf und trennt sich von Unharmonischem. Bei Trennungen ist sie diejenige, die die Koffer packt, die Wohnung und die Möbelpacker sucht, Kind und Kegel in die Freiheit führt. Jede alleinerziehende Frau hat eine starke Kriegerin in sich! Unterstützt wird sie dabei von allen inneren Anteilen, die dem Neuanfang mit Leibeskräften dienen. Die Rebellin in dir ist lieber eine Single-Frau, als eine, die in einer Beziehung zu viele Zugeständnisse macht, obwohl sie sich oder ihre Kinder ungerecht behandelt fühlt.

Solltest du dir nach langer Zeit eine Partnerschaft wünschen, überprüfe, ob deine Amazone mit ihrem gesunden Egoismus, ihrer Durchsetzungsfähigkeit, Kompromisslosigkeit und ihrem Freiheitsdrang nicht zu viel Raum eingenommen hat. Aber du hast noch mindestens drei starke Anteile, die dich mehr in Richtung eines partnerschaftlichen Miteinanders führen können: Deine Königin, eine erfahrene Frau, lebt sinnliche Beziehungen auf Augenhöhe, die Weise in dir ist von gütiger Gelassenheit und deine verspielte junge Weiblichkeit will endlich wieder Spaß mit jemandem haben.

Deine Kämpferin ist voller Liebe, Intuition und einer starken Intensität. Sie kann ohne Beziehungen und Sex gut auskommen oder offen für freie Beziehungen sein, wenn ihre Ziele sie ausfüllen und ganz vereinnahmen. Sie könnte für ihre Berufung alles andere opfern und entsprechende Prioritäten setzen. Sie ist ehrgeizig und zielorientiert. Der Job ist ihr sehr wichtig, nicht wegen der Anerkennung, sondern weil sie echtes Interesse an ihrer Arbeit hat und darin aufgeht. Sie kommt in der Berufswelt und im Freundeskreis mit Männern gut aus, oft besser als mit Frauen. Mit ihr kann man »Pferde stehlen«. Sie ist ein wahrer Kumpel! Dieser Anteil tut auch jeder Mutter und ihrem Kind gut, gestaltet die Eltern-Kind-Beziehung freier und lebendiger. Die Amazone würde ihr Kind niemals davon abhalten, sich erfahren zu dürfen!

Die Rebellin legt Wert auf ihre Freiheit, sie kauft nicht gern Immobilien oder bindet sich sonstige Klötze ans Bein, es sei denn, sie hat ein Zuhause, in dem sie sich völlig frei entfalten kann. Sie besucht ihre Mutter nicht sonntags, sondern wenn es ihr passt. Sie hat keine Wertpapiere oder Bausparverträge, sie pfeift auf ihre Altersvorsorge. Hier kann bei einigen Frauen die Freiheitskämpferin etwas zu stark aufgestellt sein und könnte die Unterstützung ihres Frauenteams brauchen.

Manchmal fordert der Beruf sie so sehr, dass sie Single bleibt und gar nicht auf den Gedanken kommt, vielleicht etwas verpasst zu haben. Sie ist wie deine innere Weise eine unabhängige Frau, wende dich an sie, um das Alleinsein und die Selbstliebe als etwas sehr Kostbares schätzen zu lernen. Wenn du allein glücklich und zufrieden sein kannst, kannst du es auch zusammen mit einem Partner. Aber wenn du dich nicht selbst lieben kannst, so wie du bist, kann es auch kein anderer.

Hat die Amazone einen Partner »ins Visier genommen«, ist sie selbstbewusst und angriffslustig. Schüchterne Frauen können von ihr sehr profitieren. Sie bringt Leidenschaft und Intensität ins Spiel. Bei ihrer Partnerwahl achtet sie nicht auf Konventionen oder Prestige, sie muss fasziniert von ihrem Gegenüber sein! Sie sucht nicht den künftigen Vater ihrer Kinder, sondern einen wilden Mann!

Ihre Affären sind stürmisch, denn sie lebt ihre Sexualität frei aus und hat ein selbstsicheres, starkes Körpergefühl. Besonders Frauen, die sich für zu »unweiblich« halten aufgrund ihrer sehr schlanken, eventuell androgynen Figur, dürfen ihre Amazone schätzen lernen. Sie ist zäh, tapfer, ausdauernd, selbstsicher und voll wilder Weiblichkeit. Niemals würde sie sich grämen wegen ihres kleinen Busens und der schlanken Hüften. Auch jede Frau mit Rundungen kann eine Amazone sein.

Dieser weibliche Teil bringt Feuer und Energie in eingeschlafene Beziehungen, kann diese aber auch auflösen, wenn es zu trostlos geworden ist. Wenn du in deiner Jugend und der Zeit der ersten Liebe schlechte Erfahrungen gemacht hast oder die Eltern weniger gute Vorbilder für eine liebevolle, harmonische Partnerschaft waren, die auf Vertrauen beruht, dann wird die Amazone dich womöglich zu sehr vor weiteren Enttäuschungen beschützen wollen. Ist sie zu aktiv in dir, deine anderen weiblichen Anteile dagegen zu passiv, beendet sie womöglich vorschnell Beziehungen oder lässt sich lieber nicht allzu tief darauf ein. Stärke deine anderen Frauen, damit sich deine Kriegerin besser entspannen und auf die Liebe einlassen kann. Die Liebe ist kein »Schlachtfeld«, auf dem gekämpft wird und es nur Verlierer gibt, das darf sie verstehen lernen.

Sie ist diejenige, die nicht nur die Scheidung als Erstes einreichen möchte, sondern auch die Kündigung. Triff keine wichtige Entscheidung mit nur einem weiblichen Anteil, denn die Kriegerin ist absolut kompromisslos und bereut nichts. Brauchst du aber einen starken Impuls zu Veränderung und Neuanfang, lenke deine Aufmerksamkeit auf sie. Sitzt du zu lange in einer unerträglichen Situation fest, dann hole dir deine Kriegerin, die bisher nicht aktiv sein durfte, zurück! Du kannst sie nach und nach in dir wachrufen und in dein Leben einladen. Du hast deinen freien Willen! Dein Leben gehört dir allein!

Der Natur, den Tieren ist sie sehr nah, aber sie findet sich überall zurecht, auch in der Großstadt. Sie ist vollkommen angstfrei und schön in ihrer wilden Natürlichkeit. Die Amazone muss sich nicht erst schminken, wenn sie zum Bäcker geht. Ihr Äußeres darf nicht zu viel Zeit in Anspruch nehmen und ihren Aktivitäten im Wege stehen.

Da die aktive Wilde den Sport liebt, kann sie dich am besten bei körperlichen Aktivitäten, aber auch bei gesunder Ernährung unterstützen, und bei allem, was du durchziehen möchtest und wofür du Hartnäckigkeit und Durchhaltevermögen brauchst. Übertreibst du es aber mit dem Sport oder der Diät, gehst du mit deinen hohen Ansprüchen, was Ernährung und Lebensführung angeht, allen auf den Wecker, hat deine Kriegerin zu viel Macht bekommen im Kreis deiner inneren Frauen.

Dann braucht deine Kriegerin unbedingt eine Auszeit und die ausgleichenden Frauenanteile, die das Leben mit Ruhezeiten genießen oder genussvoll feiern. Du solltest wissen, dass du wunderbar bist, so wie du bist. Lass das Kämpfen, die ständige Anspannung, den Stress, die Anstrengung, die deine weibliche Energie gefährden. Hör auf die Stimmen in dir, die dich beruhigen und dir Wärme und Geborgenheit schenken.

Du hast deinen Platz. Du musst nichts beweisen und noch mehr erringen. Du bist sicher und geliebt.

Die Kriegerin und Pionierin in mir

Kreuze an:

1	Ist deine Pionierin in ihrer Kraft? Fühlst du dich eher mutig, aktiv, zielstrebig und bist bereit, für deine Ziele, die Gerechtigkeit zu kämpfen?	Ja	
		Nein	

2	Sitzt deine Amazone noch auf einer Wartebank und du hältst dich eher bedeckt, bist sehr zurückhaltend mit Kontra, Kommentaren, Kritik und Ideen, bist eher still, meistens zu lieb, vorsichtig, nachgiebig und zu nett?	Ja	
		Nein	

3	Kommst du gut in die Gänge? Setzt du viele Ideen um, bist du aktiv?	Ja	
		Nein	

4	Wie zäh kannst du sein? Kannst du diszipliniert etwas durchhalten?	Ja	
		Nein	

5	Gehst du auch Konflikten aus dem Weg, die längst Widerstand erfordern?	Ja	
		Nein	

6	Sitzt du Situationen aus? Sitzt du in Situationen fest?	Ja	
		Nein	

7	Fällt es dir schwer, deine Träume zu verwirklichen und deiner Bestimmung zu folgen?	Ja	
		Nein	

8	Hatte dein Umfeld Einfluss auf deine Wahl von Beruf/Partner/ deine Lebensinhalte, warst du in deinen Wünschen unsicher?	Ja	
		Nein	

Auswertung:

5-mal Ja und mehr: Eine Kampfansage an deine Kriegerin! Rufe sie herbei mit aller Macht! Wenn du einen Anteil in dir weggesperrt hast, dann wird es höchste Zeit, dich an diese mutige, voranpreschende, kompromisslose Frau zu erinnern, die sich selbst auf die Beine bringt und macht, was sie will. Sie steckt auch in dir. Sie will ihr Feuer finden! Du bist in Wirklichkeit sie. Wenn du sie bisher noch nicht gespürt hast, dann vielleicht, weil du Angst hattest vor deiner eigenen Größe. Es wird Zeit, dass du sie entfesselst. Lass dein Feuer heraus, Schwester! Nutze jede Gelegenheit, die sich dir bietet. Sie alle wollen dich in Wirklichkeit nicht als brave Jasagerin, sondern als wilde Kriegerin!

3- bis 4-mal Ja: Deine Amazone will noch mehr! Sie will mehr deiner Veränderungen, Ideen und Träume umsetzen. Du weißt doch längst, dass alles in dir steckt, um die Welt zu erobern! Sei mutiger, hab keine Angst vor Fehlern oder dass andere dich auslachen könnten. Sie können es nicht besser. Sei unnachgiebiger. Steh zu dir. Trau dich mehr, es lohnt sich! Das Leben ist nicht langweilig, es ist ein magisches Abenteuer, das du entdecken darfst!

0- bis 2-mal Ja: Wow, deine Rebellin ist voll da! Du weißt, was Aufbruch, Widerspruch oder Neuanfang bedeuten. Du krempelst die Ärmel hoch und legst los. Achte darauf, dich nicht zu verausgaben. Bleib in der Balance. Du musst nicht immer Vollgas geben. Und du musst nicht immer widersprechen, lass anderen ihre Freiheit. Du bist selbst eine Freiheitskämpferin. Achte mehr auf den Zyklus, die Rhythmen des Lebens. Stärke mehr deine anderen Frauenanteile, damit sich deine Kriegerin entspannen und Frieden finden kann. Lache mehr, auch über dich. Es gibt Anteile in dir, die feiern das Leben, sie genießen die Fülle, die Freude und Leichtigkeit. Du hast alles Glück verdient! Finde die Zeit, dein Leben, alles, was du schon geschafft hast, Revue passieren zu lassen. Fühle die Dankbarkeit und dass es Zeit ist, jetzt zu genießen und dich selbst zu feiern!

Weckruf der Amazone

Erzähle von deiner rebellischen, mutigen Seite. Rufe die Amazone in dir wach. Sie hilft dir bei der Umsetzung deiner Bedürfnisse und Träume. Schreib auf, was dich daran erinnert, eine mutige, kompromisslose Kämpferin zu sein. Was würdest du gern ändern, traust dich aber nicht?

Wo würdest du gern Kontra geben, statt nachzugeben?

Wovor hast du Angst?

_____

_____

_____

_____

Was würde passieren, wenn du anders als sonst reagieren, dich durchsetzen oder Veränderungen verwirklichen würdest?

_____

_____

_____

_____

Was hast du schon trotz deiner Ängste durchsetzen, verändern oder verwirklichen können?

_____

_____

_____

_____

Wo war dir deine Freiheit wichtiger als dein Umfeld zufriedenzustellen, nachzugeben, Kompromisse zu machen?

Finde ein Symbol für deine kriegerische, mutige, freiheitsliebende Kraft, die die Veränderungen umsetzt.

Tipps der Amazone

- Verändere dein angepasstes Verhalten! Geh oder fahre andere Wege zur Arbeit, nimm Bus, Bahn, Fahrrad oder geh zu Fuß.
- Lerne, allein zu sein und dich auf deine Ziele zu konzentrieren.
- Allein zu sein bedeutet nicht, einsam zu sein.
- Erarbeite dir einen Schlachtplan, formuliere Ziele und Vorgehensweise, plane, geh strategisch vor.
- Sag heute mindestens zu einer Person Nein und lehne das ab, was du nicht möchtest.
- Gib nicht nach, gib nicht auf. Benutze deine Stimme. Setz deine Energie für deine Ideen ein.
- Ändere Verhaltensweisen, wie zum Beispiel den Konsum von Fleisch aus Massentierhaltung, bei denen es dir nicht gut geht und wo du dich schuldig fühlst. Übe mehr Verzicht. Komme mit weniger aus. Dein Verzicht bringt deine Kämpferin in ihre Kraft!
- Treibe Sport, bei dem du ins Schwitzen kommst und deine Muskeln stärkst. Denke eventuell über Kampfsport nach, Selbstverteidigung, Boxen. Probiere Haka, den Kriegstanz der Maori.

Wecke die Löwin in dir!

Verstärke in deiner Yogapraxis kraftvolle Übungen für deinen Solarplexus, die dir helfen, durchzuhalten und nicht immer klein beizugeben. Praktiziere den *Löwen*: Atme tief zur Nase ein, strecke beim Ausatmen über den Mund weit deine Zunge raus, öffne deinen Brustraum. Das Feuer des Löwen kommt aus seinem Herzen! Lass tiefes Grollen aus deinem Bauch ertönen. Übe so lange, bis dein Grollen tief klingt und weniger wie ein heiseres Keuchen. Dazu brauchen wir einige Zeit, denn der Löwe bzw. die Kriegerin sind meistens etwas eingerostet.

Die Säulen – flexible Stärke

Leg dich auf den Rücken, spüre deinen Rücken ganz aufliegen, die Schultern sind entspannt. Strecke die Beine gerade nach oben, ganz stabil und fest wie Säulen, die Knie sind durchgestreckt. Hebe die Arme parallel zu den Beinen nach oben, ohne die Schultern abzuheben. Sie sind ebenso stabil und stark wie Säulen. Lass deine Schulterblätter ganz entspannt am Boden liegen. Dein Körper bildet ein U. Atme ca. drei Minuten tief in deinen Bauch.

Stell dir vor, deine Arme und Beine wiegen nur wenige Gramm, sind federleicht, du spürst sie nicht. Wäre es windig, könnten sie hin- und herschwingen.

Rebellinnen-To-do

Setz dich stärker für deine Gesundheit, für deine beruflichen Ziele, die Umwelt oder dein Wohlbefinden ein. Verfolge hartnäckiger deine Ziele. Mach dir eine To-do-Liste für Dinge, die dir am Herzen liegen.

Iss mehr unbehandelte Lebensmittel, Obst und Gemüse, besonders wilde Kräuter. Die Brennnessel, von der wir auch die Blätter und Samen ernten oder kaufen können, ist das Kraut der wilden Amazone. Sie brennt für dich und vertreibt lästige Angreifer.

Die Amazonen-Orga-Liste

Titel: Was möchte ich verwirklichen?
(Beruf, Organisation, Beziehungen, Liebe, Gesundheit etc.)

Ideen: Hör dich um, sprich mit Leuten, sammle Ideen in Internet,
in Zeitschriften, Büchern etc.

Visionstafel: Veranschauliche deine Vision/deine Wünsche bildlich.
Klebe viele Bilder, die deine Vision veranschaulichen, auf einen großen
Karton. Schreib deine positiven Gefühle und Ideen genau auf.
Notiere keine Probleme oder negativen Formulierungen. Deine Idee
ist großartig, bringe sie zur Welt, realisiere sie!

Neumond-Ritual: Gestalte deine Visionstafel besonders zu Neumond
oder zünde eine Kerze an, schreib deine Vision mit einem Wachsstift auf
die Kerze und zünde sie an. Mit dem zunehmenden Mond reift auch
deine Idee Tag für Tag mehr. Zünde täglich deine Kerze an.

Umsetzung: Plane ganz strategisch. Wie viel Zeit pro Woche/pro Tag
hast du zur Umsetzung? An welchem Wochentag, zu welcher Uhrzeit?
Leg Termine genau fest, als würdest du zur Arbeit gehen oder feste
Absprachen haben, denn die hast du mit dir!

Vom Kleinen zum Großen: Mach lieber öfters eine Kleinigkeit für dein Projekt, als zu viel Arbeit auf einmal erledigen zu müssen.

Ziele: Was genau möchtest du umgesetzt haben? Setz dir selbst einen fixen Termin, bis wann du deine Vision bzw. Teilabschnitte stufenweise verwirklicht haben möchtest. Kalkuliere die Zeit nicht zu knapp, setz dich nicht unter Druck. Geh Schritt für Schritt weiter.

Gefahr: Was könnte dein Projekt gefährden? Schreib genau auf, was deinen Wunsch boykottieren könnte. Und finde gleichzeitig eine Lösung dafür. Lass nicht zu, dass wieder nichts aus deinen Wünschen wird. Lerneffekt: Kein Meister ist bisher vom Himmel gefallen. Jeder fängt ganz von vorn an. Vielleicht musst du sehr über dich hinauswachsen, Biss, Kampfgeist, Leidenschaft und Zähigkeit entwickeln, oder du musst dich mehr in Geduld und Sanftheit üben, weniger perfektionistisch sein wollen. Wachse mit deiner Vision, deinem Baby. Werde Mutter deiner Idee.

Die tanzende Lebenskünstlerin – das Wild Child

Himmelsrichtung: Süden
Jahreszeit: Ewiger Sommer
Farben: Rot, bunt
Themen: Lebenslust, Ausgelassenheit, Spiel, funkensprühende Freude,
Energie, Feuer der Kreativität, ungezwungener, freier, wilder Spaß,
ein bisschen verrückt sein, die Zeit vergessen und glücklich sein

Pippi Langstrumpf, jede Künstlerin, Tänzerin, jedes Enfant terrible – sie alle
sind herzerfrischend wilde Mädchen voller unbändiger Freude und Kreativität.
Dieser Anteil ist der jüngste, lebenslustigste und lebendigste Anteil in dir.

Das wilde Mädchen hat unendlich viel Herzenswärme, ein regelrechtes
Feuerwerk an Herzensenergie und einen Reichtum an Ideen. Das Leben ist
eine Sommerparty mit ihm, ein wildes Abenteuer! Wenn du merkst, dass dir
Lebensfreude, Spaß, Lebendigkeit und Sonne im Herzen fehlen, dann wende
dich an die Lebenskünstlerin in dir. Sie nimmt nichts furchtbar ernst und ist
nicht nachtragend. Sie ist frei! Über kritisierende, spießige Erwachsene lacht
sie unbekümmert oder bemerkt sie gar nicht, so sehr ist sie ganz bei sich und
in der Freude, im Glück. Sie kann den Griesgrämigen und Übellaunigen einfach nicht böse sein. Ihr Lachen und ihre Lebendigkeit sind ansteckend. Sie
singt, wenn sie in der Natur ist, wenn sie kreativ ist oder ein Tier liebkost.

Sie zeigt dir das Leben von seiner schönsten Seite! Sie nimmt dich und
dein inneres Kind an die Hand und ihr könnt wieder das Glück erfahren,
wie es ist, selbstvergessen und außerhalb von Raum und Zeit zu spielen.
Mit deinem wilden Mädchen findest du wieder deine freudige Lebendigkeit,
dein kreatives Feuer und die Magie. Als Kinder waren wir noch täglich im
Jetzt, uns gehörten die Weite des Himmels und eine verzauberte Erde. Werde wieder zum fröhlich lachenden Mädchen, das einfach spielt, weil es ihm
Spaß macht. Weißt du noch, wie das war? Wann hast du das letzte Mal mit
anderen gespielt und dabei die Zeit vergessen?

Die Lebenskünstlerin bewegt sich mit Leichtigkeit und tanzt. Sie liebt die
Energie, die Schwingung der Musik und die Emotionen, die dadurch in ihr
ausgelöst werden. Musik und Tanz sind ihre Quellen, aus denen sie neue
Kraft schöpfen und wodurch sie Heilung erfahren kann. Du kannst sie in

dir mit Leichtigkeit durch Musik und Bewegung wecken, durch jede kreative Tätigkeit ohne festen Plan. Ihre Kunstwerke erschafft sie aus sich selbst heraus. Dabei folgt sie ihrer Inspiration, Fantasie und ihrem Herzen. Sie liebt es, kreativ zu sein! Oft hat sie ihre Leidenschaft zum Beruf gemacht.

Die lustige Wilde liebt Kinder! Ein Glück für die Kleinen, wenn sie den Beruf der Erzieherin oder Pädagogin wählt. Sie kennt das Geheimnis eines glücklichen Lebens: die Freude. Jede Mutter und Tante sollten ihrem wilden Mädchen den nötigen Raum gewähren. Das hilft ihr, ein gutes, unbeschwertes Verhältnis zu Kindern aufzubauen.

Jede Erwachsene sollte ihrem inneren Kind Beachtung und Liebe schenken. Dafür ist immer Zeit, du musst sie dir nur nehmen. Für Liebe und Heilung ist es nie zu spät, sie stehen über Zeit und Raum und wirken ihre Wunder über Vergangenheit, das Heute und Morgen hinweg. Die Beschäftigung mit dem Mädchen ist heilsam für die Wunden aus einer strengen, unterkühlten, lieblosen Erziehung in der Kindheit, in der zu wenig gelacht wurde, man nicht albern, verrückt und kreativ sein durfte. Sei jetzt frei und erfülle die Wünsche deines inneren Kindes.

Alles, was die junge Wilde erschafft, dient der puren Lebensfreude. Sie möchte die Welt zu einem sonnigeren Ort machen. Du tust gut daran, deine lebenslustige, etwas verrückte Lebenskünstlerin in deinen Alltag zu integrieren. Deine Frauenanteile brauchen sie!

Sie lässt die Rebellin weniger streng und verbissen sein und mehr zur lachenden Weltverbesserin werden. Die Königin bekommt durch sie mehr Leichtigkeit und Lebendigkeit, die reife, weise Frau wird auch gern albern. Auch sie möchte tanzen.

Wann hast du dich das letzte Mal gebogen vor Lachen, dir den Bauch gehalten, etwas Verrücktes gemacht? Du weißt es nicht mehr? Dann kümmere dich um dein wildes Mädchen, damit sie die Freude und die Leichtigkeit in dein Leben zurückbringt! Mach sofort und jeden Tag etwas, das Spaß macht, kreativ oder albern ist. Hüpfe zu einem Lied wild umher, singe, gröle ... Sei das Enfant terrible! Plane nichts, entscheide schnell aus dem Bauch heraus. Hol dir den ungezwungenen Spaß ins Leben, mach verrückte Sachen! Lass endlich das ungezogene wilde Kind raus! Wem streckst du heute lachend die Zunge raus?

Wann fühlst du dich richtig lebendig?

Was verleiht dir ein Kribbeln im Bauch und du möchtest jauchzen vor Freude? Erinnere dich, vielleicht hast du vor sehr langer Zeit diese beglückende Erfahrung gemacht. Schreib es auf:

Meer & Sonne, Feuerwerk, bunte Farben in der Natur, Cabriotour ins Blaue, neue Orte entdecken, frei sein von Verpflichtungen

Setz es in die Tat um und reserviere der Lebensfreude wieder einen festen Platz in deinem Alltag! Welche Verrücktheit hast du dir in der Vergangenheit erlaubt?

morgens in die Badewanne, flirten mit fremden Männern, Nächte durchgetanzt, nackt am Strand laufen

Könntest du etwas Ähnliches wiederholen, um die Freude und Lebendigkeit wieder zu spüren und mit Zustimmung deiner anderen weiblichen Aspekte? Schließe für einen Moment die Augen, atme tief und entspannt. Stell dir vor, wie sonniges, glitzerndes Licht deine Vision von Lebensfreude erhellt, sodass sie in deiner Vorstellung deutliche Formen annimmt. Was kannst du erkennen? Ist es eine Reise, ein besonderer Ort, ein Hobby, ein berufliches oder privates Ziel? Schreib deine Idee auf und wie du sie Schritt für Schritt verwirklichen kannst. Beginne möglichst noch heute mit dem ersten Schritt.

überwintern in Gran Canaria, mehr Zeit für Beziehung und Freunde, Zeit zum Kochen und Lesen

Wild Child oder Wild Girl?

Hast du viel zu viele Ideen, sodass du dich verzettelst und nur wenig davon umsetzen kannst? Braucht dein wildes Mädchen zu viel deiner Energie und Aufmerksamkeit?

Will sie ständig Spaß und dass alle sich wieder lieb haben, erfährt stattdessen aber immer wieder schmerzvoll den Ernst des Lebens?

Dann gerät dein inneres Gleichgewicht aus der Balance. Wenn deine Aufmerksamkeit zu sehr von der wilden Kleinen in dir in Anspruch genommen wird, wirst du es schwer haben im Leben, wirst dich weniger stabil, geerdet und sicher fühlen, hast Probleme, Verantwortung zu übernehmen und Krisen zu überstehen.

Doch keine Sorge, dir steht ein Kreis von Frauen zur Seite, die die Kleine in dir beschützen, entlasten und ein fröhliches Kind sein lassen. Du bist eine erwachsene Frau, die in ihre Kraft findet, doch immer wieder auch das wilde Mädchen wecken darf.

Kreuze an:

1	Du wünschtest dir von einer Zauberin, das Leben wäre ein glitzerndes, magisches Land voller Feen, Kobolde und Einhörner!	Ja	X
		Nein	

2	Du hast das Gefühl, das Leben ist noch nicht das, was es sein sollte. Du weißt nicht, was du suchen sollst, um stabil, sicher, erfüllt zu leben und dich ganz festlegen zu können.	Ja	
		Nein	X

3	Fällt es dir schwer, der Boss zu sein und deutliche Ansagen zu machen, kann dir auch mal der Kragen platzen?	Ja	
		Nein	X

4	Empfinden dich andere und du dich selbst als kindisch, wenig vorausschauend und realistisch? Hast du schon einiges in den Sand gesetzt oder gar nicht erst versucht?	Ja	
		Nein	X

5	Bringst du wichtige Angelegenheiten oftmals nicht zu Ende und wirfst vorzeitig die Flinte ins Korn?	Ja	X
		Nein	

6	Wie reagierst du auf Krisen? Du jammerst, heulst, wirst zornig, trotzig, haust ab oder schiebst die Schuld auf andere? Du wünschst dir, dass dir jemand aus der Patsche hilft und dich tröstet?	Ja	X
		Nein	

7	Du wunderst dich, dass du immer wieder mit Menschen zusammen-kommst, bei denen du dich unfrei und unter Druck gesetzt fühlst oder die furchtbar trocken, ernst und geradezu humorlos sind.	Ja	
		Nein	X

8	Nimmst du andere (Eltern, Partner, Autoritäten) in Schutz, ignorierst sie oder spielst deren Verhalten herunter, wenn sie sich dir gegenüber unfair, verletzend, manipulierend, Angst einflößend verhalten?	Ja	
		Nein	X

Auswertung:

0- bis 3-mal Ja: Yeah! Du weißt, wie man das Leben rockt! Lass dich nicht verunsichern, falls du Enttäuschungen und Krisen erleben solltest. Das Leben ist nicht nur fröhlich, manchmal ist es auch hart und ungerecht. Jeder Mensch erfährt sich mehrmals im Leben als gebeutelt, unsicher, im Stich gelassen und zieht sich seine Wunden zu. Man kann nicht immer nur mit Zuckerwatte in der Hand von einem Event zum nächsten tanzen. Nur weil du nicht ständig die Leichtigkeit und die Süße spürst, dir manchmal alles zu viel wird und du dich lieber einmal in Fantasiewelten wegträumst, musst du noch lange nicht den Kopf hängen lassen! Die Sonne scheint für dich doch immer wieder, du trägst sie hell und kraftvoll strahlend in dir!

4- bis 6-mal Ja: Aktiviere dein kraftvolles Team in dir! Das hilft dem wilden Mädchen, auf die Beine zu kommen, sich freudig zu verwirklichen, zäher, realistischer und durchsetzungsfähiger seine kreativen Projekte zu erreichen. Die anderen Anteile sorgen dafür, deine vielen Träume besser umzusetzen. Ideen brauchen die Zähigkeit der Kriegerin, um mit Frustration, Gegenwind und Rückschlägen zurechtzukommen und an ihnen zu wachsen. Sie brauchen festen Boden, Halt, die Zuwendung deiner mütterlichen Aspekte, damit sie Wurzeln schlagen und reifen können. Die Weisheit und Verantwortung der Königin und der Weisen helfen, dir über die Sinnhaftigkeit und Machbarkeit deiner Träume klar zu werden. Informiere dich über die Methode des Familienstellens. Familienstellen oder freies Stellen in der Natur können deine wilde Weiblichkeit unterstützen, in ihre Kraft zu kommen und Lebensfreude zu finden.

7-mal und mehr Ja: Du hast die meisten Fragen und besonders die letzte Frage mit Ja beantwortet: Du bist unfassbar ehrlich und hast ein großes Herz! Dein Mut, diese Ehrlichkeit und dein großes Löwenherz werden Welten heilen, auch deine Welt und deine Kindheit! Sorge gut für dein verletztes inneres Kind! Es ist Zeit für Heilung! Es braucht die liebevolle Unterstützung deiner großen, starken Anteile, um Halt und Geborgenheit finden zu können. Aktiviere Hilfe und Unterstützung, scheue dich nicht, therapeutische Hilfe in Anspruch zu nehmen, um zu ergründen, warum dein inneres Kind so stark aus der Balance geraten ist. Du bist nicht allein! Die meisten Menschen leiden unter einem verletzten inneren Kind, das zu wenig Geborgenheit, Aufmerksamkeit, Verständnis, Leichtigkeit, Freude und vielleicht sogar Gewalt erfahren hat. Da hat Scham nichts zu suchen! Lass sie los. Es lag nicht an dir. Weil dir wenig Liebe, Sicherheit, Geborgenheit entgegengebracht wurde, heißt das nicht, du hättest sie nicht verdient. Auch du hast alles Glück und alle Liebe dieser Welt verdient! Mit deinen reifen, kraftvollen Frauen in dir kannst du dir selbst den Halt und die Weite geben, die deine Kleine braucht. Sie sorgen, wenn sie selbst in ihrer Kraft sind, für Wurzeln und Flügel, damit du auf eigenen Beinen freudig und fest stehen und deine Träume verwirklichen kannst. Lerne zu verzeihen, damit dein Mädchen wieder frei und leicht sein kann! Mit der weisen Frau in dir kannst du in die Schatten der Vergangenheit blicken, den Schmerz und die Wut verwandeln, das Alte loslassen und stärker, lebendiger, weiser weitergehen. Du bist nicht die Vergangenheit. Du bist nicht einmal diejenige, die du noch gestern warst. Mit deinem Verzeihen heißt du die Vergangenheit nicht gut, sondern löst dich von ihr und wirst frei. Feiere und befreie das wilde Mädchen in dir!

Aura-Rollen

Probiere Neues aus, mach Quatsch und Unsinn, lebe jetzt, vergiss die Zeit, spiele, wie du als Kind gespielt hast. Es muss keinem Zweck dienen, nur Spaß machen. Sei wie Pippi Langstrumpf! Wickle dich zum Beispiel in eine Decke und rolle darin einen kleinen Hügel hinab. Das schenkt dir nicht nur Leichtigkeit, Spaß, Lebendigkeit, es bringt dich wieder in einen guten, gestärkten Zustand, schließt und schützt dein energetisches Feld. Durch Stress fühlen wir uns oft angegriffen und dünnhäutig, energetisch können wir Löcher in unserer Aura haben. Mit dieser einfachen Übung bringst du deine Gefühle und deine Ausstrahlung sofort in einen positiven Zustand, fühlst dich wieder energiegeladen und geschützt.

Gänseblümchen-Krönchen

Setz dich zu den Gänseblümchen und mach dir eine Kette oder ein Krönchen. Trau dich, es ist wie früher, als du noch ganz unbeschwertes Kind warst. Stecke dir öfters eine Blume ins Haar. Du wirst erstaunt sein, wie schnell du dich energetisiert und leicht fühlst. Es wirkt sofort. Bring auch deiner Freundin eine Blume mit und binde sie ihr ins Haar.

ÜBUNG

Blüten-Mandala

Leg auf den Boden ein Mandala aus
Blüten. Zupfe jedes Blütenblatt ein-
zeln ab, halte es an dein Herz, gib
einen positiven Wunsch oder Gedanken hinein oder küsse das Blatt. Leg
ohne Plan Blütenblatt an Blütenblatt
zu einem Mandala der Freude.

Schminken

Nimm dir Schminkfarben und male dir eine Ranke, Tupfen, Kreise, Blumen ins Gesicht. Das macht zu zweit oder mit mehreren viel mehr Spaß. Macht das bei eurem Mädels-Abend.

Yoga auf die Schnelle: der Herzpfiff

Benetze und spitze die Lippen, atme pfeifend ein (das funktioniert tatsächlich!) und atme über die Nase aus. Diese spezielle Atmung bringt dein Herz
zum Tanzen, Schwingen. Es fühlt sich gleich ganz leicht an. Du kannst zur
Verstärkung deine Hände auf dein Herzchakra (in der Mitte deiner Brust)
legen oder deine Finger wie ein Peace-Zeichen halten. Drücke dabei mit der
Daumenspitze die Fingerspitzen von Ringfinger und kleinem Finger. Weitere
Tipps für dein wildes Mädchen findest du auch beim Feuerkind.

Die wilde Königin

Himmelsrichtung: Norden
Jahreszeit: Sommer, Erntezeit
Farbe: Blutrot (Farbe der Fruchtbarkeit), Königsblau, Purpur
Zyklus: Eisprung
Themen: Weiblichkeit, Stärke, Klarheit, Anmut, Verantwortung,
Fülle, Liebe, Lebenslust, Sinnlichkeit, Mutter, Partnerschaft,
Kommunikation, Heimat, Harmonie, Verbindung

Wir alle haben in unserem Inneren eine Königin, die in der vollen Kraft, Anmut und Blüte ihres Lebens steht. Sie ist stark und bedingungslos in ihrer Liebe zu ihren Mitmenschen. Sie sorgt für die anderen, behält alles im Blick, ist nachsichtig und vorausschauend. Sie verfügt über einen klaren Verstand und ein gütiges Herz. Sie ist der Archetyp des urweiblichen mütterlichen Prinzips, das jede Frau in sich trägt, egal ob sie Kinder hat oder nicht.

Ihre Sinnlichkeit und Lust am Leben und der Liebe sind kein Widerspruch zu ihrem Muttersein. Sie stellt Verbindung und Einheit her, die Harmonie von allem. Als rote Göttin symbolisierte sie für unsere Ahnen das fruchtbare Leben und die Liebe. Sie ist ungebrochen und unverletzt in ihrer Kraft, kann sich aber nur durch deine Selbstliebe und eigene Wertschätzung frei entfalten.

Sie setzt sich für das Wohl aller engagiert ein, ist voller Mitgefühl und Verständnis. Sie sorgt für Kinder und Schwache, damit diese auf die Beine kommen. Sie schafft aber keine Abhängigkeiten, sondern gibt Geborgenheit und Halt, verleiht Wurzeln und stärkt die Unabhängigkeit, um das eigene Potenzial leben zu können.

Wende dich an sie, wenn du die Kraft, Würde und das Herz einer Löwin brauchst. Bedingungslos in ihrer Hingabe und Liebe setzt sie sich für Schwächere ein, die Unterstützung benötigen. Wie eine Löwenmutter nimmt sie es mit jedem Gegner auf, der die Harmonie stören möchte, und richtet dich innerlich auf. Sie erinnert dich an deine innere Größe und Stärke. Sie weiß, was innerer Frieden und Reichtum bedeuten.

Deine Königin ist Mut und Anmut in Person. Sie kennt das ewige Prinzip des Lebens und der Liebe. Sie weiß, dass Liebe das Gegenteil von Angst ist, daher schreckt sie vor keiner Schwierigkeit zurück. Auf andere wirkt sie unerschrocken und unverwundbar. Sie ist Mutter, Ehefrau, Geliebte, Freundin und eine Chefin ohne Allüren, sie ist keine falsche Königin oder eine Diva. Denn deine innere Königin ist sich für nichts zu fein. Sie kann in der Erde graben, kochen, Toiletten putzen und diplomatisch Konflikte lösen, abends ausgehen und feiern. Sie kann und macht alles ohne Aufopferung, denn sie kennt ihre Grenzen und kann liebevoll Nein sagen.

Sie versteht es, geschickt zu verhandeln, die Würde aller zu achten. Sie lässt sich nicht herumkommandieren oder erpressen. Dann findet sie klare Worte. Ihre Formulierungen sind respektvoll und klar. Kommunikation ist eines ihrer größten Talente. Sie bringt alles unmissverständlich und deutlich auf den Punkt. Dabei bleibt sie dennoch ganz Frau. Sie muss sich nicht verbiegen oder eifert dem männlichen Prinzip nach. Sie hat beide Prinzipien harmonisch in sich vereint.

Als geerdete Frau ist sie nicht wankelmütig, sie schafft immer Wohlstand und Stabilität. Sie verfügt über eine schier unermessliche Quelle an Kraft, daher kann sie so viele Menschen versorgen, sich um alles kümmern und ein ganzes Unternehmen oder Projekt ins Leben rufen. Es ist ihre weibliche Lebenskraft, mit der sie alles, was ihr am Herzen liegt, verwirklicht. Mit dieser weiblichen Urkraft nährst du dein Selbstwertgefühl von innen heraus.

Was hast du von deiner Mutter gelernt, was hat sie dir Positives oder Negatives über das mütterliche Prinzip vorgelebt? Konntest du daraus eine wertvolle Erkenntnis gewinnen, was du anders bzw. besser machen könntest? Auch eventuelle schlechte Erfahrungen führen dich zu deinem größten Potenzial. Dein Mutter-Thema kannst du mithilfe der Königin in die Heilung bringen und verstehen, was Muttersein für dich bedeutet.

Die Königin lebt gern in einer harmonischen Partnerschaft. Sie spielt keine Spielchen. Ihr Gefährte ist auf ihrer Augenhöhe. Sie würde ihren Geliebten nie dominieren und sich weder ihm noch anderen unterordnen. Sie ist selbst vollkommen im Reinen mit ihrem männlichen Prinzip und ihrer Weiblichkeit. Ihre Sexualität genießt sie sinnlich und lustvoll, dabei ist ihr die Verschmelzung und das Einssein mit ihrem Partner sehr wichtig. Ohne Liebe macht sie keine Liebe.

Ihr Zuhause ist ihr Königreich. Sie schafft Geborgenheit in einem schönen Heim und sorgt auch am Arbeitsplatz für eine Wohlfühlatmosphäre. In der Küche ist sie eine Magierin und kann aus wenig viel zaubern. Mit einer stabilen Königin, die mit beiden Beinen fest auf dem Boden der Tatsachen steht, wirst du dich immer gut versorgt, verstanden und unterstützt fühlen.

In einer Firma ist sich dieser umsichtige Typ Frau nicht zu schade dafür, den Tisch abzuräumen, für Kaffee und Kekse zu sorgen, aber auch Konflikte geschickt zu lösen, da ihr Sensibilität und Intuition zur Verfügung stehen. Sie kann aus dem Vollen schöpfen. Durch sie gibt es immer eine Lösung. Diese Frau ist im Flow! Sie feiert und genießt das Leben. Sie weiß, was sie leistet, und ist dankbar und wertschätzend sich selbst gegenüber. Sie spielt Anerkennung und Dankbarkeit anderer nicht herunter.

Sie lebt Weiblichkeit als göttliches Prinzip. Sie würde nie sich selbst und andere kleinmachen oder übervorteilen.

Sind in ihrem Leben das Glück, Gesundheit und der Frieden für alle gegeben, geht es ihr am besten. Sie ist dann glücklich, wenn es ihre Lieben sind. In Krisen setzt sie Himmel und Hölle in Bewegung und ruht erst, wenn es allen wieder gut geht. Sie erkennt durch ihre Klarheit und ihr Urteilsvermögen, wenn jemand sie ausnutzen möchte. Dann hält sie sich nicht lange auf, schließt die Burgtore und geht auf Abstand.

Deine innere Löwin, die Königin, ist für alle da und wird ihrerseits unterstützt durch ihre Kriegerin, die aktiv wird, sobald Schwierigkeiten auftreten, und durch die Weise, die ihr beratend zu Seite steht. Mit dem Mädchen verbinden die innere Königin die Freude und Lust am prallen Leben sowie kreative Lösungen.

Magd oder Königin – wer sind wir heute?

Uns Frauen ist besonders der Aspekt der Königin abhandengekommen. Wir sind in unserem Alltag derart gefordert, dass wir uns schon fast wie Männer fühlen und weniger wie sinnliche Frauen, die mit Lust ihr Leben genießen. Wir können zwar delegieren, müssen aber noch zu viel selbst ausführen und kämpfen mit dem negativen Image einer Königin.

Wir haben vergessen, dass wir Weiblichkeit verkörpern, ein göttliches Prinzip, das uns genommen wurde. An die Stelle von Freude und Lust rückte die Scham, die Freiheit wurde zur Sklaverei. Wir durften weder frei sprechen und denken noch waren wir frei in unserer Sexualität, in unserem Körper, in der Wahl unseres Partners.

Die Rolle der Frau als geschätztes und verehrtes Wesen existierte nicht. Der Mann, der eigentlich dem weiblichen Prinzip diente, wurde ihr Beherrscher und sie seine gedemütigte, wertlose Dienerin.

Es liegt an uns, uns wieder mit uns selbst und mit unserer inneren Wahrheit vertraut zu machen und das zu sein, was wir wirklich sind: freie, lebensfrohe, starke, beglückende, liebende, geliebte Wesen!

»Hoch«-Zeit – feiere dich und das Leben

Stärke deine Urweiblichkeit mit einem Festmahl. Genieße sinnlich ein mehrgängiges üppiges Menü mit edlen Speisen und Gaumenfreuden, das eine Königin glücklich machen würde. Verwöhne dich. Stell Kerzen auf und Blumen. Verwende edles Geschirr und eine Tischdecke. Streue Rosenblätter auf den Tisch. Zieh dein schönstes Kleid an. Feiere ein Hochzeitsfest – es ist deine eigene Hochzeit. Die Königin ist am Höhepunkt ihres Lebens – in ihrer »Hoch«-Zeit.

Die Königin ist mit sich selbst verheiratet! Sie lebt die Harmonie, Freiheit und die Liebe in Vollendung.

Du kannst dieses kostbare Menü ganz allein genießen oder mit deinem Partner.

Verwöhne dich regelmäßig mit einer sinnlichen Auszeit. Lass es dir gut gehen. Sei dir nicht zu schade (!!!), Rosenblätter in dein Bad oder auf dein Kopfkissen zu streuen. Zünde Kerzen an. Verwöhne dich mit edlen Düften. Höre bezaubernde Musik.

Auch die Sexualität ist deine eigene Sexualität, unabhängig davon, ob du einen Partner hast oder nicht. Deine Gefühle gehören ganz allein dir. Hab Freude an dir! Du bist sinnlich!

ÜBUNG

Lass dich auffüllen

Dieses Ritual mit der Mudra (Handhaltung) des Empfangens nährt dich, füllt dich sehr schnell auf, lässt dich in dir selbst Geborgenheit finden und führt dich aus dem Mangelgefühl in die Fülle und Dankbarkeit zurück. Dankbarkeit ist der Türöffner zur Fülle. Sorgen, Wut, Ärger und Angst versperren dir vielleicht momentan die Tür. Die Fülle und der Wohlstand sind da, auch wenn du momentan danach in dir suchen musst.

Atme tief ein, atme aus. Spüre, wie sich beim Einatmen dein Bauch und der Brustkorb weiten. Lass beim Ausatmen deine Anspannung los. Spüre, wie du ganz leer wirst. Die Bauchdecke sinkt zurück, ebenso der Brustkorb. Atme ein, lass dich einfach nur auffüllen, atme aus, werde leer und lass los. Spüre den Rhythmus. Nach jedem Loslassen und Leersein füllt sich deine Lunge wieder auf. Es ist ein natürlicher Prozess.

Forme deine Hände zur Schale vor deinem Herzen. Das Universum füllt immer wieder die Leere auf, auch bei dir. Vertraue.

Bleib einige Minuten in dieser Haltung. Lass dich auffüllen.

DANKBARKEITSRITUAL

Mir geht es wieder gut

Dieses Ritual der Dankbarkeit und Fülle kannst du allein oder mit mehreren durchführen. Nimm einen Stein oder einen Stock in die Hand als symbolischen Anker, der dir verdeutlicht, dass du vollkommen frei sprechen kannst und gehört wirst. Du bist an der Reihe. Geh in dich und sprich aus, wofür du dankbar bist. Überlege nicht. Sprich spontan und aus dem Herzen, nicht aus dem Kopf. Dann leg den Stein bzw. den Stock wieder weg. Wenn du das Ritual zusammen mit anderen machst, gib den Stein oder Stock weiter. Nur wer den Stock in Händen hält, darf sprechen. Alle anderen lassen das Gesagte unkommentiert und bewertungsfrei. Alles, was gesprochen wird, bleibt im Kreis, es ist ein Kreis des Vertrauens.

Dann atme wieder ganz bewusst. Spüre den natürlichen Rhythmus des Auffüllens und der Leere. Es ist normal, nicht immer oben am Zenit zu bleiben, durchweg fit, gesund und ohne Probleme zu sein. Was dir an Negativem zustößt, hat nichts damit zu tun, wer du bist. Wie du mit den Hürden des Lebens umgehst, sagt etwas über dich aus.

Sollte dir nichts einfallen, wofür du dankbar bist, fange mit deinem Körper an. Du kannst deinen Händen, Füßen, Ohren, deinem Herzen etc. nicht genug danken. Beispiele: »Ich bin dankbar für die Gefühle, die mir mein Körper schenkt, für meine Kinder, für seine Gabe, zu heilen.« Du könntest Dankbarkeit für deine Beziehungen empfinden, für alles Schöne, Sicherheit, Essen, dein Leben. Nenne mindestens 10 Gründe für Dankbarkeit und spüre danach, wie es dir geht.

Bestimmt haben sich deine Sorgen und Ängste etwas gelegt, vielleicht sogar verflüchtigt, und du konntest aus dem Kopfdrama aussteigen. Spürst du wieder etwas mehr Wärme, die dich wie eine Decke einhüllt?

Das Magnetfeld des Herzens

Es ist leicht, in die Negativ-Spirale zu fallen, aber mit den Problemen zu wachsen und sogar zu versuchen, auch schwierigen Momenten im Leben Dankbarkeit entgegenzubringen, ist eine große Fähigkeit des Herzens und Ausdruck einer reifen Seele. Unser Herz erzeugt ein starkes Magnetfeld, das durch Liebe und Mitgefühl die Gaben des Universums unweigerlich anzieht.

Solltest du noch im Schmerz oder in der Wut sein, dann nimm deine Gefühle an, sie dürfen sein. Du musst nicht dankbar sein, wenn du es im Moment nicht sein kannst. Widme dich deiner Wut und deinen unangenehmen Gefühlen. Sie liegen oben auf. Lass sie kreativ raus. Nicht an anderen. Schreie, stampfe, renne durch den Wald, bewege dich. Eine so starke Energie möchte gefühlt werden und sucht nach Befreiung.

Verstell dich nicht und bleib im Moment. Was fühlst du?

Dein Leben, dein Platz

Wahrscheinlich hast du wie die meisten Frauen ein Problem, dich selbst zu ehren. Als Kind wolltest du vielleicht noch eine Prinzessin sein, aber Königin bestimmt nicht. Aber du bist es! Besteige endlich deinen Thron. Das ist dein Leben und dein Königreich. Du übernimmst Verantwortung, dann nimm auch die Ehre an, die dir zuteilwird.

Wir Frauen sind Wesen, die empfangen, tun uns aber schwer, anzunehmen. Damit bringen wir uns selbst aus der Balance. Wir können nicht immer nur geben. Gerade als Mutter oder als Frau, die Verantwortung für andere trägt, diese versorgt und für alle stark ist, müssen wir ebenso verantwortungsbewusst immer wieder für uns selbst sorgen und uns nähren. Empfindet eine Frau keinen Respekt und Wertschätzung für sich selbst, kann sie es nicht von ihrem Umfeld erwarten. Sorge gut für dich. Setz dich nicht an letzte Stelle. Gönne dir Zeit (sinnliche Auszeiten) und ein wenig Luxus. Sei nicht verschwenderisch, aber auch nicht geizig mit dir. Behandle dich als geliebten Menschen, der Zuwendung verdient hat.

Triff Entscheidungen, mach klare Ansagen! Erwarte, dass andere sich am Ablauf des Alltags beteiligen und du nicht alles allein bewerkstelligen musst, sonst funktioniert es nicht. Die Königin traut anderen auch etwas zu.

Hab keine Angst, stark und machtvoll zu sein, du kannst weder deine Macht missbrauchen, noch dich aufführen wie eine Diva, die falsche Königin. Deine Macht ist die Macht der Liebe, das schließt deine Demut mit ein. Du kennst die Schattenseiten des Lebens und den Schmerz. Dein Thron ist der Platz, von dem aus du alles überblicken kannst. Die Welt braucht dich in deiner Löwinnenkraft!

Deine Rückkehr

Mach es dir auf einem Stuhl oder Sessel bequem. Schließe die Augen. Atme tief und entspannt. An deiner rechten Seite steht deine Kriegerin. Sie ist eine mutige, unerschrockene Kämpferin, die treu dir und der Liebe dient. Sie wartet wie ein Ritter darauf, dass die Königin ihren Platz einnimmt und dein Leben in den Frieden führt. Frieden und Wohlstand kann es nicht ohne die Königin geben.

Zu deiner Linken steht die Weisheit, deine Zauberin und gütige Beraterin. Sie kennt die Geheimnisse des Lebens. Sie ist an deiner Seite, um dir durch die schmerzvollen Erfahrungen zu helfen, an denen du wächst und durch die du wertvolle Erkenntnisse gewinnst. In ihren Visionen kann sie erkennen, was gebraucht wird für ein glücklicheres Leben.

Dir gegenüber lächelt dich das wilde Mädchen an. Es braucht deinen Schutz und dein Vertrauen, dass es sein Herzensfeuer lebendig halten kann. Es bringt allen die Funken der Kreativität, der Leichtigkeit und Lebensfreude.

Spüre, dass alle Fäden bei dir enden und du sie ergreifen musst. Dass du gebraucht wirst, um das Leben in seine Kraft zu bringen. Du verkörperst das pralle Leben mit all seiner Lebendigkeit, Freude, Weisheit und Sinnlichkeit. Du erntest die Früchte des Lebens! Lass sie nicht achtlos verfaulen. Du bist die Fruchtbarkeit und die Fülle!

Steh noch einmal auf! Bleib für einen Moment bewusst stehen, nimm alles wahr, was sich vor deinem inneren Auge ausbreitet. Auch Misserfolge sind wichtige Aspekte für dein Wachstum.

Alles ist da. Du darfst es annehmen. Es gehört zu dir. Setz dich auf deinen Thron. Breite deine Hände aus, forme mit ihnen eine Schale, wenn du magst. Vielleicht denkst du an ein Symbol oder einen Gegenstand, an besondere, kostbare Qualitäten, die dir in die Hände gegeben werden. Vielleicht denkst du an ein Mantra oder ein Lied, das dich stärkt. Auch ein Tier kann an deine Seite kommen. Alles darf sein. Genieße die Fülle und Wertschätzung, so lange du möchtest. Bedanke dich. Öffne die Augen.

Gestalte dir einen Platz, vielleicht mit einem Kissen, das du mit in dein Bett nimmst, oder nimm eine schöne Decke, um dich hin und wieder bewusst in diese Königinnen-Energie zu hüllen und deinen wertvollen Platz einzunehmen.

Die wilde Weise

Himmelsrichtung: Osten
Jahreszeit: Winter
Farbe: Schwarz, Violett
Zyklus: Menstruation
Themen: Weisheit, Transformation, Rückzug, Hingabe,
Loslassen, Innenschau, Visionen

Die schöne Lichtgöttin Brigid, die von unseren Vorfahren verehrt wurde, brachte nicht nur den ersehnten Frühling. Man nannte sie auch *Schwellen-Göttin mit den zwei Gesichtern* – einem bezaubernd schönen wie der frische Morgen und einem unheimlichen alten, das sich in der Dunkelheit verbarg. Wie jede Frau konnte sie auch zur Hexe werden. Sie verfügte über Zauberkräfte und Heilwissen. Sie begleitete die Sterbenden, Kranken und die Seelen, denen sie auf die Welt half.

Die Hexen, die weisen Frauen, verstanden den Zyklus des Lebens, sie wussten um die Notwendigkeit des Sterbens, des Durchschreitens der dunklen Prozesse und der Wandlung zu eigener Macht und Regeneration. Sie wussten, wie man heilte und dadurch Glück und Harmonie, aber auch Selbstermächtigung und Freiheit erlangen konnte. Auch wenn wir heute frei sein dürfen, wie kommen wir in unserem Zeitalter des schönen Scheins mit all den Veränderungen, Krisen und schmerzhaften Prozessen zurecht? Müssen wir immer noch lächeln, schön und energiegeladen sein?

Wir dürfen stark und unabhängig sein, aber wie machtvoll darf die Weise in uns sein? Die meisten Frauen haben Probleme, sich durchzusetzen, wenn es um ihre Interessen und Bedürfnisse geht, dabei gerät der eigene Energiehaushalt aus der Balance und Träume verblassen. Wo ist die Hexe in uns, die darauf pfeift, was die anderen denken?

In meiner Kindheit veranlasste mein rotblondes Haar meine Tante, mich »alte Hex« zu rufen und mit gerümpfter Nase und spitzen Fingern daran zu ziehen. Interessanterweise hatte sie selbst rote Haare, die sie aber die letzten fünfzig Jahre blondierte. Als Kind musste sie gehänselt worden sein und sehr gelitten haben, während ich meine Kassetten und Bücher von der »Kleinen Hexe« liebte und positive Reaktionen auf mein Aussehen erhielt.

Die Hexen, Wiccas und Kräuterfrauen dürfen jetzt wieder aus ihrer Abgeschiedenheit auftauchen, besonders zur Fastnacht und wenn es um Teemischungen, Liköre oder romantischen Liebeszauber geht. Aber ihre wahre Kraft, ihre Weisheit und dunkle Seite, darf noch nicht wirklich sein. Der Aspekt der dunklen wilden Weiblichkeit ist der am meisten dämonisierte und abgespaltene Anteil von uns Frauen. Damit ist für uns am schwierigsten, ihn uns wieder zu eigen zu machen. Wir gruseln uns regelrecht vor uns selbst, vor unserer »hässlichen« Seite, den mysteriösen Vorgängen und Gefühlen in uns.

Als Frauen noch in ihrer Kraft sein durften, vertrauten die Menschen der weiblichen Intuition, ihrer Weisheit und dem Heilwissen. Mit der Verteufelung der Weiblichkeit liefen besonders die kräuterkundigen Frauen, die Hebammen und alle Frauen, die mit ihrer Intuition und inneren Weisheit verbunden waren, Gefahr, gefoltert und umgebracht zu werden. Die schrecklichen Erfahrungen aus dem Zeitalter der Hexenverfolgung stecken noch in unseren Zellen und im weiblichen kollektiven Unterbewusstsein und suchen nach Befreiung und Heilung.

Die Angst, die Hexe in uns könnte entdeckt werden und wir zu Schaden kommen, kann sich ganz unterschiedlich zeigen. Vielleicht empfinden wir Abneigung Frauen gegenüber, die wie eine Hexe gekleidet sind oder sich wie eine verhalten. Ich bin öfters mit älteren und mürrischen Frauen konfrontiert worden, denen es gleichgültig war, was andere von ihnen dachten. Je mehr ich meine Weise in mir zum Schweigen brachte und das liebe, nette Mädchen blieb, desto mehr wurde ich durch solche Frauen herausgefordert.

Es können auch nur kleine Widerstände oder ein Unbehagen sein, etwa bei einem Ritual mit anderen Frauen, wenn Gedanken aufkommen, dass man beobachtet und für verrückt erklärt werden könnte. Je tiefer eine Frau in ihre wilde Weiblichkeit vordringt, je mehr Schichten ihres Frauseins sie freilegt, desto stärker ruft sie die dunkle Göttin der Weisheit in sich wach. Sie hat den Schlüssel der Erkenntnis und weiß, dass sich das Leben in Veränderung befindet, mit Phasen, in denen wir leiden, trauern, loslassen müssen, dass es aber ständig weitergeht bzw. immer wieder neu beginnt in einem unaufhörlichen Prozess.

Die weise Frau kennt die Zyklen der Natur, das Aus- und Einatmen. Sie weiß, dass alles, was existiert, seine Berechtigung hat als Teil eines immerwährenden Kreislaufs. Sie fürchtet nicht den Schmerz und die Dunkelheit, sie sieht darin die Sterne leuchten. Sie weiß, dass das Neue aus dem Dunklen geboren wird. Immer wieder.

Was macht es mit dir, wenn du diesen Teil deines Frauseins wieder integrierst? Du wirst frei und dir selbst in deiner ganzen Tiefe bewusst. Jede Erfahrung, ob schön oder schmerzhaft, wird dir Stärke, Reife und Selbst-Bewusstsein schenken, das die Seele ausdehnt. Du wirst mit jeder Erfahrung besser wissen, was du brauchst, um in deiner Kraft und ganz du selbst sein zu können. Mit jedem Prozess kommen wir uns selbst näher. Es lohnt sich also, deine dunkle, wissende Seite kennenzulernen und anzunehmen.

Die dunklen Göttinnen erzählen uns von ihrer Weisheit und ihrer Gabe, den Tod zu überwinden, im ewigen Leben zu sein, Trost und Erkenntnis zu finden. Schau dir den Sternenhimmel an. Genieße allein die nächtliche Stimmung. Fühlst du diese beruhigende Stille und Kühle? Alles darf in diesem Moment sein. Nichts muss sein, nichts ist schon festgelegt, alles darf erst werden und entstehen.

Unsere Ahninnen trugen als Zeichen ihrer Freiheit und Wehrhaftigkeit ein Messer, so wie die weisen Frauen vieler Kulturen. Sie schnitten damit nicht nur Heilkräuter, sondern lösten die alten Fesseln auf, entließen das Negative, das nicht mehr dienlich war. Symbolisch durchtrennten sie die Schnüre der Abhängigkeit und fegten mit ihrem Besen die alten Energien hinaus.

Dieser dämonisierte Frauenanteil wird am schwersten zu integrieren sein und womöglich wirst du mit deiner inneren Hexe anecken. Sie ist unbequem und störrisch, sie nimmt kein Blatt vor den Mund und spricht die Wahrheit aus, wenn sie Lügen hört. Sie hat aber auch die Gelassenheit des Alters. Sie lebt in jeder Frau, egal wie alt sie ist. Sie kann sogar schon aus einem kleinen Mädchen sprechen und in einer alten Frau schlummern.

Sie ist spröde und gütig gleichzeitig. Sie hat nichts gemein mit quasselnden älteren Damen bei einem Kaffeeklatsch. Sie ist meistens in ihrem Garten zu finden oder im Wald. Sie liebt die Heilkraft der Natur und ist immer wieder fasziniert davon, welche Geschenke sie bei ihren Ausflügen vorfindet. Es gibt für sie kaum materielle Dinge, die ihr Herz höherschlagen lassen.

Alles, was sie braucht, hat sie und findet sie. Einfach so.

Es scheint, als könnte sie mit der Natur sprechen, die ihr oft lieber ist als menschliche Gesellschaft. Sie zieht sich gern zurück, denkt über das Leben nach und liest viel.

Sie hat immer den absoluten Zugang zu ihrer inneren Stimme und ihrer Wahrheit, der sie unbeeindruckt von den anderen folgt. Sie kennt und akzeptiert alle universellen Gesetze, sie weiß, dass sie aber auch selbst ihr Glück in die Hand nehmen kann. Da sie die Ruhe selbst ist, hat sie keine Eile. Sie setzt sich für andere liebevoll und unterstützend ein, steht ihnen mit ihrem Wissen und Können zu Seite, für sich selbst ist sie genügsam.

Sie weiß, dass es um Grenzerfahrungen gehen kann, wenn ein Zyklus endet und der nächste folgt. Daher fürchten wir sie auch so sehr. *Sie nimmt uns in den Kokon, in dem die Raupe in uns stirbt.*

Sie erkennt, wann es Zeit ist zum Loslassen. Darin und in der Transformation zum Neuen liegen ihre stärksten Kräfte. Vielleicht ist es nicht einmal so sehr das Loslassen, vor dem wir Angst haben, das müssen wir jeden Monat während unserer Blutungen, es ist vielmehr die Furcht vor unserer eigenen Kraft, Neues entstehen zu lassen. Wir haben große Angst vor unserer Schöpferkraft, Magie und unseren Schöpfungen!

Wir können Kinder bekommen und vielem anderem Leben einhauchen, zum Beispiel unseren Projekten, die manchmal ja auch »Babys« genannt werden. Wir könnten mit wahrem Selbstbewusstsein so viel für uns und für eine bessere Welt erschaffen, wären wir ganz in unserer Kraft und mit unseren wilden urweiblichen Frauenanteilen verbunden.

Die weise Frau ist dir besonders während der Zeit der Menstruation ganz nah, aber auch, wenn du andere tief greifende Erfahrungen machst. Wenn du dich verletzlich und traurig fühlst und deinen Rückzug brauchst, ist sie bei dir. Wenn du deine innere Stimme hörst, auch mit unbequemen Wahrheiten, spricht sie zu dir. Sie mahnt dich zu Ruhe, Erholung und Geduld.

Wende dich an sie, wenn du dich zurückziehen willst oder es eine Veränderung braucht, eine Innenschau und Bewusstwerdung. Sie schenkt dir die Kraft und das Vertrauen, dass alles einen Sinn hat.

Loslassen und Halt finden

Trinke vor und besonders nach dieser kurzen und hilfreichen Yoga-Übung ein Glas Wasser. Trinke überhaupt mehr Wasser, wenn deine Gefühle dich stark beunruhigen. Diese Yoga-Haltung hilft dir, das loszulassen, was dir »an die Nieren geht« und dich emotional belastet.

Mach diese kurze Übung immer dann, wenn du sehr gestresst, traurig oder wütend bist. Sie hilft dir, deine Gefühle zu besänftigen, sogar zu neutralisieren, ohne sie wegzudrücken. Eine neutrale Haltung besagt, dass du ganz stabil bist und alles wahrnehmen kannst, ohne bewerten zu müssen. Nach der Übung kannst du mit deinen Gefühlen gut umgehen, ohne von ihnen überwältigt zu werden.

Sitze bequem, dein Rücken ist gerade. Atme tief in deinen Bauch und stell dir vor, der Atem strömt bis in die Lungenspitzen. Nimm deine Hände überkreuz in die Achseln. Die Daumen bleiben vor den Achseln, deine Fingerspitzen können sanft in die Seiten deiner Achselhöhlen drücken. Zieh deine Schultern weit hoch bis unter die Ohren, dein Kinn senkt sich tief ab in Richtung Brustbein. Lass dein Gesäß entspannt sinken, als würde sich dein Steißbein wie ein Anker in die Erde absenken. Visualisiere eventuell Wurzeln, die zu deinen Füßen oder vom Steißbein aus in die Erde wachsen und dir Halt geben.

Atme tief in deinen Bauch. Beim Einatmen darf sich deine Bauchdecke wölben, beim Ausatmen zurückgehen. Visualisiere, wie das Gewicht und der Druck nun von deinen Nieren genommen werden, wie sie sich beim Einatmen ganz frei und groß entfalten und alles Belastende beim Ausatmen nach unten in die Erde abfließt.

Du wirst immer ruhiger und atmest tief, bis deine Atmung ganz entspannt ist. Puste nun den Atem sanft durch den Mund aus, als wolltest du eine Kerze ausblasen oder zum Flackern bringen. Trink etwas Wasser und geh noch für einige Minuten in die Haltung des Kindes, wenn du magst.

Die Haltung des Kindes

Diese im Yoga sehr bekannte Haltung hilft dir, deine Gefühle besser zu verdauen und deine Intuition zu stärken. Am leichtesten findest du vom Vierfüßerstand (auf den Knien und den Händen abstützen) in diese entspannte Haltung. Lass dich mit deinem Gesäß auf die Fersen sinken. Der Oberkörper bewegt sich ebenfalls nach unten. Entspanne deine Schultern, deine Stirn kann auf den Boden sinken oder von deinen Händen oder einem Kissen gehalten werden. Spüre, wie dein Bauch entspannt.

Nimm dich so, wie du bist

Hab Anerkennung und Wertschätzung für die Weiblichkeit und die Frauen, die in jeder Lebensphase in dir wirken.

Ehre die Mutter in dir, die sich kümmert und dich nährt, und die Weise, die hinter die Dramen und Täuschungen blicken kann. Lass Traurigkeit und Erschöpfung zu, wenn du vom Leben gefordert wirst und Krisen durchstehen

musst. Zeige deine Narben mit dem Stolz einer Kriegerin. Geh mit der Anmut einer Königin, dein Weg ist so einzigartig wie du selbst! Du bleibst auf deinem Weg mit einer Würde, die dir niemand nehmen kann.

Die folgenden Rituale sind der weisen Frau in uns gewidmet, sie sollen dir helfen, Altes loszulassen und Neues zu begrüßen.

Im Zentrum der weiblichen Kraft

Verwende symbolisch für jeden wilden Archetyp deiner inneren Frauen ein Symbol.

Leg in den Süden ein Symbol für dein wildes, inneres Mädchen. Das kann etwas sein, das dir die Ungezwungenheit, das Lachen, die Lebendigkeit, die überschäumende Freude bewusst macht. Vielleicht ein selbst gemachtes Kunstwerk, etwas Buntes, eine Blume oder etwas, das dich schmunzeln lässt.

Im Westen ist der Platz für ein Symbol der Amazone. Es drückt etwas Rebellisches, Unabhängiges, Aktivität und Stärke aus.

In den Norden legst du für deine Königin ein Zeichen für ihre Macht und Liebesfähigkeit, vielleicht einen Apfel oder eine goldene Kette. Wähle etwas, das dir zu deiner Frau, die die Verantwortung für alle übernimmt, einfällt.

Für den Osten kannst du ein Symbol verwenden, das dich an deine Weisheit, deine spirituelle Kraft, deine Kenntnisse, zu heilen und zu verstehen, erinnert, zum Beispiel Schlange, Yin-Yang-Symbol, Mond-Symbol, Stein, Besen, Kräuter, schwarzes Tuch etc.

Stell dich nun in die Mitte des Kreises. Schließ die Augen. Fühle die Kraft deiner inneren Frauen, sie sind alle in dir vereint.

Dreh dich langsam in jede Himmelsrichtung oder nimm jeden Platz so lange ein, wie es für dich stimmig ist, um dich mit den Energien aufzuladen. Spüre, was aus jeder Richtung zu dir kommt. Ist es Widerstandsfähigkeit, die Kraft, nicht immer gleich nachzugeben für den vermeintlichen Frieden, ist es Aktivität, männliche Kraft, die aus dem Westen kommt?

Erhältst du Freude und Spaß aus dem Süden? Willst du hüpfen und albern sein? Spürst du deinen Körper, wie er sich bewegen will?

Fühlst du die bedingungslose Liebe und Hingabe, die Löwinnen-Kraft einer Königin, spürst du ihre Sinnlichkeit und Schönheit?

Lade dich im Osten auf mit deiner Weisheit und deiner Fähigkeit zum Loslassen, Regenerieren und Heilen.

Tanke so lange deine Kräfte auf, bis du dich ganz stabil und kraftvoll fühlst, breite deine Hände aus, strecke deine Zehen, steh ganz auf deinen Füßen. Nimm ganz deine Mitte ein.

Anknüpfen – das Netz neu weben

Nimm einen Faden, dieser kann rot wie die Liebe sein, er kann weiß sein wie das Licht, das immerwährend neu geboren wird, oder schwarz. Schwarz steht für den Wandel, das Loslassen, das Dunkle, das uns noch nicht seine Geheimnisse und Schöpfungen preisgibt.

Leg diesen Faden um dich herum. Werde dir deiner weiblichen Urkräfte bewusst. Finde bei dem Mädchen den Aspekt, den du am meisten brauchst (Fröhlichkeit, Kreativität, Spaß, Verrücktheit, Spontanität, Ungezwungenheit etc.), und mach dafür einen Knoten. An der Stelle der Amazone wirst du dir ihrer Qualitäten (Mut, Kompromisslosigkeit, voranstrebend, schützend, sich widersetzend, befreiend, neu beginnend, Träume wahr machen usw.) bewusst und machst einen Knoten für die selbstbewusste Pionierkraft, die du am meisten brauchst.

Denke an die Eigenschaften der Königin, der Gefährtin und Verantwortlichen, die auch in dir wirkt mit all ihren hingebungsvollen, diplomatischen, starken und mütterlichen Seiten. Mach einen Knoten für die Kraft, nach der du dich am meisten sehnst.

Auch die Weise, die Hexe, darf einen Knoten erhalten. Vielleicht brauchst du am meisten die Qualität, das Dunkle zu akzeptieren und Belastendes loszulassen, zu heilen und zu wachsen und deine negativen, weniger schönen Seiten einzuladen und zu leben.

Nimm die Schnur und knote sie um dein Handgelenk, bis sie sich irgendwann von allein löst. Dann brauchst du das Band als Erinnerung nicht mehr, denn alle Qualitäten sind in dir wieder ganz lebendig geworden.

Das Glück des Lebens

Das Mantra »Sa ta na ma« aus dem Kundalini-Yoga beschreibt den Zyklus des Lebens und hilft dir, das Leben mit seinen Höhen und Tiefen anzunehmen, wie es ist. So kannst du den Weg zum wahren Glück und in den Flow finden mit dem schönen Gefühl, getragen zu sein.

Singe die Silbe »Sa« und drücke dabei Daumenspitze und Zeigefinger aneinander – sie bedeutet »Geburt, Neuanfang«. Bei »Ta« werden Mittelfinger und Daumen zusammengeführt – diese Fingerhaltung steht für das Leben, »Na« ist das Loslassen, symbolisiert mit Ringfinger und Daumen, und »Ma« steht für die Neugeburt, das Immer-wieder-anfangen-und-sich-verwirklichen-Können (kleiner Finger und Daumen). Dieses Mantra ist sehr bekannt (und wird zum Beispiel wunderschön gesungen von Snatam Kaur auf ihrer CD »Grace«).

Der Tempel der weisen Weiblichkeit

VIER

Lust und Frust

Wann spürst du normalerweise deinen Unterleib? Meistens, wenn er ver-krampft ist und du Beschwerden hast? Welchen Nutzen hast du selbst von deiner eigenen Sinnlichkeit und von der weiblichen, nährenden, erbaulichen Kraft? Wir tragen eine aufbauende, sinnliche und kreative Kraft in uns selbst spazieren. Das ist unsere Energie, wir sollten sie uns wieder zu eigen machen. Seltsam, dass häufiger ein Mann mit unserem Körper in Kontakt tritt als wir selbst.

Seit einigen Jahren spüre ich jeden Tag gedanklich kurz in meinen Schoß hinein und kann Kraft, Geborgenheit, Ruhe und Stabilität tanken oder was immer ich brauche. Manchmal brauche ich Selbstbewusstsein und Lebendig-keit, weibliche Qualitäten, die in unserem Frauentempel darauf warten, dass wir sie nutzen. Ich kann die Quelle der weiblichen Schöpferkraft in meinem Unterleib ganz deutlich spüren und mich einfach kurz aufladen.

Als Kundalini-Yogalehrerin war mir zwar bekannt, dass unterhalb des Bauchnabels das Sakralchakra liegt, das ein besonderes Energiezentrum ist und sich mit kreativer Kraft, Freude, Genuss, Sexualität und Fortpflanzung verbinden lässt, aber mehr wusste ich nicht.

Und das war ein Problem. Ich konnte mir viele Informationen aneignen, doch ich spürte recht wenig. Man konnte mir viel erzählen, aber ich glaubte nichts, was ich nicht selbst fühlen konnte. Wie sollte ich lernen, mich an meine kreative Quelle anzuschließen und mich einfach fallen zu lassen?

Ich konnte in Meditationen und nach schamanischen Traditionen die Farben Orange oder Gold visualisieren, mir vorstellen, wie ich Belastendes ausatmete, und visualisieren, dass ich energetische Verbindungen, beispielsweise zu ehemaligen Partnern, durchtrennte, um meine Kraft zurückzugewinnen. Ich konnte viele passende Yogaübungen praktizieren, fühlte aber meinen Schoß nur muskulär.

Ich spürte meinen Beckenboden und konnte die Übungen bis zur Perfektion ausführen. Mula bandha, das Zusammenziehen und Entspannen der Beckenbodenmuskulatur, ist essenziell im Kundalini-Yoga, um die innewohnende Kraft des Unterleibs aufzuwecken und aufsteigen zu lassen wie eine Schlange, und dennoch fühlte ich keinen ekstatischen Zustand.

Ich spürte die Urkraft der weiblichen Seele nicht. Ich wusste nicht einmal, dass ich eine habe, zusätzlich zu meiner Seele an sich, die ich für mich in meinem Herzen, in meiner Mitte lokalisiere und als neutral, also weder männlich noch weiblich, wahrnehme. Meine Meditationen hielten sich an meine Körpermitte, im Herzen konnte ich Liebe, Mitgefühl finden und ausdehnen, meine Selbstheilungskräfte aktivieren, meinen Stresslevel wieder senken.

Was meinen Unterleib, meine Gebärmutter, anging, hatte ich jedoch nicht mehr Empfindungen als in meinen Armen. Alle Erzählungen von einer weiblichen Urkraft, sogar einer Göttin, konnte ich mir nur mit viel Fantasie vorstellen. Ich wusste, mein Schoß ist ein heiliger Tempel und wie das Herz ein unzerstörbarer Ort. Wie sollte ich etwas, das wie eine Art Paradies in mir vorhanden war, in meinem Körper spüren können? Und wie konnte ich etwas wissen, wenn ich es nicht fühlte?

Die Öffnung des Schoßraums

Bis ich einen Frauen-Workshop mitgestaltete, sinnigerweise mit dem Titel »Das Erwachen der Venus«[1], blieb für mich die wilde weibliche Kraft eine Fantasie. Ich leitete den Yoga-Teil mit den entspannenden und energetisieren-

[1] Silvia Rettenmaier leitet u. a. die Wildnisschule »Berkana« für Frauen und Mädchen.

den, aus dem Kundalini-Yoga stammenden Venus-Kriyas, das sind Yogaübungen, die der Selbstliebe dienen. Wir Frauen tanzten zusammen und hörten viel über die Lehren des Tantra, über schamanische Rituale für die Weiblichkeit, die wir anwendeten. Wir lachten, kochten und aßen zusammen, ein ganzes Wochenende lang.

Höhepunkt war der Vagina-Monolog[2], wir taten uns jeweils zu zweit zusammen und ließen unsere Gebärmütter sprechen. Ich lag entspannt und gemütlich auf einer Matte, meine Partnerin schaute freundlich lächelnd auf meinen Schoß und fragte nur: »Hallo, Vagina, na, wie geht es dir?« Da war ich völlig perplex, das heißt, meine Vagina war es. Meine weibliche Quelle zeigte sich mir zum ersten Mal, obwohl ich schon zwei Kinder hatte, aber jetzt konnte ich sie eindeutig fühlen und als etwas Helles wahrnehmen. Ich erhielt ein Bild von ihr und hatte unbeschreiblich schöne Gefühle. Es war wie im Himmel, der Kosmos in mir selbst, in meinem Körper, mir liefen die Tränen herunter. Da war ich nicht die Einzige.

Ich hörte von den anderen Frauen, dass sie völlig überrascht, gerührt und bewegt waren. Zum ersten Mal durfte ihre weibliche Schöpferkraft wieder in Erscheinung treten und sogar sagen, was sie sich wünschte. Ich bat meine wilde Frauenkraft, die ich ganz glitzernd wie strahlende Flüssigkeit wahrnahm, sich auszubreiten. Ich wollte sie ganz groß und lebendig in mir werden lassen. Um meine Quelle sah ich schwarze Gesteinsbrocken, die nach und nach feine Risse bekamen. Waren meine traumatischen Erfahrungen der Vergangenheit vielleicht doch zu heftig und unüberbrückbar? Mich verließ etwas der Mut, so dunkel und starr empfand ich dieses Massiv um die weibliche Quelle im Inneren. Meine Partnerin legte mir ihre Hand auf mein Herz, damit ich noch mehr Liebe spüren konnte. So ging es plötzlich ganz leicht und sogar schnell, es war, als würde ein Staudamm brechen. Ein großer Energieschwall breitete sich in mir aus und floss durch meinen Körper.

Dabei spürte ich eine nie zuvor gekannte Freude, Geborgenheit, Entspannung, Stabilität und Zeitlosigkeit in meinem Körper. Seitdem fühle ich mich ganz verbunden. Es war ein ganz anderes Erlebnis, als ich es sonst in Meditationen hatte. Ich musste nicht mehr meinen Körper verlassen, um mich ganz verbunden, angekommen und genährt zu fühlen.

---

[2] Eve Ensler: Die Vagina-Monologe. Aus dem Amerik. von Peter Staatsmann, Bettina Schültke, Nachwort Gloria Steinem, 2016.

Die Quelle spüren

Wie du deine wilde Weiblichkeit spürst, kann ein ganz eigenes Erleben sein. Mal erfährst du deine Quelle kühlend und entspannend wie erfrischendes, reinigendes Wasser, das deine Gefühle beruhigt und klärt, mal wärmend, energetisierend oder gar bebend, gewaltig wie ein Strom von Lava, der sich in dir ausbreitet. Mal bemerkst du die Energie kaum, so leicht, zart und tänzelnd ist sie, und sie kann so weit sein, so unendlich, dass du dich mit dem Universum verbunden fühlst, Sterne wahrnimmst oder die Tiefe und pulsierende Wärme der Erde spürst.

Meistens spüre ich kurz in meinen Schoß hinein, fühle angenehme, schwere Wärme, Tiefe, dasselbe zarte Prickeln in meinen Füßen, an meinen Fußsohlen und Beinen. Ich fühle mich ruhig, bin mit beiden Beinen fest auf der Erde, das Blut nehme ich pulsierend in meinem warmen, lebendigen Körper wahr, mein Kopf ist leicht und frei, mein Herz ist weit und offen. Ich fühle mich richtig gut. Das ist jetzt mein Normalzustand. Es hat sehr lange gedauert, bis ich es fühlen durfte.

Die Freiheit weiblicher Energie

Ohne die weibliche Kraft gäbe es kein Leben, ohne sie wären wir nicht hier. Alles Leben wird aus dem Weiblichen geboren. Die Natur, die Erde, alles ist weiblich. Das Leben ist die Verkörperung des Weiblichen. Wir konnten die Weiblichkeit nur nicht wahrnehmen. Als würde man uns die Augen zuhalten und sagen »Schau, da ist sie!« oder als würde man uns die Hände verbinden und uns auffordern, sie zu ergreifen. Jetzt sind wir frei, sie ganz in uns wahrzunehmen.

Mach dich frei von Erwartungen. Lass dir Zeit, mach dir keinen Druck. Die weibliche Energie erscheint nicht auf Befehl.

Wie eine Katze lässt sie sich nicht herumkommandieren, sondern zeigt sich mal weich, sinnlich und sanft, mal stark und kraftvoll wie eine Löwin.
Sie bleibt immer geschmeidig und im Flow.
Sie ist immer wild, ungezwungen und frei.

Schön ist es doch, wenn es dir besser geht als je vorher. Du entspannst dich, deine Belastungen lösen sich, du wirst ruhiger, stabiler und positiver in deinem Lebensgefühl. Sei dankbar für die kleinen Momente. Sie enthalten einen feinen Zauber.

Ist es nicht das, was ein erfülltes Leben ausmacht?

Wachgeküsst

Die meisten von uns tun sich schwer mit der Selbstliebe. Wir mussten die Erfahrung machen, dass wir oft nicht erwartungs- und urteilslos angenommen, behandelt und sogar geliebt wurden. Wir denken, wenn uns nicht unsere Eltern bedingungslos lieben können und konnten, so wie wir sind, dann kann es niemand. Wir glauben, dass die Eltern nicht wissen, wer wir wirklich sind, und schließen daraus, dass es dann auch sonst niemand gibt, der uns kennenlernen und uns mit all unseren Schwächen lieben will.

Wir scheitern an unseren ersten schmerzhaften Eindrücken vom Leben, und scheinbar unüberwindliche Hürden und Mauern türmen sich vor uns auf. So wird unser Spielraum mit der Zeit immer enger und irgendwann sitzen wir in der Falle, wie Rapunzel im Turm oder wie Dornröschen im Wachkoma, und denken verzweifelt über den Sinn des Lebens nach.

Wir Frauen wurden bisher von unbekannten Rittern, Millionären oder Heiligen gerettet, doch jetzt begeben wir uns selbst auf unsere Heldinnenreise.

Ja, es gibt verletzende Prägungen, die sich hartnäckig halten und uns in unseren Grundfesten, in unserer Selbstliebe und unserem Selbstwertgefühl so erschüttern, dass wir Glaubens- und Denkmuster entwickeln, die uns von unserer wahren Identität und Individualität entfernen.

Unsere negativen Erfahrungen mögen uns konditionieren, als seien wir ein Computer, der nur nach bestimmten Programmen handelt, nach Glaubensmustern wie »keiner liebt mich«, »ich bin wertlos«, »ich bin allein«, »ich bin nicht gut genug«. Aber wir sind keine Maschinen, sondern ganz besondere Wesen voller Gefühle, Leben, Liebe und Energie.

Diese Hürden mögen bei manchen von uns zahlreicher und höher sein als bei anderen, aber das macht nichts. Wir gehen alle durch ein Labyrinth, durch das Chaos und wissen von Zeit zu Zeit nicht mehr weiter. Wir bewegen uns durch unsere Prozesse – man nennt es *Spiel des Lebens,* das wir nicht gewinnen, sondern nur erfahren können. Wir kommen alle mal an den Punkt, an dem wir keine Lust mehr haben, weiterzumachen, weil es uns mürbe macht. Doch in diesem Spiel gibt es kein Ziel und keinen Erfolg, es dient allein unserer Selbsterkenntnis.

Wenn wir es schaffen, durch unsere Hingabe und unser Vertrauen weiterzugehen bis zum Ende, zur Mitte, treffen wir auf einen Spiegel, der uns in unserer wahren Pracht zeigt. In diesem Moment dehnen wir uns aus und mit uns das Universum. Und ein neues Spiel beginnt.

Bis es so weit ist, sind wir am Hadern, verrennen uns und sind am Verzweifeln. Es gibt zwei Wege, die sind immer für dich da: Du kannst dich nach oben Richtung Himmel begeben und dir einen Überblick verschaffen oder dir wie ein Maulwurf einen Tunnel in die Erde graben.

Himmel und Erde sind die beiden Pole, an die wir uns andocken und wo wir uns aufladen können. Sie symbolisieren das männliche, schützende Prinzip der Weite und das weibliche Prinzip der zeitlosen Geborgenheit und des Ankommens.

Außen ist innen

Wie im Außen, so im Innen: Alles was sich uns im Außen zeigt, finden wir umfassend und vollständig in uns wieder.

Das heißt, ein Mensch oder eine Situation, die uns positiv oder negativ erscheinen, spiegeln unser Licht und unseren Schatten wider. Wir finden schön, was wir als hell und strahlend wahrnehmen – und das tragen wir schon immer in uns. Wir erkennen zwar die Schönheit im Außen, haben aber nie gelernt, unser wunderschönes Inneres wahrzunehmen, weil wir an den lächerlichen Details einer sich ständig verändernden äußeren Hülle hängen bleiben.

Im Gegensatz dazu lehnen wir alles ab, von dem wir denken, so wollen oder dürfen wir nicht sein. Es sind unsere Schatten, die uns durch besonders negative Menschen oder Ereignisse darauf hinweisen, ein wenig mehr gesunde Aggressivität, Egoismus oder Gleichmut aus der Verdrängung zu holen – zugunsten unserer harmonischen Gesamtheit.

Das Herz der Weiblichkeit

Das Herz ist das erste sichtbare Zeichen neuen Lebens. Es ist aber nicht nur ein Organ, das den Körper am Leben erhält: Das Herz ist das Zentrum unserer Liebe. Wenn wir uns entschließen, in dieses Leben zu gehen, dann, weil sich unsere Seele aus Liebe dazu entschieden hat. In deinem Herzen kannst du immer wieder zu deiner Selbstliebe, zu deiner Seele finden. Hier wird dir bewusst, warum du bestimmte Erfahrungen machen musst, um zu wachsen.

Das Herz ist ein Ort der Heilung, der bedingungslosen Liebe und der Ewigkeit.

Im Herzen darf alles bewertungsfrei sein. Hier werden auch die unterschiedlichen, widersprüchlichen und polarisierenden Energien eins. **Alles hat hier begonnen und kehrt zum Einssein zurück.**

Unser zweites Herz liegt in unserem Schoßraum, in unserer Beckenschale. Es ist ein unverletzbarer Ort unserer Weiblichkeit und bleibt als Energiezentrum unversehrt erhalten, auch wenn die Gebärmutter oder die Eierstöcke entnommen wurden oder der Körper verletzt wurde.

Insgesamt sind wir mehr als nur unser Körper, der nur eine Schicht von vielen Schichten unseres gesamten Energiekörpers ausmacht. Stell dir den Körper wie den dünnen Stoff eines Lampenschirms vor. Das Wichtigste ist das Leuchten der Lampe. Der Schirm ist zwar schön zum Anschauen, aber ohne das Licht eher nutzlos.

Natürlich hätten die meisten Menschen gern eine wundervolle Ausstrahlung, konzentrieren sich aber dennoch nur auf ihre äußere Erscheinung. Wie bekommt man denn dieses umwerfende innere Leuchten, als sei man gerade verliebt, mögen sich manche fragen. Leider wird kaum jemand ermutigt, sich in das Leben und in sich selbst zu verlieben. Das würde bedeuten, sich selbst und jeden anderen auch mit allen Schwächen, Macken und Makeln anzunehmen.

Der weibliche Körper und der Schoß der Frau wurden in den letzten Jahrtausenden so schlecht gemacht, dass wir alles »untenrum« für weniger schön oder verehrungswürdig halten. Der Unterleib der Frau wurde nicht als heiliges Tor zum Leben verehrt, sondern verdammt, mit Scham, Sünde und Angst belegt. Wir sind es gewöhnt, unseren Körper abzuwerten, und wehren uns, ihn wirklich zu bewohnen und mit unserer Seele zu beleben. Dabei ist der Schoß der Sitz unserer weiblichen Seele, unserer Göttin, oder wie immer du die rein weibliche Urkraft benennen magst, die sich in dir auf die Welt gebracht hat und ihre Kreativität ausdrücken will.

Praktische Übungen können dir helfen, dich körperlich zu spüren und die weibliche Energie wieder zu öffnen und in den Fluss zu bringen. Die wichtigste Kraft, die Essenz der Weiblichkeit, ist die Liebe. Tu und wünsche dir, was du willst, aber mach es mit Liebe.

Im Schoß von Mutter Erde

Setze, lege oder stell dich bequem hin, stell beide Füße auf den Boden, breite entspannt die Zehen aus, öffne gedanklich die Fußsohlen, unsere Chakren (Energiezentren) für die nährende Erde, und atme ruhig ein und aus. Wir Frauen verkörpern die weibliche Erdenergie und -magie und tun gut daran, uns aufzuladen, zu stabilisieren und uns immer wieder an die weibliche Urkraft anzubinden, die uns vollkommene Geborgenheit und Wärme schenkt.

Lass deine Muskulatur ganz weich und entspannt werden, vor allem dein Gesäß und deine Schenkel. Stell dir vor, wenn du sitzt, kann sich dein Steißbein absenken, so als würde am Ende der Wirbelsäule eine Wurzel tiefer in die Erde wachsen und sich ausbreiten. Als könnte sich dein Steißbein wie ein Anker in die Erde versenken und dir Halt und Stabilität geben. Fühle die Wärme deines Gesäßes und wie sie sich ausbreitet. Deine Wirbelsäule kannst du jetzt leicht aufrichten und deine Schultern locker sinken lassen, deinen Brustkorb weiten, deinen Herzraum weiten.

Werde weich zwischen den Schulterblättern, damit sich dein Herz und dein Körper noch weiter öffnen können.

Nimm beide Hände in die Prana-Mudra für positive Energie, Liebe, Lebenskraft, Frieden. Es ist das Peace-Zeichen und wird auch Bhur(Erde)-Mudra genannt. Die Spitze des Daumens hält die Fingerspitzen des kleinen Fingers und des Ringfingers leicht gedrückt. Es wirkt sich ausgleichend und nährend auf dich aus. Mach es immer dann, wenn du dich instabil und erschöpft fühlst. Du stärkst damit deine Wurzeln, deine Anbindung, damit du dich in der Welt vertrauensvoll angekommen und angenommen fühlst. Setz nun, wenn du magst, die ausgestreckten Peace-Finger wie Anker an den Boden oder an deine Schenkel, damit du zusätzlich Halt findest und die Verbindung spürst. Die Energie konzentriert sich ganz auf deinen Schoßraum.

Atme ganz ruhig und tief und gedanklich aus der Erde all die mütterliche, weibliche Lebenskraft in dich, in dein Wurzelchakra, in deinen Unterkörper hinein. Stell dir vor, wie du diese kraftvolle, verbindende Energie durch deine Füße einatmest, die Beine entlang bis in deinen Schoß. Atme auch durch dein Wurzelchakra ein, das ist ein Energiezentrum, das du dir am Ende deiner Wirbelsäule zur Erde hin geöffnet vorstellen kannst. Atme die weibliche Erdenergie wieder zurück in die Erde aus. Lass dabei alles los, was dich daran hindert, ganz im Vertrauen und in der inneren Geborgenheit zu sein. Vielleicht spürst du ein Prickeln in deinen Füßen oder Wärme im Gesäß. Vielleicht möchtest du visualisieren, wie starke goldene Wurzeln wachsen und sich stabiler als je zuvor tief in die Erde ausbreiten.

Wenn du spürst, dass du dabei tönen möchtest, dann gib dem nach und lass aus deiner Tiefe einen Ton entstehen, den du lange halten, variieren und immer wieder vibrieren lassen kannst. Das Tönen ist eine sehr kraftvolle Art, dich wieder in deine Schwingung und Kraft zu bringen. Das Tönen löst sehr leicht Blockaden und Starre auf, verhilft dir zu mutigem und authentischem Selbstausdruck.

Trage, wenn du möchtest, einen langen Rock, um wie die Frauen der indigenen Völker ganz bewusst wahrzunehmen, dass die Energie der Erde stark in dich hineinfließt und du der Mittelpunkt deines Lebens bist. Als Mutter wirst du sofort spüren, dass du der Anker, das Zentrum der Familie bist. **Als Frau hältst du die Kraft, die Energie für alle.**

Zurück zur Quelle des Lebens

Noch heute scheitern wir Frauen an verletzenden und verstörenden Bezeichnungen für unseren Körper. Mithilfe von Schamgefühlen wurden wir einst unter Kontrolle gehalten. Es war äußerst nützlich, dass Frauen nicht auslebten, was sie wollten, und vor allem, mit wem sie es wollten. Frauen waren männlicher Besitz, und auch ihr Unterleib wurde in Besitz genommen. Der Schoß der Frau als Quelle des Lebens wurde entmachtet und erniedrigt.

Sei dir bewusst, dass du kein Opfer bist und dass du allein die Macht und den Zugang zu deiner weiblichen Seele hast. Niemand kann das Göttliche in dir verunglimpfen oder verletzen. Auch nicht mit Taten oder Worten. Dennoch sollten wir Wörter wie »Schamlippen« oder »Scheide« nicht mehr aussprechen oder lesen müssen und die negativen Begriffe in befreiende und wahre Namen verwandeln.

Die Weiblichkeit ist pure Kreativität, Emotion und Schöpferkraft, die mit Freude und aus Liebe erschaffen will. Ihre Sexualität ist frei und frei von Scham. Ihre Kraft ist heilend, transformierend und lebendig.

Der Schoß ist der Ort unseres Selbstbewusstseins, unserer Träume, mit denen wir schwanger gehen. Stell dir vor, die Menschen könnten wieder Zugang zu ihren Sehnsüchten bekommen, in einem Feld der Liebe. Sie könnten das schönste, prallste, unabhängigste und glücklichste Leben erschaffen.

Denke an dein Selbstwertgefühl, an deine Schätze, die wertvollen Gaben deiner weiblichen Seele, die du mitgebracht hast und von denen du träumst. Stell dir vor, deine Eierstöcke sind voller möglicher Träume, aus denen nicht nur Menschenleben hervorgehen können, sondern vieles Wirklichkeit werden will. **Du bringst deine Träume, deine möglichen Kreationen, mit in dieses Leben.**

Im Mutterleib sind bereits die Eizellen, die mit den Sternen im Universum verglichen werden, vorhanden. Was immer du aus deinen Sternen erschaffen möchtest, wohin deine Sehnsucht geht, hier spürst du deine Wahrheit.

Auch wenn deine Eierstöcke nicht mehr vorhanden oder erkrankt sind: Spüre, was du dir in Wirklichkeit wünschst. Nimm an, du hättest eine lebenswichtige Mission hier auf der Erde zu erfüllen und nicht viel Zeit. Was willst du verwirklichen, ohne Rücksicht auf irgendjemand nehmen zu müssen? Sei dir vollkommen bewusst, dass deine Gaben besonders kostbar sind und nur darauf warten, geboren zu werden, sich in dieser Welt manifestieren zu können.

Ich bin der Beweis, dass eine Frau, sei sie auch noch so entfernt von sich selbst, sich finden und ihre Träume verwirklichen kann. Mein Leben war nicht leicht, ich hatte die Geborgenheit einer Familie nicht kennengelernt, musste ohne Mutter aufwachsen und habe viele schmerzhafte Erfahrungen gemacht.

Ich habe Lügen und Klischees ausgehebelt, die mich klein, schwach und mutlos machen wollten. Immer dann, wenn ich gehört habe, etwas ginge nicht, das würde nichts mehr werden, man könne es nur im besten Falle »abmildern«, motivierten mich solche Aussagen erst recht, nach meinem Weg zu suchen. Mir wurde als 15-Jährige prophezeit, dass ich bald im Rollstuhl sitzen würde, weil mein Körper mit starker Skoliose, Beckenschiefstand und schon abgenutzten Kniescheiben so schmerzte, dass ich kaum Treppen steigen konnte. Ich glaubte den Diagnosen nicht und wurde Yogalehrerin. Den Menschen, die nicht an mich glaubten, bin ich auch dankbar, da sie mir entscheidende Impulse gaben. Wahrscheinlich hätte ich sonst nicht so stark meinen Funken gespürt.

Wilde (Wort-)Schöpfungen

Ich habe in den letzten Jahrzehnten immer wieder von der »verletzten Weiblichkeit« gehört, die traurigen Gesichter und die mutlos hängenden Schultern gesehen, mich aber geweigert, in dem Schmerz und der Ohnmacht zu bleiben.

Mein Schoß ist nicht dunkel wie ein Grab! Meine Weiblichkeit ist nicht der Ort für Verachtung, Scham und Schande, für Hoffnungslosigkeit und Trauma, sondern für Träume, Energie, Freude und leuchtendes Leben.

Sätze, die die Weiblichkeit verunglimpfen oder beschränken, sind nicht meine Wahrheit. Finde neue Bezeichnungen für deinen Schoß und deine weiblichen Organe. Wisse, alles ist ganz anders, als es dir beigebracht wurde. Oft bezeichnen wir etwas als negativ, was das genaue Gegenteil ist. Meide alle Bezeichnungen, die nicht den wunderschönen verehrenden Beschreibungen einer Göttin würdig sind. Lasse deiner Fantasie freien Lauf!

Wie könnte der Schoß, die Beckenschale, die Gebärmutter, Vagina, Vulva, Yoni, dein Frauen-Tempel noch heißen? Welche Bezeichnungen könnten wir finden, wie beispielsweise Charme-Lippen, Labien oder Venus-Lippen, Lust-Lippen, Genuss-Lippen, Venus-Haar oder Venus-Locken, um uns von Scham und Ekel zu befreien? Besonders die deutsche Sprache hat unserem freien und lustvollen Schoßraum zugesetzt.

Es ist ein Ort der Freude, des Genusses. Sei kreativ. Wisse, dieser Ort deiner Weiblichkeit wird von deiner unsterblichen Seele bewohnt, die niemand vertreiben, verletzen oder beschämen kann.

Die Weisheit ist weiblich

Wie bringen wir den Himmel auf die Erde? Wie kann unser Leben glücklich sein? Dazu sollten wir zuerst erkennen, was wahr ist, was zu unseren größten weiblichen Fähigkeiten gehört, und mit den Irrtümern aufräumen. Ich kann mein Leben erst dann nach meinen tiefsten Sehnsüchten gestalten, wenn ich diese wahrnehme. Wenn ich weiß, dass ich die Gestalterin des Lebens bin, die mit allem mitschwingt, und kein hilfloses Geschöpf, das im Strudel des Schicksals untergeht.

Frauen repräsentieren das Leben und seine Kraft, die alles aus Liebe an der Schöpfung erschafft. Alles Leben kommt aus der weiblichen Kraft.

Eine Frau in ihrer Kraft wünscht sich Harmonie und Liebe für alle (ihre Kinder). Ihre Fähigkeit ist verbindend und harmonisierend, nicht kämpferisch konkurrierend und trennend. Wie eine Löwin wird eine Frau über jede Angst und jeden Schmerz hinweggehen können – aus Liebe.

Frauen sind mit ihrer Fähigkeit, zu lieben, zu fühlen und zu träumen, eng mit ihrer Intuition, ihrer inneren Stimme verbunden. Ihre Intuition ist besonders weise und wegweisend. Lass dich nicht von deiner inneren Stimme abbringen und dich verunsichern, du weißt es besser.

Mich hat es fast mein Leben gekostet, nicht meiner Intuition zu folgen. Hätte ich auf meine innere Stimme gehört, hätte ich nicht mit einem egoistischen Angeber fast ohne Wasser eine Bergtour durch den asiatischen Dschungel gemacht. Ich wusste es eigentlich besser, als ich mehr Wasser einpacken wollte, meine innere Stimme wollte mich an zwei Läden erinnern, Wasser zu kaufen, aber mein inoffizieller Tourguide lachte mich aus und schwärmte von einem tollen Restaurant in den Bergen. Unterwegs trank er meine kleine Flasche Wasser leer und das Restaurant war geschlossen, was mich nicht überraschte. Ich wusste, ich hatte einen schlimmen Fehler gemacht, als ich nachts völlig dehydriert mit hohem Fieber zusammenbrach. Wieder war es eine Frau, Sandra, eine Urlauberin aus Berlin, die ihrer Intuition folgte und mich ins Buschkrankenhaus brachte, wo für über zwei Minuten mein Herz aussetzte, ich aber wiederbelebt werden konnte. Nichts ist intensiver, spürbarer und weitreichender als die Intuition.

Die Kraft weiblicher Intuition

In der Zeit der Menstruation kann die weibliche Intuition am stärksten und dringlichsten sein, es wird intensiv gespürt, was nicht mehr lebens- und harmonietauglich ist.

Während früher die Visionen der Frauen geachtet wurden, fürchtete man sie die letzten Jahrtausende hindurch und verbannte die weisen und »sehenden« Frauen, besonders die älteren, mit ihren unbequemen Wahrheiten aus der Gemeinschaft. Noch heute sind Frauen und Mädchen während ihrer Menstruation in vielen Ländern wie Aussätzige vom gesellschaftlichen Leben ausgeschlossen.

Es gibt die Kraft, die im Kleinen beginnt und zum Großen übergeht. Wenn wir Frauen in den westlichen Ländern unsere Freiheit und Möglichkeiten voll ausschöpfen, dann sollte sich dies auf die Erde auswirken können. **Wir sind alle miteinander verbunden.**

Wir leben in einer besonderen Zeit, die für Veränderungen bereit ist. Sobald eine Frau in ihre ursprüngliche Kraft geht und sich selbst ermächtigt, macht sie einen Unterschied. Sie wird ihr Umfeld unmittelbar beeinflussen.

Im Kollektiv mag sich noch vieles als unmöglich und unüberwindbar zeigen, bis irgendwo eine Tür aufgeht und das Neue plötzlich da ist. Wir machen die Hälfte der Menschheit aus, ohne uns gibt es kein Leben – warum also sollten wir keine Macht besitzen?

Folge unbeirrt und mutig deinen Visionen und deinen Bedürfnissen. Deine Gefühle leiten dich auf den Wegen deiner liebevollen Welt, die von deinen Träumen belebt sein will.

Erkenne, dass deine Natur zyklisch ist und ihrem ganz eigenen Rhythmus folgt, ganz frei von äußeren Umständen. Du weißt, was und wann etwas im Leben gebraucht wird und wann nicht.

Wie ist es, wenn du einen Ausflug oder eine Feier vorbereitest? Du weißt auch ohne Liste, was benötigt wird und besorgt werden muss, wo alles ist, und falls du etwas nicht mehr findest, ist es wirklich verschwunden. Lass dir nie mehr sagen, du seist nicht gut, intelligent, wissend, ausgebildet genug! Wenn alle im Chaos und der Hilflosigkeit versinken, weißt du, was zu tun ist! **Was könnte es Wichtigeres geben, als das Leben gut in den Fluss zu bringen und auch für andere da zu sein?** Du bewirkst den Flow!

Du bist die Weisheit, vertraue dir, egal was andere sagen oder angeblich besser wissen. Sie können nicht alles wissen und sie kennen vor allem nicht deinen Weg.

Erkenne, wie facettenreich und erstaunlich die weibliche Schöpfung sich zeigt. Dazu brauchst du nur in die Natur zu gehen, um die Wahrheit über die wilde Weiblichkeit mit eigenen Augen zu sehen, zu fühlen und mit allen Sinnen wahrzunehmen. Die weibliche Kraft ist nährend, so wie die Erde ein lebendiger, weiblicher Organismus ist, der uns unsere Nahrung schenkt und uns Heimat gibt. In Wahrheit sind wir der Reichtum und die Fülle.

Rückverbindung

Die weibliche Sexualität ist von ganz besonderer Tiefe und Kraft und von geradezu magischer, magnetischer Natur.

Die Energie einer Frau ist nicht verschlingend und vernichtend, sondern rückverbindend und in den Urzustand des Einsseins bringend.

Die weibliche Kraft wirkt anziehend, zum Zentrum allen Seins ziehend, so wie die Eizelle den Samen magnetisch anzieht, oder die Seele, nachdem sie den Körper verlassen hat, sich vom Licht ihrer Heimat angezogen fühlt. Auch die Frau zieht sich in sich selbst zurück, muss sich immer wieder Ruhe, Passivität und Erholungspausen gönnen, um sich ihrer selbst bewusst zu werden, alles andere loslassen, um wieder von Neuem ihre nährenden, kreativen Kräfte nach außen tragen zu können. Die Weiblichkeit braucht die Balance ihrer zyklischen Natur wie das Ein- und Ausatmen.

Achte auf dich und folge deinem Rhythmus ohne Schuldgefühle. Erkläre dich nicht, wenn du dich ausruhen möchtest! Leg dir nicht selbst alte Fesseln von Schuld- und Schamgefühlen an. Es ist dein Recht und dein natürliches Bedürfnis, zu entspannen und Freude zu haben. Erlaube dir selbst, das zu tun, was dir wichtig ist und was du tun würdest, so als wärst du allein auf einer Insel im Urlaub. Frag dein Herz, was es braucht, um in seiner Kraft zu sein. **Folgst du den Bedürfnissen deines Herzens oder deines Kopfes?**

Schaff dir kleine Inseln im Alltag, auf die du dich unbehelligt für kleine Auszeiten zurückziehen kannst! Niemand darf in dieser Zeit etwas von dir verlangen und du musst dich vor niemandem rechtfertigen. Überlege, was du gern beruflich machen würdest auf diesem Fleckchen Erde. Hier bist du vollkommen frei, Bäckerin zu sein statt Bankkauffrau, wie es deine Eltern vielleicht wollten. Oder würdest du auf dieser Insel studieren, einem Kunsthandwerk nachgehen oder eine Segelschule aufmachen?

Stell dir vor, du würdest dir ohne die Bedenken deiner Eltern oder das Naserümpfen deines Umfeldes den Menschen in dein Leben einladen, von dem du weißt, dass du ihn von Herzen liebst. Stell dir vor, du machst dir deine Welt, wie sie dir gefällt!

Katja: »Ich war immer mehr Tochter, Ehefrau, Mutter, Schwester, Freundin, Kollegin, Geschäftsführerin, als dass ich ich selbst war. Ich habe so lange die Rollen ausgefüllt, von denen ich glaubte, das wäre ich. Jetzt bin ich ganz für mich da. Es fühlt sich seltsam fremd, doch wundervoll frei an, Verantwortung nur für mich zu tragen. Das macht mich immer mutiger. Ich habe alles verkauft und bin in eine sehr kleine, nicht sehr repräsentative Hütte, ein Hexenhäuschen, gezogen, wo ich endlich ich selbst sein kann.«

Petra: »Natürlich habe ich keine Banklehre gemacht wie gewünscht. Ich studierte Kunst und kellnerte lange Jahre in einem Café. Meine Eltern kritisierten mich permanent, obwohl ich ihnen nicht auf der Tasche lag wie mein verwöhnter Bruder, der ewig Elektrotechnik, also etwas »Solides«, studierte. Ich wurde zur Überlebenskünstlerin. Als neben meinem Café ein Atelier frei wurde, schlug meine Stunde: Ich eröffnete meine Töpferwerkstatt mit bezahlbarer Kunst, von der ich sogar inzwischen leben kann.«

Schatzkarte deiner Wünsche

Nimm dir Zeit, dir deine kleine Privatwelt zu kreieren. Richte dich nach deinen Wünschen aus, bestimme das Ziel deiner Energie. Gib den Kurs deiner Lebensreise vor. Beantworte ehrlich folgende Fragen:

- Welchen Beruf würdest du auf einer Insel wählen, auf der du gestrandet wärst und neu anfangen könntest?
- Wie könntest du diesen Traum verwirklichen und schrittweise umsetzen?
- Wie wäre dein Traumpartner – mit wem wärst du auf der Insel zusammen?
- Um wen würdest du dieses Mal einen Bogen machen, welche Eigenschaften eines Menschen würdest du als Warnung ansehen?
- Mit wem würdest du deine Zeit verbringen? Welche Eigenschaften sollten deine Freunde mitbringen?
- Welche Menschen wären nicht auf deiner Privatinsel? Kannst du diese in deiner Realität entfernen? Was könntest du noch entrümpeln?
- Was ist dir wichtig im Leben? Was brauchst du jetzt?

Schreib auf, welche Bedürfnisse du hast. Fasse in Worte, was dich erschöpft, und spüre in dich hinein, wie du es loslassen oder ändern kannst. Es ist deine Lebenszeit, über die du selbst verfügen kannst. Was wirkt auf dich belebend, wobei vergisst du die Zeit? Formuliere in wenigen Worten, was du wirklich brauchst, leg den Zettel als Erinnerung an den Spiegel, Esstisch, Arbeitsplatz, Nachttisch, ins Portemonnaie.

Liebe & Frieden

Setz dich bequem hin, atme tief und entspannt in deinen Bauch, sodass er sich beim Einatmen etwas wölbt und beim Ausatmen zurücksinkt. Spüre, wie der Atem tief in dich einfließt, indem sich deine Bauchdecke hebt, dann dein Brustkorb sich weitet. Fühle dich wie eine bauchige Teekanne, die ganz aufgefüllt wird. Lass deinen Atem wie Flüssigkeit aus dir herausfließen und sinke mehr in die Entspannung. Du füllst dich auf und lässt los. Du atmest ein und atmest aus.

Lass die Muskulatur deines Gesäßes ganz locker werden, lass dein Steißbein gedanklich tief in die Erde absinken wie eine glitzernde Schnur. So als würde am Ende der Wirbelsäule eine Wurzel tiefer in die Erde wachsen und sich ausbreiten. Als könnte sich dein Steißbein wie ein Anker in die Erde versenken und dir Halt und Stabilität geben. Spüre die Wärme deines Gesäßes und wie sie sich ausbreitet. Fühle dich mit der Erde ganz verbunden und von ihr getragen.

Halte deine linke Hand in der Prana-Mudra, dem Peace-Zeichen. Die Daumenspitze hält dabei die Fingerspitzen von Ringfinger und kleinem Finger. Vielleicht bist du überrascht, Heiligenfiguren und Engel mit dieser urweiblichen Mudra für Liebe und Frieden auf Gemälden und Statuen zu sehen und nicht nur im Yoga. Die Liebe entspricht unserer wahren Essenz und unserem universellen Wunsch nach Harmonie und Frieden.

Der Zeigefinger der rechten Hand verschließt das rechte Nasenloch. Atme langsam und tief ein und aus. Spüre beim Einatmen, wie sich deine Bauchdecke langsam wölbt, dein Brustkorb sich füllt. Der Atem strömt ein und füllt dich ganz aus. Atme entspannt und ruhig auch wieder zum linken Nasenloch aus und spüre, wie dein Brustkorb langsam absinkt, die Bauchdecke sich nach innen zieht. Die linke Nasenatmung ist für deine weibliche Energie besonders wertvoll: Sie bringt dich sofort in deine Entspannung und den Rückzug. Sie hilft, aus der Ruhe wieder neue Kraft, Kreativität und Freude hervorzubringen. Deine Gefühle kommen dadurch leicht wieder in Balance.

Visualisiere, während du ruhig weiteratmest, du atmest aus der Tiefe der Erde ein, füllst dich ganz aus mit der weiblichen Kraft und atmest durch das Kronenchakra am Scheitel wieder aus. Fülle dich ganz auf mit der Energie, die deiner Essenz entspricht. Spüre, wie sie zu deinen Fußsohlen eintritt, zu deinem Wurzelchakra am Ende deiner Wirbelsäule und durch deinen Körper nährend, aufbauend, beruhigend fließt. Lass sie nach oben bis zu deinem Kopf fließen, mit dem Ausatmen in die Welt und im Kosmos sich ausbreiten. Alle können die weibliche Energie gebrauchen.

Was du während dieser Körper- und Atemübung fühlst, ist immer richtig. Es kann sich je nach deinen Bedürfnissen ändern, denn die Energie folgt ihnen. Die weibliche Energie ist kühlend, beruhigend, besänftigend, schlaffördernd, harmonisierend oder wärmend, stabilisierend, nährend, einhüllend, sie stärkt die Geborgenheitsgefühle und die Gelassenheit.

Hülle dich gedanklich in einen roten Mantel oder ein rotes Kleid, Stoffe, die der Kraft der Erde und deiner Anmut entsprechen. Trage etwas Rotes, um dich daran zu erinnern.

Kuss des Herzens

Spiele deine Lieblingsmusik, je nach deiner Stimmung. Stell dich ganz bequem auf die Erde, wiege sanft deine Hüften. Spüre deine Fußsohlen ganz auf dem Boden, breite deine Zehen aus, damit du einen leichten und angenehmen Stand hast.

Unser größtes Organ, die Haut, steht mit dem Herzen in Verbindung. Sobald wir die Liebe körperlich und über unsere Sinne wahrnehmen, rufen wir unser Herz wach. Wenn wir fühlen, wie die Sonne uns wärmt, wie der Wind oder eine Hand zart über unsere Haut streichen, dann öffnet sich unser Herz.

Küsse sanft und zärtlich deine Handfläche und streichle und berühre dich zart. Liebkose dich auf diese Art selbst. Wiege dich im Takt, in deinem eigenen Rhythmus, und berühre jede Stelle deines Körpers, der sich nach deiner Liebe sehnt.

Schenke dir selbst all die Berührungen, die du dem wertvollsten, liebsten Wesen ohne Widerstand sofort geben würdest.

Streichle besonders die Stellen deines Körpers, die sich noch verspannt und schmerzend anfühlen, die du sonst weniger, gar nicht oder negativ beachtest. Mach dieses Ritual der Selbstliebe und Selbstheilung auch liegend, beim Aufwachen, beim Einschlafen oder wann immer du möchtest, um dich in die höchste Schwingung, Wohlgefühle und Ausstrahlung zu bringen. Du wirst sehen, etwas Wundervolles geschieht augenblicklich!

Geliebter Frauenkörper

Du hast diesen Körper und dieses Leben geschenkt bekommen, damit du dich erfahren, spüren und ausdrücken kannst. Genieße dieses Geschenk so tief, intensiv und oft wie möglich. Sei dir selbst die wichtigste Person, der Liebe, Wärme, Freude, Beachtung geschenkt werden darf.

Die Tiefe und Vielfalt deiner schönen Erfahrungen bringen dich zum Strahlen. *Schönheit ist das innere Leuchten, es erzählt von dir, so einzigartig und besonders, wie du bist, mit all deinen Facetten, deinen Erfahrungen!*

Die schönsten Frauen dieser Welt waren und sind nicht schön, weil sie bestimmten Vorstellungen oder Idealen entsprechen, sondern weil sie die einzigartige Strahlkraft ihrer Seele unverbogen, ungehemmt und natürlich zum Ausdruck bringen. Sie sind ganz sie selbst. Ihre faszinierende, fast magnetische Anziehungskraft stammt aus der Tiefe.

Du weißt es sofort, wenn du einer Frau begegnest, die Frieden geschlossen hat mit den alten Verletzungen und ihrer Vergangenheit. Du erkennst ihre innere Schönheit, ihre Liebesfähigkeit, die diese Verwandlung möglich gemacht hat, die sie aus dem Kokon alter Wunden hat ausbrechen lassen, damit sie ihre Wahrheit leben kann. Sie erinnert dich an die Kraft der Weiblichkeit, die auch in dir wirkt und Vergangenes heilt.

Heilung findest du, wenn du jeden Moment annimmst und fühlst, was dir gegeben wird, wenn du atmest, einatmest, annimmst und ausatmest, loslässt.

Alles, was dir begegnet und was du bewunderst, gibt es auch in dir. Was wir am stärksten ersehnen, ruft nach uns.

Willkommen in der Liebe

Berühre deinen Körper, den Bereich, den du an dir nicht magst, zart und liebevoll. Sag täglich etwas Liebes zu dieser Stelle deines Körpers. Stell dir vor, das ist der Körper eines von dir am meisten geliebten Wesens (das könnte auch ein Tier sein), das Zuspruch und Zuwendung braucht. Finde etwas Positives. Male ein Herz, Stern, Blume, Ranken … auf deinen Körper. Mach ihn zu deinem Kunstwerk. Kleide dich besonders schön! Verziere deinen Körper mit Glitzersteinen, Tattoos oder was immer dir gefällt.

Tanze, hüpfe, wackle mit deinem Körper, lass den alten Gram abfallen! Schüttle deinen Busen, deinen Po, die Schenkel, die Hüften, deine Haare, lass deinen Bauch beben und johle ausgelassen. *Sei verrückt, wild und liebenswert! Denn das bist du!*

Du bist heil und ganz! Du hattest es nur vergessen. Unsere Weiblichkeit konnte nie in ihrem Inneren verletzt werden. Unser urweibliches Zentrum, dem unsere erschaffende, liebende Kraft wie eine Quelle entspringt, ist nicht rein körperlich zu definieren und schon gar nicht mit dem Verstand zu erfassen. Es ist unsere Göttlichkeit, die weibliche Seele, die unseren Schoß bewohnt, das Sakralchakra, ein heiliges Energiezentrum. Heilig, da es verehrungswürdig, unendlich, für immer heil, also unverletzbar ist. Durch unsere Absicht, sie wieder aufzusuchen und in uns lebendig werden zu lassen, kommt uns die wilde Weiblichkeit entgegen.

Unsere Gefühle leiten uns dabei wie durch eine Landschaft. Wir können keinen Ort auslassen auf dem Weg zu uns selbst.

Mutig sein

Oft fehlt uns der Mut, etwas so zu verändern, von dem wir wissen, dass es das Richtige ist. Unser Herz kann leicht Ängste auflösen, wenn wir ihm die Verantwortung übergeben. Es neutralisiert, heilt unsere Gefühle, wenn wir manches lieber nicht fühlen wollen, das aber auch seine Berechtigung hat.

Das Herz ist unser Zentrum und das Zentrum von allem, war schon immer da, schon als Erstes erkennbar im Bauch unserer Mutter, es wird immer in der Mitte bleiben und den Weg nicht verlassen. Wir können nicht aus unserer Mitte oder dem Zentrum der Schöpfung fallen. Es ist nicht möglich, so sehr uns die Angst das auch glauben lassen will. Unser Herz produziert reine Liebesenergie, die stärkste Energie, die es gibt!

Wir können immer wieder die Verbindung zum Herzen aufnehmen, wenn wir uns unseren Gefühlen nähern. Die Ängste sind nur wie Wolken vor der Sonne. Unsere Gefühle sind der Kompass, das Barometer für unsere Stimmung.

Es ist gut, das Wetter zu beachten, wenn man nach draußen geht, aber sich nicht mit ihm zu identifizieren. Frösteln wir, sollten wir uns gut einpacken oder uns zurückziehen.

Wir erkennen, dass wir immer freier werden, denn es sind allein unsere Gefühle, die uns immer mehr erkennen lassen. Niemand hat uns die Emotionen gegeben oder die Macht, sie zu geben oder zu nehmen. Da unser Herz in Verbindung steht mit unseren Gefühlen und ihm die größte Kraft entspringt, die Liebe, ist es hilfreich, das Herz bei allem, was du tust, denkst, willst, einzubeziehen. Das Herz kennt deinen Weg. Es ist ja schon am Ziel, wenn man überhaupt von einem Ziel sprechen möchte.

Außerdem ist im Herzen das Gegenteil von Angst zu finden. Grenzenloses Vertrauen und Heldinnen-Mut sind Herzenergien.

Leg öfters deine Hände auf dein Herz, atme tief, benutze den »Herzpfiff«, singe oder denke an etwas herzerfrischend Schönes!

Wenn du dein Herz weit öffnest, kann sich dein zweites, unteres Schoßherz ebenfalls leicht öffnen, wie eine Blume im Sonnenschein.

Diese öffnet sich nicht auf Kommando, sondern wenn es schön wird, entspannend und angenehm. Schaffe für dich angenehme, sinnliche Momente, damit du dein zweites Chakra, deinen Schoßraum, wieder aktivieren kannst.

Busenfreundin

Dein Busen verkörpert dein Herzchakra. Es gibt in Liebe und reagiert sensibel. Sei liebevoll im Umgang mit deinen Brüsten. Egal wie sie aussehen mögen, sei dir bewusst: Sie sind mehr als äußere Attribute der Weiblichkeit. Dein Busen versorgt und stillt die Welt mit Liebe. Die Liebe des Herzchakras fließt über die Brustknospen nach außen. Je mehr Liebe du dir selbst schenken kannst in zarten Berührungen und liebevollen Gedanken, desto mehr bringst du dein Herzchakra zum Überfließen. Die Brust wird unter Freude, Lust und positiver Aufmerksamkeit prall vor Energie.

Nach dem Abstillen meiner Kinder hingen meine Brüste klein, schlaff und traurig nach unten. Ich entschied mich nach dem dritten Kind dazu, meiner Brust zu danken für ihre Liebe und sie zu lieben. Ich weinte sogar aus Dankbarkeit, dass sie gesund war, und strich zärtlich über den winzigen, schlaffen Busen. Da bemerkte ich nach kurzer Zeit etwas Erstaunliches. Mein Busen wuchs wieder und baute sich auf! Das hatte ich vorher nicht so erlebt.

Stillende Mütter brauchen eine liebevolle und verständnisvolle Umgebung. Sie tun gut daran, ihre Amazone in die schützende Kraft zu bringen, um selbstsicher und kompromisslos zu sein, das heißt, sich ohne Entschuldigung zum Stillen zurückzuziehen, sich von der Meinung anderer nicht verunsichern zu lassen oder in der Öffentlichkeit ihr Baby an die Brust zu nehmen.

Der Busen ist aber nicht nur zum Stillen von Babys da. Wir können uns selbst Liebe und Geborgenheit über die Brust schenken. Zärtliche Liebkosungen erfreuen nicht nur dein Herz, sondern auch deinen Schoßraum. Beide Herzen sind miteinander verbunden. Das Sakralchakra öffnet sich bei liebevoller Aufmerksamkeit und Berührung der Brüste.

Sag deinem Partner/deiner Partnerin, wie du gern berührt werden möchtest.

Hab mehr Spaß mit deinem Busen. Lass ihn öfter frei! Lass deine Brüste zu schöner, lustiger Musik wackeln und schwingen. Befreie deinen Busen! **Werde zu deiner eigenen Busenfreundin!**

Lange mussten Frauen Korsetts und regelrechte Brustpanzer tragen. Sie unterdrückten die Herzenergie, den Flow der Liebesenergie. Beim nächsten Einkauf also daran denken, dass so mancher BH eine Mogelpackung sein und die erotische Ausstrahlung eher unterdrücken als fördern könnte!

Sinnliche Auszeiten – Rituale der Entspannung und Erneuerung

Deine weibliche Energie kommt in ihre Kraft, wenn du dich auf deine sinnlichen Gefühle einlässt. Kein »Aber« und kein »Ich muss noch«.

Die weibliche Energie ist pure Ausdehnung im Hier und Jetzt, das süße Nichtstun, das reine Sein und der sinnliche Flow, der sich ergießen will.

Kannst du dir jetzt ein Bild davon machen, wie sehr wir und die ganze Welt in eine Schieflage gerieten? Ab sofort nimmst du dir deine Pausen, deiner weiblichen Kraft zuliebe, das ist die Hälfte deiner Energie, die dein Leben und alles andere lebendig hält.

Du lernst zu entspannen, es gut sein lassen, loszulassen, um dich anzubinden und aufzuladen.

Düfte der Königin

Blumen und ihr Duft sorgen für Sinnlichkeit. Düfte öffnen uns in der Tiefe. Schmücke deinen Tisch mit einer Blume. Nimm eine Wasserschüssel und gib duftende Blüten hinein. Im Wasser verströmen die Blüten besonders ihren Duft. Tauche deine Hände in die Schüssel und benetze dein Gesicht und deinen Körper. Atme den Duft des Blütenwassers ein oder nimm ein Blütenbad. Gönn dir selbst diesen Luxus – wie eine Königin.

Leg deine Hände auf deinen Schoßraum. Du kannst deine Daumenspitzen in Richtung Bauchnabel zeigend auf deinen unteren Bauch legen und auch die Hände entspannt ablegen.

Frauenkreise – Heilkreise

Kraftvolle Unterstützung, um dein weibliches Zentrum zu aktivieren, erhältst du unter Frauen. Sobald sich mehrere Frauen mit der Absicht begegnen, ihre Weiblichkeit in die Kraft zu bringen, geschieht augenblicklich Heilung. **Die Kraft der Frauen wirkt magnetisch und verstärkt sich um ein Vielfaches.**

Es ist nicht in Worte zu fassen, wie gut wir Frauen einander tun. Wir verstehen uns, sind uns nah, wir sind noch immer Schwestern im Herzen, die sich gegenseitig auffangen, heilen, unterstützen und motivieren. Hab keine Scheu, deine Freundinnen zu Ritualen der Heilung zu motivieren.

Starke sanfte Beckenschale

Es ist nicht nur für frisch gebackene Mütter von Vorteil, die Beckenbodenmuskulatur zu stärken und vollkommen entspannen zu lernen, sondern für jede Frau, die in ihrer Kraft sein möchte und das Leben mit Sinnlichkeit und unbändiger Freude genießen und erfahren will. Ein starker und geschmeidiger Beckenboden bildet die Grundlage für die weibliche Energie, wie ein Topf, eine Schale, ein Kelch, eine Mondsichel.

Die Muskulatur des Beckenbodens hält die Energie und bringt sie in den energetischen Fluss. Als energetische Wesen ist unser gesamtes Wohlbefinden physisch, seelisch und emotional von unserer Energie abhängig. Der Beckenboden ist sensibel und flexibel, das heißt, er kann die Energien schöpfen, halten und lenken. Dazu muss die Muskulatur stark und sanft zugleich sein. Ist die Muskulatur zu schwach, verliert sich die Energie, die Frau ist dann schnell erschöpft, der Körper, die Haltung, der Rücken leiden, und sie ist emotional instabil.

Oft wird auch mit dem Beckenboden- und Muskeltraining maßlos übertrieben. Manche Frauen wollen extrem schnell und ehrgeizig fit und leistungsfähig sein, doch dadurch verkrampft und verhärtet die Muskulatur, sogar im ganzen Körper. Sex und die Menstruation können schmerzhaft sein. Ein Beckenboden, der sich nicht entspannen kann, blockiert die weibliche

Energie und schneidet von der starken mütterlich nährenden Energie ab. Frauen brauchen diese Kraft besonders, wenn sie gerade ein Kind geboren haben oder sehr gefordert sind im Alltag. Es ist gut, wieder fit und aktiv zu werden, um in Balance zu kommen. Aber: Weniger und langsamer ist mehr! Yin und Yang. Ein Muskel braucht Flexibilität, nicht nur An-, sondern auch Entspannung. Wir sollten bei allem sanft und liebevoll mit uns umgehen, ganz besonders mit dem Beckenboden.

Am Damm, zwischen Anus und den Sexualorganen, befindet sich das Wurzelchakra, das die starke Energie der Erde aufnehmen kann. Da wir Frauen unsere Energie von der Erde beziehen, die uns so stärkend und nährend auffüllen kann, ist es besonders hilfreich, sich dieser kraftvollen Verbindung und Versorgung mit der mütterlichen Energie bewusst zu werden. Stell dir vor, wie dein Wurzelchakra sich nach unten wie ein spitz zulaufender Kelch öffnet und aufbauende Erdenergie tankt.

Versorge deinen Damm nach einem Dammriss oder -schnitt mit einem wertvollen Öl. Das kannst du auch lange Zeit nach der Geburt nachholen. Schenke deinem Wurzelchakra während der Schwangerschaft Beachtung und pflege deinen Damm sanft mit einem passenden Öl. Sitzbäder und Narbenöle helfen, Risse und Schnitte schnell und gut verheilen zu lassen.

Drei Wochen vor dem Geburtstermin kannst du Heublüten-Dampfbäder anwenden, die die Muskulatur stark auflockern. Dampfbäder sind bei verspannter Beckenbodenmuskulatur ebenfalls eine Wohltat.

Nimm dazu einen ausrangierten Topf und übergieße Heublüten (aus der Apotheke) mit kochend heißem Wasser. Du kannst auch Rosenblätter dazugeben. Stell den Topf in die Toilette, sodass du bequem darüber Platz nehmen kannst. Auch Himbeerblättertee kann gute Dienste bei der Lockerung des Gewebes und zur Entkrampfung leisten. Er soll zudem wehenfördernde und schmerzlindernde Wirkung haben.

Für den entspannten Beckenboden

Auch wenn du dich nicht auf eine Geburt vorbereiten solltest, aber spürst, dass dein Beckenboden hart und verkrampft ist, dann verwende Himbeerblätter und Frauenheilkräuter in einer Teemischung oder probiere das Heublüten-Dampfbad. Eine Wohltat für unsere Vagina ist ein Moorbad, es wirkt nicht nur sehr entspannend, sondern soll bei Frauenbeschwerden bzw. Unfruchtbarkeit sehr heilsam sein. Verwöhne dich mit einem schönen Massageöl, das duftende und heilende Kräuter enthält, wie zum Beispiel die Rose. Nimm ein Blütenbad.

Ein entspannter Beckenboden und ein offenes Wurzelchakra fördern nicht nur eine entspannte Geburt, sondern ein entspanntes, sinnliches Leben, in dem du nicht mehr kämpfen musst. Durch einen intakten Beckenboden hast du mehr Energie, eine gute Haltung, Gesundheit, Freude beim Sex und kannst deine Menstruation sogar leichter kontrollieren und fließen lassen.

Lerne loszulassen. Lass dich durch die Ruhe auffüllen mit der Energie, die dir zu Füßen liegt! Wisse, die Energie fließt, wenn du dich entspannst. Geh ins Vertrauen. Je mehr du loslässt und die Muskulatur lockerlassen kannst, sie warm und weich spürst, desto mehr öffnet sich dein Wurzelchakra. Atme aus und öffne auch deinen Mund leicht, lass deinen Kiefer, der in Verbindung mit deinem Becken steht, ganz locker. Lass die Sitzbeinhöcker, dein Gesäß entspannt absinken, deinen Unterkiefer absinken, sodass sich die Zähne nicht berühren. Spüre deinen Mund warm. Deine Schultern sinken so ab, als würde dir ein schwerer Rucksack von den Schultern gleiten. Wenn du auf einem Stuhl sitzt, bewege deine Zehen, strecke sie und setz angenehm entspannt die Füße auf den Boden.

Beim Ausatmen entspannt dein ganzer Körper, die Muskulatur wird weich, dein Wurzelchakra öffnet sich für die urweibliche Energie der Erde. Mehr musst du nicht tun, als zu entspannen und dir vorzustellen, wie du dich öffnest. Vielleicht kommt dir eine Farbe in den Sinn, das muss nicht das dem Wurzelchakra entsprechende Rot sein, sei in deiner Vorstellung frei. Was immer deine Verbindung zur Erde unterstützen mag, ist passend. Vielleicht summst du einen Ton.

Du kannst auch ganz tief über den Mund ausatmen und dabei die Lippen »flattern« lassen wie ein Pferd. Das wirkt sehr lösend! Oft machen wir dieses »Pffff«-Geräusch, wenn uns etwas zu viel geworden ist. Gähne, auch das entspannt.

Energie zum Herzen bringen

Mit dem Einatmen ziehst du sanft die Beckenbodenmuskulatur an bzw. hebst sie sanft nach oben. *Mula bandha* ist eine Yogatechnik, die mit Muskelkontraktion die Energie nach oben in den Energiekanal lenkt. Manche stellen sich das Zusammenziehen der Muskulatur vor, als würde die Unterleibsmuskulatur ein Tuch fassen und sanft nach oben ziehen oder anheben.

Ich möchte dir noch ein Bild als Anregung geben: Stell dir die Muskulatur in Form einer Schale vor, halte deine Hände zur Verdeutlichung wie eine Schale, wenn du möchtest. Mit dem Ausatmen öffnet sich die Schale, unter dir ist die Mutterenergie der Erde wie ein See, schöpfe sie wie Wasser, mit dem Einatmen wird die Energie sanft nach oben geführt. Zieh dabei sanft die Muskulatur von Anus und Genitalien zusammen und den Bauchnabel nach innen und oben, als wolltest du deine vordere Beckenschalenwand mehr in Richtung Körpermitte ziehen.

Stell dir vor, in der Beckenschale ist dein unteres Herz, und es will mit dem Ausatmen dem oberen Herz in der Brust näherkommen und sich verbinden.

Weibliche Intuition –
Wissen und Wandeln

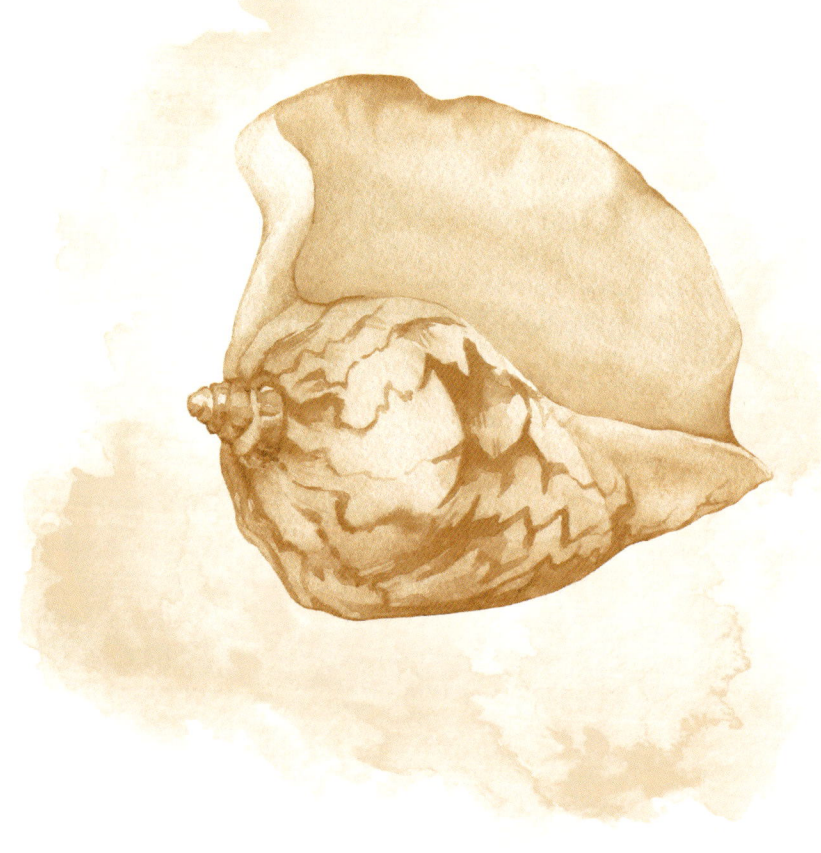

Wir Frauen besitzen eine besondere, geradezu mystisch anmutende Gabe: unsere Intuition und Sensitivität. Dieses tiefe Gespür und Wissen mögen in einer männlich dominierten Gesellschaft, basierend auf Logik, Verstand, Intellekt und belegbaren Fakten, nicht unbedingt Anerkennung finden und als reine Glaubenssache abgewertet werden. Aber: Wir wissen es besser! Wir kennen die Wahrheit, die Weisheit, die jenseits von Raum und Zeit existiert. Sie ist frei von menschlichen Bewertungen, Prägungen, Erkenntnissen, Entwicklungen und frei für alle verfügbar, die sich mit ihrer Intuition verbinden.

Unsere weibliche Intuition ist wild!

Lerne, deine visionäre Gabe zu schätzen und einzusetzen. Frauen spüren stärker als Männer aufkommende Disharmonien. Sie wissen bei kleinsten Anzeichen, wenn eine Beziehung aus der Balance gerät, und spüren in Situationen oder bei anderen Menschen, wenn etwas nicht stimmt. Frauen merken lange vor dem Partner, wenn es bei einem befreundeten Paar kriselt, wenn es jemandem nicht gut geht, jemand Sorgen und Nöte hat oder überglücklich, verliebt, entschlossen ist und wenn sich etwas Neues bzw. eine Veränderung ankündigt. Uns kann man nicht so leicht etwas vormachen.

Wir sehen hinter die Masken und Kulissen!

Unsere Intuition ist weit mehr als erworbenes Wissen. Der Verstand ist begrenzt und Informationen können falsch sein. Was die Menschen heute für wahr und richtig halten, zum Beispiel in der Pädagogik oder in den Naturwissenschaften, kann schon bald überholt sein.

Wir reagieren schockiert auf gesellschaftliche Normen und Gepflogenheiten anderer Kulturen, vergessen aber gern, dass auch in unseren Breiten nur einige hundert Jahre früher Gewalt und Unterdrückung herrschten, denen vornehmlich Frauen und Kinder zum Opfer fielen. Auch bei uns wurden Frauen und Mädchen ermordet, gefoltert, zwangsverheiratet, es gab für die Mächtigen das Recht auf die erste Nacht mit der Braut. Wie schrecklich war es noch vor wenigen Jahrzehnten für eine unverheiratete Frau, ungewollt schwanger zu sein? Die Frauen wurden auch hierzulande ihrer Sicherheit, Rechte, Freiheit, ihres Körpers und ihrer Sexualität beraubt. Alle Gräueltaten auf diesem Planeten wurden und werden noch immer entweder religiös, politisch, wirtschaftlich oder wissenschaftlich gerechtfertigt.

Die Intuition aber steht über den Dingen. Sie ist nicht starr und belehrend oder unterdrückend. Sie eröffnet innere Weite und Freiheit. Du behältst deine Seele und deinen freien Willen. Du weißt, die Informationen, die Möglichkeiten zeigen sich dir, aber die Entscheidungsfreiheit liegt bei dir. Egal welchen Weg du dann wählst, dieser ist immer der richtige und bringt dir wichtige Erfahrungen. Es ist in diesem Feld vollkommen unerheblich, Fehler zu machen.

Unser Körper ist der Verbündete der Intuition. Wenn Gefahr droht, schlägt er sofort Alarm. Er zeigt Unbehagen im Magen an, das Herz klopft, eine Enge in der Brust oder im Hals entsteht, der Kopf fühlt sich unter Druck, die Haare stellen sich auf, kalte Schauer, eine Übelkeit oder Schwindel sind spürbar, die Muskulatur verkrampft sich. Es gibt viele körperliche Anzeichen, denn unser Körper spricht immer mit uns.

Wenn wir unseren Körper nicht mehr schätzen, ihn sogar angreifen, verlieren wir den Kontakt zu seinen Botschaften, zu unserer Intuition, Wahrheit und unserem Weg des Glücks. Sind wir gefangen in einem reizüberfluteten, nervösen, gereizten, gestressten Alltag und kommen kaum zur Ruhe, schwächen wir ebenso die Verbindung zu uns selbst.

Es ist heutzutage nicht einfach, die Intuition und den sensiblen, weiblichen Körper in Ehren zu halten angesichts von so viel Ablenkung, Stress und Körperfeindlichkeit. Aber: Es ist dann leicht, wenn du es zur Gewohnheit machst, auf deine innere Stimme zu hören und die Zeichen deines Körpers wahrzunehmen. Und wenn du dir deine Ruhepausen gönnst, dich im Loslassen übst und dir liebevolle Aufmerksamkeit schenkst. Wenn du dich immer wieder fragst, was du brauchst und was du nicht brauchst, was dir schadet.

Praktische, intuitive Erfahrungen

Finde heraus, wie dein Körper mit dir spricht, wenn es um etwas Wichtiges geht. Trainiere deine Intuition, bleib wach und aufmerksam. Wie reagiert dein Körper auf unangenehme Situationen, in denen du dich angegriffen, unfrei oder belastet fühlst?

Schreib Beispiele auf und merk dir die wichtigen Botschaften deiner Intuition, deiner Seele. Dein Innerstes will nicht, dass du leidest. Es sendet dir auch über den Körper wichtige Botschaften, damit du erkennst: Hier kann ich nicht ich selbst sein, ich sollte etwas verändern!

Überlege, was du verändern kannst, und schreib es auf. Wie fühlst du dich dabei? Bestimmt geraten deine Gefühle in Aufruhr. Ist es Aufregung, die du fühlst? Das ist gut. Rufe deine rebellische, mutige Kriegerin in dir wach und dein ganzes Team – deine starke Führungskraft, die Königin, das lachende, freche, humorvolle Mädchen, die Weise und die große Mutter in dir. Sie alle halten dich und sind in dir aufrecht, stark und lebendig, um dich in eine bessere Situation zu führen und das Alte zu überwinden.

Wie nimmst du glückliche, positive, überraschend neue Situationen wahr? Woher weißt du, dass sich etwas ganz Besonderes ereignet oder etwas Magisches, Wundervolles in der Luft liegt?

Schreib die Erlebnisse auf, die dich haben staunen lassen vor der Schöpfung, der Liebe, dem Glück oder der Schönheit. Momente, die dich mit Dankbarkeit erfüllen.

Wie fühlen sich diese Augenblicke an, die du immer wieder in dir spürst und wachrufen kannst, weil sie für immer da sind? Dies ist der Ort, an dem sich unsere Seelen treffen und unsere Intuition den Kontakt herstellt. Lerne, die Botschaften wahrzunehmen und zu achten, denn sie sind für dich wichtig und entsprechen deiner Wahrheit, deinem Weg zu Zufriedenheit und Glück.

Körperwahrheit

Befrage bei wichtigen Entscheidungen deinen Körper. Stell einfache Ja-Nein-Fragen. Soll ich meinen Job wechseln? Soll ich das Treffen absagen? Soll ich mit meinem Vorgesetzten über eine Gehaltserhöhung sprechen?

Stell dir mehrmals laut eine Frage und antworte jeweils laut mit »Ja«. Dann wiederhole deine Frage und antworte mehrmals mit »Nein«. Bei welcher Antwort klingt deine Stimme klarer und vor allem kraftvoller?

Sag wiederholt Ja und neige bejahend den Kopf und den Oberkörper nach vorn. Wie fühlt sich das an? Blockiert dein Körper, wird er starrer oder geht die Bewegung ganz leicht? Dreh den Körper und deinen Kopf verneinend hin und her, während du laut Nein sagst. Wie fühlt sich das Verneinen an?

Achte auf deine ganz eigene Weisheit. Was ist wichtig für dich, unabhängig von dem, was dein Umfeld oder die Allgemeinheit für richtig halten?

Werde wieder zur weisen Frau, die frei ihrer inneren Stimme folgt und die keine Angst hat, andere zu erinnern. Sei mutig und sag frei, was dir wichtig ist. Lerne, deiner Intuition, deinen Fähigkeiten, deinem Körper und deinen Bedürfnissen den Stellenwert einzuräumen, den sie verdient haben! Deine Wertschätzung, auch deine Sicherheit und Stabilität, kommen so ganz von allein.

Nutze deine Gabe, zwischen den Zeilen, hinter den Worten und Kulissen hilfreiche Informationen zu bemerken, nicht nur privat, sondern auch beruflich. Die größten Entdeckungen wurden den Menschen aus einem unerklärlichen Bereich geschenkt, einige nannten sie Zufälle. Wir brauchen neue kreative Ideen und Lösungen für ein besseres Leben und eine wundervolle Zukunft.

Frag deine innere Stimme: **»Wie geht es noch besser?«** Und sei aufgeschlossen für die Zeichen und Antworten, die dir deine Intuition schenkt.

Die Wandlerin geht weiter

Sei nicht überrascht, wenn du deine Stimme der Weisheit immer häufiger, klarer und deutlicher hören kannst. Auf dem Weg der Selbstliebe wachsen deine Wahrnehmung und dein Vertrauen in dich selbst recht schnell!

Atme die Angst aus und lass sie los. Es macht immer Angst, in die eigene Kraft und Verantwortung zu gehen und Veränderungen vorzunehmen. Was, wenn es schiefgeht? Dann bin ich schuld! Frag dich: »Ja, und?« und überlege, was so schlimm daran wäre. Du würdest es überleben, so wie du alles überlebt hast. Das weißt du doch!

Leichter und besser wäre es, andere wären schuld. Mach dich von diesen Gedanken frei! Wir sind der andere. Der andere bin ich. Wir sitzen alle im selben Boot. Wenn sich nichts ändert, wird es nicht besser. Sei mutig. Sei furchtlos. Hab keine Angst vor Spott und Kritik, die Scham hast du doch schon längst abgelegt

Du bist eine Wandlerin zwischen Hell und Dunkel. Auch du kannst wie einst die weisen Frauen zwischen den Welten wandeln und über die Schwelle von einer Welt in die andere gehen. Das Dunkle, vor dem wir uns fürchten, kann die Unwissenheit sein, wir kennen den Ausgang einer Sache nicht, wissen nicht, ob es sich als Illusion, Enttäuschung oder Fehler herausstellt. Wir haben Angst vor dem Unbekannten, vor dem Schmerz, der uns begegnen könnte, wenn wir der Intuition folgen und in die Tiefe gehen. Die Weise in dir kann furchtlos ins Dunkle schauen. Sie kennt ihre Schwächen und auch ihre Ängste. Sie gehören zu ihr wie ihre Stärken. Sie lebt in der vollkommenen Balance ihrer Kräfte, ihres Seins. Alles darf sein. **Ich darf so sein, wie ich bin.**

Ich muss meine Schwächen, meine Verletzungen, Selbstzweifel und meine Gefühle nicht verstecken und die Perfekte spielen, die ihre Energie verbraucht, um anderen etwas vorzumachen, weil ich Angst vor Zurückweisung habe. Ich weiß, diejenigen, die mich angreifen und ablehnen, haben sich am weitesten von sich selbst entfernt.

Die Perle in der Muschel

Für dieses sinnliche und heilsame Ritual benötigst du eine Muschel, Papier, einen Tintenschreiber und eine Wasserschale.

Niemand möchte Schmerzhaftes erleiden, aber häufig sind es die Krisen und Widersacher, die uns am meisten wachsen lassen. Erst durch Verletzungen sind wir über unsere Grenzen gegangen, sind stärker, reifer und mitfühlender geworden auf dem Weg zu unserem ganz persönlichen Glück. So wie in der Muschel eine Perle durch einen Fremdkörper entsteht. Im Laufe der Jahre – die Muschel arbeitet mit ihrem »Problem«– entsteht eine kostbare, schimmernde Perle. Der Störfaktor, die Verletzung wird von der Muschel in etwas Kostbares, Lichtvolles verwandelt.

Nimm eine Muschel zur Hand. Fühle den Schmerz deiner Verletzung. Vielleicht möchtest du aufschreiben, was dich am meisten verletzt hat bzw. wer dir am meisten wehgetan hat. Beschäftige dich dabei mit deinen Gefühlen. Was fühlst du, wenn du an die Person und die Situation denkst? Beispiele: »Ich habe mich ohnmächtig, verletzt, unbedeutend, beschämt etc. gefühlt.« »Das Gefühl, nicht respektiert/ausgenutzt/missbraucht/abgelehnt zu werden, bereitet mir unerträgliche Schmerzen.«

Schreib deinen Schmerz mit Tinte auf einen Zettel und leg ihn in die Muschel. Dann gib deine Muschel mitsamt dem beschrifteten Papier in eine mit Wasser gefüllte Schüssel. Das Wasser löst die Tinte auf. Es macht nichts, wenn die Schrift danach noch erkennbar ist. Sie ist bestimmt etwas verblasst. Nimm die Muschel und das Blatt aus dem Wasser und lass beides trocknen.

Spüre, ob du am nächsten Tag das Ritual wiederholen möchtest oder einige Tage Zeit brauchst. Dann nimm erneut die Muschel in die Hand, spüre nach, ob sich dein Gefühl etwas verändert hat oder du denselben Wortlaut erneut aufschreiben möchtest. Du kannst ein neues Blatt beschriften. Nimm wieder deine Muschel, spüre den Schmerz und leg sie zusammen mit dem Blatt in die Wasserschale. Wiederhole den Vorgang an den darauffolgenden Tagen so oft, bis deine schmerzhaften Gefühle verblassen. Beende das Ritual, wenn du den Wandel in ein positives Gefühl spürst. Schreib das neue Gefühl auf einen Zettel und leg ihn als deinen Schatz in die Muschel, damit du ihn immer wieder lesen kannst. Beispiele: »Ich fühle mich befreiter/stärker/klarer«, »Ich bin dankbar«. Oder schreib eine für dich wichtige Botschaft auf. »Ich erkenne meine Kraft und lebe sie«, »Ich bleibe mir treu«, »Ich liebe und werde geliebt. Ich bin die Liebe«, »Ich öffne mich für das Glück und die Liebe.« Befreunde dich mit dir. Sei gutmütig und liebevoll mit dir selbst: »Ich verzeihe mir alles!«

Was immer dir in den Sinn kommt, dein inneres Mantra ist richtig. Vermeide Verneinungen und negative Affirmationen. Bestärke dich selbst.

Mit unserer weiblichen Intuition sind wir immer ein weites Stück voraus, wir wissen, wenn etwas schiefgehen könnte und wie wir heikle Situationen umschiffen und retten können. Die weibliche Kraft sucht die Verbindung. Sie heilt, harmonisiert und erschafft aus Liebe. Sie nimmt sich dem Sterbenden an, geht mit ihm bis ans Ende und darüber hinaus, dort hat sie schon den Raum für Neues bereitet, dessen Geburt sie geduldig erwartet. Das ist das Bestreben der Urweiblichkeit.

Der sonnige Schoßraum –
Kosmos, Bewusstsein und Spiritualität

Dein Schoß ist der Ort sinnlicher Wärme, Geborgenheit, deiner genießerischen, lustvollen Freude, deiner sprudelnden Kreativität und deiner Spiritualität. Dein Schoß ist der Ort, von dem aus du Kontakt zur Urweiblichkeit aufnehmen und dich vollkommen zu Hause fühlen kannst. Wenn du traurig oder verwirrt bist und nicht weißt, was werden soll, kannst du in deinem Schoßraum eine körperlich festigende Stabilität spüren. Während dein Herz Weite und Erleichterung verschafft, gibt dir das Herz im Schoß Halt wie die Arme einer liebenden Mutter. Lass deinen Schoß wieder sonnig und kraftvoll strahlen.

Wir sind es nicht gewohnt, unsere Weiblichkeit als sonnig oder gar göttlich anzusehen, sondern wir spüren unseren Schoß meist kaum oder nehmen ihn als dunkel oder schmerzhaft wahr. Jetzt lassen wir die Schwere los, nehmen die Verbindung zu unserer wahren Essenz auf und schaffen uns selbst diesen wunderschönen und erfreulichen Platz, den wir uns wünschen.

 Unser Schoß beherbergt den Kosmos, die Urmutter.
Wir dürfen in uns selbst ankommen, in unserem eigenen Kosmos.

Verbindung zum Kosmos

Lass den Gedanken auf dich wirken, dass wir im Inneren nicht verletzbar und mit der Unendlichkeit verbunden sind. Unsere Hüllen streifen wir ab, wir häuten uns, und unser Inneres dehnen wir aus. Wir sind vom Kosmos, der Schöpfung, unserer Urmutter nicht getrennt.

Sobald wir in einem Körper inkarniert sind, uns in diesem erfahren und von den Prägungen unseres Umfelds beeinflusst werden, ist uns die Verbindung zum Kosmos nicht mehr bewusst, sodass wir uns in der Illusion der Trennung und Entfremdung verlieren. Wir haben Angst vor dem Getrenntsein und erfahren den Schmerz, allein zu sein. Wenn wir uns aber wieder für das »große Ganze« öffnen und eine innere Anbindung in uns selbst finden, können wir den Schmerz meistern, eine geliebte Seele verloren zu haben.

Wir Frauen können am Verlust eines Kindes zerbrechen. Der Kindstod ist ein großes weibliches Trauma. Es kann tröstlich für eine Mutter sein, wenn sie spürt, dass das geliebte Kind nicht verloren, sondern weiterhin mit ihr verbunden bleibt. Es ist heilsam, wenn sie den Schmerz und das Trauma aus ihrer Gebärmutter loslassen kann. Es gibt keine Schuld, wenn sich eine Frau dazu entschieden hat, ihr Kind nicht auszutragen. Die Seelen sind frei und gleichzeitig liebevoll verbunden.

Verstorbene sind nicht unerreichbar fern. Ich habe fast mein ganzes Leben mit dem Verlust geliebter Menschen und Wesen gehadert. Ich verstand nicht, warum ich allein sein musste. Doch ich war nie allein. Mir war nur nicht bewusst, dass die Seelen an meiner Seite waren.

Die Verstorbenen begleiten uns ein Leben lang und schlagen eine breite, starke Brücke zum Kosmos, auch wenn wir glauben, die Verbindung zu ihnen verloren zu haben. Sie schenken uns ständig Botschaften für unsere Entwicklung. Sie versuchen, uns zu bestärken und zu ermuntern, um unseren Alltag zu meistern. **Jede Seele hat ihren Weg, wir alle treffen uns jedoch immer wieder im sonnenhellen Zentrum, von dem wir uns nicht wirklich entfernt haben.**

Ich kämpfte als Mädchen und junge Frau mit dem Gefühl, am falschen Ort zu sein. Es musste ein Fehler sein, dass ich auf der Erde war und Leid ertragen musste, während andere im Himmel in Frieden und Freude sein durften. Ich fühlte mich oft wie ein ausgesetztes oder vertauschtes Kind. Meine größte Aufgabe war es, den Himmel, das Glück, den Frieden, die Liebe und Geborgenheit in mir selbst zu finden und das Leben anzunehmen.

Mir war sehr lange nicht bewusst, dass es ein großes Privileg, eines der größten Geschenke ist, auf der Erde zu sein und einen Körper zu haben. Wir können uns intensiv erfahren und verwirklichen, etwas auf die Welt bringen. Das müssen keine Güter, Bauwerke oder Heldentaten für die Geschichtsbücher sein. Was wir hinterlassen können, ist, etwas von unserer Seele zeigen, diese Footprints währen für immer. Sie stammen aus der Unendlichkeit. **Die Liebe, die wir hier geben, bleibt und wird wie ein Schatz weitergegeben.**

Dazu müssen wir uns wieder mit unserer wahren Essenz, unserer Seele, verbinden und gleichzeitig ganz Mensch sein, d. h. menschliche Wesen mit einem fühlenden Körper.

Wir sind nur kurze Zeit hier. Wir sollten die Chance nutzen, hier so viel Liebe wie möglich zu hinterlassen. Fußabdrücke der Liebe.

Schoßraum-Segnungen: der weibliche Sonnentempel

Meditiere. Schließe deine Augen und leg deine Hände auf dein Herz. Spüre das sanfte Schlagen, lass deinen Brustraum weit und frei werden. Atme tief und sanft. Lass gedanklich dein Herz weich und weit werden. Fühle es warm und hell in dir wie eine Sonne. Lass diese lebensspendende Sonne immer größer werden. Nimm gedanklich einen kleinen Lichtball aus deinem Herzen in eine Hand und leg ihn in deinen Schoß. Auch hier spürst du eine leuchtende Sonne, voller Wärme und Kraft, die sich ausdehnt. Dunkelheit, Schmerz und Leid dürfen mit der Sonne heilen. Wenn du magst, leg beide Hände auf deinen Unterleib und spüre diese sich ausdehnende Wärme und Kraft. Deine Hände können immer wieder zwischen Herz und Schoßraum hin- und herstreichen und die Wärme in den Körper strömen lassen. Handle ganz intuitiv. Bezieh auch deinen Kopf mit ein. Nimm eine Handvoll Licht vom Herzen und bringe es an deine Stirn. Stell dir vor, wie das Dunkle der Vergangenheit und negative Gedanken, die dich immer wieder aus deiner Balance bringen, durch die kleine Sonne ausgebrannt und transformiert werden.

Verweile immer wieder im Schoßraum und spüre die wärmende Quelle in dir. Sag laut, wenn du magst: »Mein Schoß, (der Kosmos), die Quelle allen Seins, ist voller Liebe und Segnungen. Ich verneige mich vor dir.«

Gönne dir öfters diesen kleinen Augenblick, indem du dir mitten in deinem Alltag deiner leuchtenden, wärmenden, weiblichen Quelle in dir bewusst wirst.

Wie nimmst du die Quelle in deinem Schoß wahr? Lass sie gedanklich sich weiter ausbreiten. Merkst du, dass du deinen Unterleib nun anders wahrnimmst? Dass dein weiblicher Kraftort ein Schattendasein geführt hat, nicht erfüllt von wärmender Kraft? Vielleicht spürst du lange Zeit nichts oder du kannst dir eine Sonne nicht in deiner Beckenschale in deinem Schoßraum vorstellen, das macht nichts. Wichtig ist nur deine Absicht. Irgendwann wirst du eine Veränderung spüren können.

Die wilde rote Frau

Vorbei die Zeiten der Scham, Sprachlosigkeit, Krämpfe und Verwirrung – das Blut der Frauen darf endlich die Tabuzone verlassen und heute in einem weiblichen Zeitalter mit all seiner wilden, vielfältigen und starken Ausdruckskraft ankommen und fließen.

Obwohl die Hälfte der Menschheit jeden Monat mehrere Tage lang menstruiert, und das etwa vierzig Jahre lang, wurde die Periode, einst das heilige Blut des Weiblichen, die Schöpfungssubstanz, tabuisiert und mit Scham und Schande belegt. In anderen Kulturen wird die Menstruation gefeiert als stärkster Ausdruck der kreativen, kraftvollen und heilenden Kräfte einer Frau.

Die Periode wird bei den meisten Frauen keine Begeisterungsstürme auslösen, aber diejenigen, die sich ihrer zyklischen Natur und den immens kraftvollen, geradezu mystischen Fähigkeiten annähern, sind erstaunt, erleichtert und sogar dankbar dafür. So wie ich. Meine Menstruation ist ein Geschenk! Dabei habe ich wie die meisten Frauen früher unter meinen Blutungen gelitten.

In meiner Jugend gab es zu meiner Menarche, zu meiner »Sach«[3], kein Fest, so wie ich es mit meiner großen Tochter gefeiert habe, sondern nur mitleidiges Seufzen. Ich bekam den Ernst der Lage zu spüren und die Last der Frauen. Vorbei die Kindheit und der ungezwungene Spaß. Das schlimmste Los einer Frau war, ungewollt vom falschen Mann schwanger zu werden und sich dann durchs Leben schlagen zu müssen oder bei einem Mann, in dem man sich geirrt hat, wegen der Kinder bleiben zu müssen. Die Pille und andere Verhütungsmittel gaben uns endlich die Freiheit, die eigene Sexualität zu entdecken, auch mit Partnern, die man nicht sofort heiraten wollte. Doch den typischen Frauenleiden konnten die wenigsten entgehen, die Menstruation zählte dazu.

---

[3] »Sach« (Dialekt) für »Sache«; Bezeichnung für die Menstruation im badischen, schwäbischen Sprachgebrauch.

Ich wusste nichts Positives über die Menstruation. Ich litt unter monatlichen Krämpfen, Rücken- und Kopfschmerzen, die mich gekrümmt in die Knie gehen ließen, und der Hilflosigkeit, die mich jedes Mal ergriff. Die einzige Information, die mir Freundinnen hinter vorgehaltener Hand zuflüsterten, war, keine weißen Jeans in dieser grauenhaft peinlichen und schmerzgeplagten Zeit des »Unwohlseins« zu tragen. Wir hatten noch solche Angst vor blutroten Flecken! Wir wünschten uns damals, unser Blut wäre lächerlich royalblau wie in der Werbung für Binden oder am besten unsichtbar. Ich fühlte mich wirklich bestraft.

Ich war während meiner Tage schwächer, verletzbar und fast ohnmächtig. Öfters klappte ich einfach zusammen. Ich bekam mit, es war kein Spaß, Frau zu sein, meine Mutter hatte also doch recht gehabt. Ich war mir sicher, mich verband nun mein Leiden mit dem Leiden aller Frauen und umgekehrt. Ich fand es einfach ungerecht, die Übelkeit, Erbrechen und Schmerzen ertragen zu müssen. Wäre die Menstruation nicht ein Tabu und die Demütigung der Frau nicht so übermächtig gewesen, hätte ich wahrscheinlich schon immer frei und lebendig sein können, mich mit Ehrfurcht und Kraft mit meinem Körper, mit meinem Blut, vor dem ich mich nie ekelte, und mit meinen Gefühlen verbinden können!

Aber ich gab dennoch nicht auf! Es musste einen Weg geben, das Wunderbare, all die positiven Aspekte des Frauseins zu entdecken und ins Leben zu bringen. Das habe ich geschafft, und meine Reise ist noch nicht zu Ende! Es war nicht leicht, aber ich konnte nicht anders. Es war und ist meine Bestimmung. Mir hat so sehr eine Mutter gefehlt und das Gefühl, angekommen zu sein. Ich musste meiner Sehnsucht nach der verlorenen Weiblichkeit folgen. Ich fand erst spät hilfreiche Informationen, etwa bei Kirsten Armbruster[4], dass Gott einst eine Frau war. Ich verschlang das Buch »Die Wolfsfrau«[5] und erinnerte mich an ähnliche Träume und Visionen. Tief in mir wusste ich, dass es viele Geheimnisse und Irrtümer über unsere weibliche Kraft gab, die aufgedeckt werden wollten.

---

4 Kirsten Armbruster: Der Muschelweg – Auf den Spuren von Gott der Mutter.
  Die Wiederentdeckung der matrifokalen Wurzeln Europas, Books on Demand, 2014.
5 Clarissa Pinkola Estés: Die Wolfsfrau, Heyne, 1997.

Ich ahnte, dass die größten Geschenke der Weiblichkeit genauso mit Tabus belegt und stigmatisiert waren wie die Menstruation. Ich näherte mich der Ursubstanz der Schöpfung, meinem Blut, und entdeckte Ungeahntes! Von wegen eklig; ich fand nicht nur zu einem positiven Körper- und Lebensgefühl: Seit ich die Auszeit und den Rückzug während meiner Periode für mich nutze, haben meine Intuition, meine Selbstverwirklichung und Lebensfreude erheblichen Auftrieb bekommen, Krämpfe und Schmerzen habe ich dagegen nicht mehr. Für mich hat sich seither vieles verändert. Ich schäle mich immer weiter aus dem viel zu harten und engen Korsett des Frauseins und entdecke meine eigene Originalität.

Vom Free Bleeding zum Happy Bleeding

Ich habe beschlossen bzw. mir selbst versprochen, meine Weiblichkeit zu feiern mit allem, was dazugehört. Sogar mit meinem sich verändernden Körper, den Blutungen, meiner Erschöpfung, meiner Sensibilität, dem aufgeblähten Bauch, den Wasseransammlungen in den Schenkeln! Nichts wird auf meiner Party ausgeschlossen.

Meine Wirklichkeit ist lebendig, natürlich, bunt und macht enorm Spaß!

Ab und zu ziehe ich mich zum Ausruhen zurück und beobachte das Treiben. Das gehört dazu. Ich habe ein solches Interesse und Freude an mir selbst entwickelt – das Mysterium der Weiblichkeit ist wahrhaftig unermesslich groß, voller Wunder.

Inzwischen sind viele Frauen und Männer außerordentlich innovativ, experimentierfreudig, mutig und kreativ, um das einstige blutige Ärgernis aus der »Schäm-dich-Ecke« zu holen. Ein Kurzfilm[6] über die Enttabuisierung der Menstruation konnte sogar den begehrten Filmpreis »Oscar« ergattern. Darin werden die Frauen und Mädchen in Indien zu einer sexuellen Revolution und Selbstermächtigung ermutigt, in einem Land, in dem das weibliche Geschlecht unter Stigmatisierung, Gewalt und Ausgrenzung schwer zu leiden hat. In den Entwicklungsländern haben die Frauen zudem nicht einmal die Möglichkeit, sich Binden oder Tampons zu leisten, geschweige denn über ihre Periode als etwas Natürliches im Leben einer Frau zu sprechen.

---

6 »Stigma Monatsblutung« (Originaltitel: Period. End of Sentence.) von Rayka Zehtabchi und Melissa Berton wurde 2019 als bester Dokumentar-Kurzfilm ausgezeichnet.

Wir haben es definitiv einfacher und die Wahl zwischen unzähligen Hygiene-artikeln, die als Luxusartikel besteuert werden. Doch die Tampon-Tax soll bald ganz abgeschafft werden, wie es längst in anderen Ländern der Fall ist. Wir können uns frei entscheiden, wie wir menstruieren: mit Bio-Tampons, Menstruationstassen, Hightech-Menstruationsslips, die uns ein Free Blee-ding oder gar Happy Bleeding ermöglichen, anstelle verschämt und ver-krampft unsere Tage zu durchleiden. Wir können auch anfangen, offen über unsere Regel zu reden, wahrscheinlich hat das eine Mädchen oder die eine Frau, mit der wir uns unterhalten, gerade ihre Tage. Warum sollte sie es nicht erwähnen? Sie könnte das sachliche, noch etwas verhuschte Menstruations-Emoji verwenden, das wäre ein kleiner Anfang. Bisher ist es noch ein braver, emotionsloser Blutstropfen, wie bei Dornröschen. Schade. Ob er irgendwann grinst oder tanzt?

Noch leiden die meisten Frauen und Mädchen emotional und körperlich unter ihrer Menstruation. Sie finden, es sei ein lästiges Ärgernis, das niemand brauche. Hier meldet sich die wilde Frau in dir mit aller Kraft!

Kaum eine Frau weiß, dass der Zyklus eine gewaltige Kraft- und Regene-rationsquelle ist. Unsere frühen Ahninnen verehrten die Menstruation noch als Geschenk der göttlichen Schöpferkraft, die sie ihren Töchtern weitergab. Das Menstruationsblut galt als Zeugnis des ewigen Lebens, das von jeder Frau weitergegeben wurde.

Die Göttin war in jeder Frau lebendig und ist es heute noch.

Die Entmachtung der Weiblichkeit

Jedes Kind weiß, woher die Babys kommen. Und dennoch konnten männlich dominierte Gesellschaften mit ihren patriarchalen Strukturen und Religio-nen, die gleichzeitig Staatsreligionen wurden, das göttlich-weibliche Prinzip entwerten, ausbeuten und teilweise auslöschen. Das »sakrale« (heilige) Cha-kra wurde zum »Sexualchakra«, die Freiheit und Würde der Frauen wurde angegriffen und verletzt. Die Menschenfrau war unrein, eine Göttin gab es nicht mehr.

Die meisten Männer, die ich kenne, würden keine Kinder gebären wollen, ihnen reicht schon ein Magen-Darm-Virus oder eine Grippe, um sterben zu wollen. Keine Frage, der Mann kann über seine Grenzen und Leidensfähig-keit hinausgehen, wir Frauen bezweifeln aber, dass er sich das jeden Monat antun wollen würde, ebenso wenig Schwangerschaft, Geburt und Stillzeit.

Dennoch hielt und hält sich mancherorts die Mär vom weißen Mann als der allmächtigen Krönung der Schöpfung hartnäckig, und noch immer gibt es sogar Frauen, die dem weiterhin Beifall spenden und ganz aus dem Häuschen sind, wenn ein gottgleicher Tyrann etwas ganz »Herrliches« zu tun gedenkt und andere als »dämlich« abwertet.

Mit der Ausmerzung der Weiblichkeit und der Balance verabschiedete man sich von der Würde, der Menschlichkeit und vom Verstand. Es gibt leider immer noch Männer in verantwortungsvollen Positionen, die trotz sexistischer oder diskriminierender öffentlicher Äußerungen nicht sofort nach Hause, in Rente oder zum Nachdenken geschickt werden. Allerdings bekommen diese allmählich immer mehr deutliche und ablehnende Reaktionen, denn eine neue Frauengeneration, die der Neunzigerjahre, steht mit einem neuen Bewusstsein, mit ihren Visionen und ihrem Engagement schon längst in den Startlöchern. Sie will sich verwirklichen und lässt sich nicht mehr verbiegen, geschweige denn unterdrücken oder verstecken.

Dürfen wir heute also davon ausgehen, dass jede Frau, jeder Mann nach ihrer bzw. seiner Façon glücklich und frei sein kann? Ja, ruft die Wilde in uns!

Alles Weibliche war »ach, so eklig«, besonders das Frauenblut und das »untenrum«, sogar für Frauen selbst. Und doch waren und sind auch die schlimmsten Verächter der Frau ganz gierig hinter ihrem Körper, dem Tempel des Lebens, her. Wehe, eine Frau zierte sich oder hatte auch Lust oder wurde schwanger oder bekam keinen männlichen Nachkommen. Sie konnte nur verlieren, da es nur um Macht und Besitz und nicht um Liebe ging.

Es gab »gefallene Mädchen«, die waren so gut wie tot aus gesellschaftlicher Sicht. Gefallene Männer waren tatsächlich tot und als Helden gestorben. Männliches Blut galt als heilig, wenn es auf Schlachtfeldern in Strömen floss. So viel Blut könnten wir Frauen in unseren vier Jahrzehnten an Blutungen wahrscheinlich kaum zusammenbringen. Anstelle von Liebe und Freude wurde der Hass gewählt. Aber wir geben nicht auf.

Nicht nur die Götter, auch Göttinnen sind unsterblich.

Wie bedrohlich muss die Frau, die Verkörperung der Schöpfergöttin, gewirkt haben, dass sie von denen, die Macht über andere und über das Leben haben wollten, so bekämpft wurde? Die Menschen zitterten vor einem alten Mann mit Rauschebart, der zürnend oder bräsig über den Wolken saß, Kriege, Folter, Gewalt, Hunger und Leid zuließ oder forcierte, dem eindeutig eine Frau fehlte oder er hatte eine, die nichts zu melden hatte.

Viele hatten die Idee vom göttlich-weiblichen Prinzip vergessen, das in jedem Menschen, auch im Mann, wirkt. Für Frauen bedeutete die Entmachtung der Weiblichkeit den Verlust ihrer Identität, ihrer kreativen Kraft und des freien Ausdrucks ihrer Emotionen.

Die weibliche Macht jagt den meisten Frauen leider immer noch Angst ein und scheint ein Tabu zu bleiben. Wir brechen dieses Tabu nicht, indem wir uns in machtvollen Rollen besonders männlich und nach veralteten Vorstellungen verhalten, sondern wenn wir unsere natürliche Macht als Frau annehmen, unsere Gefühle als Stärke betrachten und unsere Ideen kreativ umsetzen und ins Handeln kommen.

Besonders die Macht über den Zyklus, den ewigen Kreislauf vom Sterben (noch ein Tabu) und Neuerschaffen, ist fremd oder ein rotes Tuch. Wir fürchten die Hexe in uns und wollen lieber »nett« und angepasst bleiben, aber die wilde ursprüngliche Kraft will gelebt werden. Die Wilde in uns will mit Humor und Herzlichkeit ihre Späße treiben, Altes aufbrechen und hinausfegen.

Welche Beispiele oder Sätze fallen dir ein, die Ängste vor dem Weiblichen zum Ausdruck bringen? Schreib sie auf einen Zettel und verbrenne ihn dann mit dem lauten Lachen einer Hexe!

Tabula rasa der Frauen

Meistens tritt kurz vor unserer Periode das Bedürfnis nach einer Inventur auf, wir machen womöglich Tabula rasa, möchten Lebensuntaugliches beenden und einen Neuanfang machen. In diesem Moment fühlen wir uns oft zu wenig anerkannt, zu ausgebremst und zu kurz gekommen. Wir wollen ausbrechen und mehr unserer Bestimmung und Freiheit folgen.

Das weibliche Prinzip lässt sich nicht unterdrücken, nicht in der sensiblen Zeit des Loslassens, der Transformation. Jetzt ist ein guter Zeitpunkt, unserer Sehnsucht nach Veränderung zu folgen und den eigenen Fähigkeiten zu vertrauen. Es ist sehr wertvoll, das Ende des Zyklus zu nutzen, um sich die eigenen Ziele und Bedürfnisse vor Augen zu führen und sich treu zu bleiben. Jetzt bist du deiner Weisheit und deiner Vision ganz nah. Es ist die Zeit der alten Weisen, der Hexe, die sich nicht um das kümmert, was andere denken. Sie weiß und spürt ganz genau, dass es einen Wandel zu mehr Harmonie braucht.

Nach unserer Menstruation werden wir wieder aktiv und offen, gehen aus uns heraus, könnten etwas für uns bewegen und in die Wege leiten, wenn wir in unserer Kraft blieben. Frauen machen jedoch einen großen Bogen um ihre eigentliche Größe und Gaben. Ängstigen wir uns so vor der weiblichen Magie, die nicht nur Leben erschaffen kann?

Blutsbande

Frauen wurden bis heute vom öffentlichen Leben ausgeschlossen und wie Aussätzige behandelt. Sie durften nicht wirken bzw. das Leben mit Freude gestalten und genießen. Sie waren nie frei! Sie durften Kinder gebären, die nur Mittel zum Zweck waren. Kein Wunder, dass Frauen gelitten haben. Wir leiden auch weiterhin, wenn wir uns abhängig machen von der künstlich erschaffenen, werbewirksamen Photoshop-Illusion einer Frau, die nichts mit der Realität zu tun hat.

Eine echte Frau hat einen Körper, der »ungefiltert« seine Geschichten erzählen will.

Die Weiblichkeit hat es verdient, ihren Platz und ihren Raum sichtbar einzunehmen. Sie hat es verdient, sich zeigen zu dürfen mit ihrer Lebendigkeit, Schönheit, mit Haut, Bauch, Busen, Schenkeln, Falten und ihrem Blut.

Je mehr wir uns gegen alles Weibliche wehren, desto mehr werten wir uns selbst ab.

Es ist wie mit allem, was man in die Verdrängung schickt und versucht, mit aller Kraft ausgesperrt zu halten: Das kostet unnötig viel Energie und wird zum Kampf. Wollen wir das? Die Weiblichkeit hat keine andere Wahl, als mit Schmerzen, Krämpfen und negativen Emotionen darauf zu reagieren. Lassen wir sie also endlich frei.

Du bist einzigartig und einen langen Weg gegangen, um dort anzukommen, wo du jetzt stehst.

Glaubst du mir, dass du nichts brauchst, um schön, wertvoll und liebenswert zu sein, auch wenn uns die Konsumgesellschaft etwas ganz anderes vorgaukelt? Glaubst du mir, wenn ich dir sage, dass du nichts tun musst, nicht immer gut drauf und zu 100 % leistungsfähig und perfekt sein musst, auch wenn alle anderen jeden Tag etwas anderes fordern?

Die Lebenskraft ist weiblich

Du darfst dir alles erlauben! Erlaube dir nach einem anstrengenden Tag, während deiner Mens, nach schweren Erfahrungen, wann immer du es fühlst, müde zu sein. Erlaube dir, schlechte Laune zu haben und deinem Umfeld mitzuteilen, wenn dir alles zu viel ist, wenn man deine Dienste und Fürsorge als Selbstverständlichkeit in Anspruch nimmt (obwohl man auch selbst etwas tun könnte), wenn man dich rücksichtslos und egoistisch behandelt, wenn man dir weder Respekt noch Aufmerksamkeit entgegenbringt, wenn man dich kleinmachen will, wenn man dich benutzt.

Erlaube dir, dich zurückzuziehen ohne Entschuldigung, weil du als zyklisches Wesen einfach deiner Natur folgst. Erlaube dir, zu lachen, dich und andere nicht so bitterernst zu nehmen. **Erlaube dir, du zu sein.**

Unser Blut hat die Schöpfungs-, Transformations-, und Heilungsenergie der Göttin selbst. Nutzen wir es, um das Leidvolle der Vergangenheit in Lebendigkeit, Freude und Harmonie zu verwandeln. Sogar die Stammzellenforschung hat die Besonderheiten des Menstruationsblutes als Essenz und Urkraft des Lebens für sich entdeckt und betrachtet das Regelblut als monatliches Wunder. In Zukunft könnte Menstruationsblut Heilung bringen, denn nichts regeneriert und wächst so schnell wie die Zellen, die aus unserem Blut stammen und nicht abgestoßen werden. Nicht nur Herz-, Knochen- oder Nervenzellen könnten aus dem Urmutterblut kreiert werden, sondern vielfältige Wege der Heilung, vor allem für Frauenleiden[7].

Die wenigsten Frauen denken, wenn sie ihren Körper betrachten oder das warme Blut ihrer Mens spüren und sehen, an die kosmische Mutter, die einst das Leben auf diesem Planeten gebar und deren Nachfahrin sie sind. Dabei wurde uns Menschen das Leben tatsächlich von einer Urmutter gegeben. Auch hier konnte die Wissenschaft[8] herausfinden, dass die gesamte Menschheit als Brüder und Schwestern anzusehen ist, weil unsere DNA, speziell die DNA in den Mitochondrien, von der weiblichen Linie stammt.

Die Energie, die Kraft, die uns Menschen versorgt, ist weiblich und wird allein von der Mutter, der Frau weitergegeben. **Die Lebenskraft ist weiblich! Von wegen »schwaches Geschlecht«!**

---

[7] Die australische Gynäkologin Caroline Gargett erforscht Frauenblut als Quelle für besonders teilungsfreudige Stammzellen.
[8] Rebecca Cann, Mark Stoneking, Allan Wilson: Mitochondrial DNA and Human Evolution, Nature, Band 325, 1987.

Die lebendige Mutter

Wenn ich meine nackten Füße auf die Erde setze, werde ich an die Mutter erinnert, die uns nährt. Wenn ich mein Blut betrachte, erinnere ich mich an meine Mutter, Großmutter und an alle Mütter vorher bis zur ersten Frau meiner Ahninnen, die Leben geboren hat. Sie hat mit ihrem Blut Leben erschaffen, ihr Blut in Milch gewandelt und ihre Energie und Kraft weitergegeben bis zu mir und meinen Töchtern, die das Leben fortsetzen. Die Mutter der Schöpfung ist in mir lebendig.

Solange wir Frauen leben und weitergehen, wirkt sie in uns. Und sie ist durch dich sichtbar da. Ihr Blut ist unser Blut. Es gäbe dich nicht, hätte eine der Frauen vor dir aufgegeben. Vielleicht konnten sie keine guten Mütter sein, doch bedenke die Zeit, in der sie lebten.

Nutze dein Leben und deine Fähigkeiten, du bist so frei! Tu, was ihnen nicht möglich war. Strebe nach deinem Glück! Vielleicht bist du die Erste, der es möglich ist, die Frauen an ihren Platz zurückzuführen und ein gutes, erfülltes Leben zu haben. Sei die Pionierin und Heilerin deiner weiblichen Linie. Lebe die Kraft und Magie der Weiblichkeit in ihren Facetten. Was willst du tun? Tu es!

Verwandle, ändere, kreiere neu, was du willst!

Die Farben und Phasen der Weiblichkeit

Die schöpferischen Fähigkeiten einer Frau mussten in Geschichten und Märchen versteckt werden, um sie nicht zu vergessen. Die Symbolik der Farben Weiß, Rot und Schwarz blieb uns erhalten. Weiß für das Beginnen, Immer-wieder-Gebären und den Neubeginn, Rot wie unser Frauenblut für das Leben und die Liebe und Schwarz für die weibliche Transformationskraft, für unsere Fähigkeiten des Loslassens, Heilens und Veränderns. Nicht zufällig brachte der schwarz-weiße Klapperstorch mit seinen roten Beinen und dem roten Schnabel die Kinder.

Die Menstruation ist die Phase höchster Sensibilität, der stärksten Wahrnehmung und Verbindung mit der weiblichen Seele. Es ist eine Zeit, in der wir trauern und den Schmerz der Weiblichkeit und aller Disharmonien am deutlichsten spüren. Wir ziehen uns ganz in uns selbst zurück, loten unsere Tiefen aus. *Wir sind geradezu übernatürlich intuitiv, hellfühlig, hellsichtig, weise in der Zeit der Menstruation.*

Der Weisen, der Hexe und Wandlerin in uns, sind wir in dieser Zeit ganz nah und reagieren sensibel auf jede Störung. Wir sind in unserem Zentrum. Wir können zu unserem Ausgangspunkt und Ursprung zurückfinden, um Neues, sogar Besseres, Lebensfreundlicheres zu finden. Wenn wir uns diesen Rückzug gewähren, können wir am meisten für uns bewirken, uns vom Übergepäck und den Altlasten befreien. Unser Körper und unsere weibliche Seele möchten reflektieren, ausruhen, tief in sich gehen, sich von Altem befreien, um den Boden für Neues zu bereiten.

Wir Frauen begeben uns jeden Monat auf unsere Heldinnenreise. Wir nehmen ganz deutlich wahr, was hinderlich ist auf dem Weg des Lebens. Wir fühlen es schmerzlich, wenn die Weiblichkeit nicht frei ist, können aber leichter unseren Weg wiederfinden zu unserer Originalität und unseren Visionen.

Der Zyklus ist mit der Menstruation ein Übergang zum neuen Leben.

Mit der Menstruation, dem kraftvollsten Moment des Loslassens, sind wir in der Lage, uns am meisten von dem zu lösen, was sterben darf, was wir nicht mehr in den nächsten Zyklus nehmen und weiterhin am Leben halten wollen. In dieser Zeit spüren wir ohnehin deutlich, was nicht mehr stimmig ist, was uns belastet, traurig oder wütend macht. Gefühle wollen gefühlt werden. Es ist ihre Natur. Wir fühlen auch den Schmerz der Vergangenheit und des weiblichen Kollektivs. Denn unsere Gebärmutter ist ein Auffangbecken aller Energien und Erfahrungen, auch der dunklen.

Vor über sechs Jahren habe ich zur Heilung meiner Weiblichkeit und aller weiblichen Wesen begonnen, bewusst loszulassen, bewusst mein Blut fließen zu lassen und immer mehr zu der zu werden, die ich schon immer war und in Zukunft sein möchte. Das ist weibliche Selbstermächtigung.

Unsere Weiblichkeit ist nicht der Ort für Schmerz und negative Gefühle.

Es ist der Ort für Freude, Genuss, Lebendigkeit, Kreativität, sogar Glückseligkeit. Dafür müssen wir bewusst loslassen, was wir, unsere Mütter, Großmütter, Urgroßmütter und Generationen von Frauen gespeichert haben. Wir dürfen es endlich loslassen, um unsere wahre Kraft freizulegen. Deine Frage an dich in diesem Zeitraum sollte sein: »Was darf sterben? Was möchte ich loslassen?«

Nur ein bisschen loslassen mit angezogener Handbremse, das geht nicht. Nur ein bisschen etwas neu schaffen und verändern wollen ist auch weniger beglückend. Die Weiblichkeit will es ganz oder gar nicht! Du kannst auch nicht nur ein bisschen schwanger sein.

Je mehr du deiner Blutung Raum gibst und ihr liebevolle Achtsamkeit entgegenbringst, desto sanfter kann sie sich zeigen und in ihre für uns bereichernde Kraft kommen.

Verwöhnzeit der roten Frau

Schaff dir selbst deine sinnliche und gemütliche Winterzeit, während du deine Menstruation hast. Nimm dich öfters für Momente gedanklich raus aus dem Alltag und visualisiere deine dich nährende und wärmende Sonne im Schoß. Pflege sinnliche Rituale für diese Zeit des Loslassens.

Dein Unterleib wird sich besser entspannen können, die angestauten Energien, Emotionen und das Blut können viel leichter und freier abfließen, Krämpfe und andere typische Menstruationsbeschwerden können gemildert werden oder sogar ganz verschwinden. Je besser das Blut abfließen kann, desto schneller können deine Blutungen beendet sein, das heißt, deine Menstruation kann weniger stark, belastend und kürzer sein, als du es bisher gewohnt warst. Wir reagieren empfindlich auf Stress, also sorge für das Gegenteil. Nimm deine Mens als Anlass für eine besondere Wellness-Zeit, damit sie für dich zur schönen Normalität wird. Zelebriere deine Menstruation!

Wie wäre es, wenn du dich ab sofort auf deine monatliche Auszeit freuen könntest? Stell dir vor, du bereitest der tollsten Frau des Universums, das bist du, die schönsten Stunden. Setz dich mit deiner Fantasie liebevoll und großzügig für sie ein. Was würde dir gefallen, wenn du ehrlich bist?

- Du brauchst Auszeit vom Stress. Projekte und Anstrengungen nach Möglichkeit verschieben, Social Media und sonstige Erreichbarkeit stark reduzieren, Negativität meiden (Nachrichten, negative Menschen, die dich runterziehen).
- Sanfte Bewegung, tanzen, Yoga, leichter Sport, spazieren gehen wirken entkrampfend und lassen das Blut schneller abfließen.
- Make it hot! Sorge für Wärme. Auch wärmende Gewürze wie Cayennepfeffer und Zimt haben eine entspannende Wirkung und können sogar die Menstruation verkürzen bzw. mildern.

- Schokolade! Verwende hochwertigen dunklen Kakao, zum Beispiel in Form von Kakao-Nibs. Sie enthalten viele Nährstoffe, wie Kalzium, Eisen und Magnesium, die uns bei guter Laune halten, die Mens erleichtern und uns richtig aufpäppeln. Ob im Müsli, im Shake (gut in dieser Zeit mit Bananen, Haferflocken und Nüssen) oder warm getrunken (aber nicht zu heiß, sonst verabschieden sich die Nährstoffe) – setz die Schokolade genießerisch und ohne schlechtes Gewissen ein, sie verhindert auch Heißhunger, schlechte Haut und Nährstoffmangel. Wenn du eine richtige Kakao-Zeremonie veranstaltest und vorsichtig die Schokolade zum Trinken erwärmst, nimm dir besonders viel Zeit. Die Schokolade wirkt intensiv! Wenn du dich darauf einlässt wie auf eine Meditation, kann dich die Kakaopflanze sanft für deine eigene Sinnlichkeit und Weiblichkeit öffnen und die angestaute Erstarrung dahinschmelzen lassen wie Schokolade.

Cosy Tipps

Verwende Kerzen, schöne Düfte (ätherische Öle, Duftkerzen), Musik, Blumen, warme Farben, weiche, angenehme Kleidung, warme Räume (vor allem die Toilette), Decken, eine Wärmflasche, eine Moorpackung zum Auflegen, ein schönes Vollbad wie in einem Wellness-Tempel (besonderer Duft, Meersalz, Rosenblüten), hübsch angerichtete Snacks, Obstteller und Gemüsesticks, dunkle Schokolade, Tee (eventuell mit Frauenheilkräutern).

Menstruationsfest »Red Moon«

Eine große Kraft der Transformation und Neuausrichtung bewirkt ein Fest. Das Leben ist keine Strafe, sondern voller Kostbarkeiten. Feiere ein Menstruationsfest mit deinen Freundinnen, wann immer dir nach ungezähmter, ursprünglicher Frauenkraft der Sinn steht.

Wir bewerten oft unsere Gaben negativ, das nimmt uns die Frauenkraft und das selbstbewusste, freudige Lebensgefühl. Wir können uns an unsere ungebrochene Wildheit und Energie erinnern, indem wir unsere zyklische Natur feiern und ihr Wertschätzung entgegenbringen.

Bitte deine Freundinnen, sich rot zu kleiden, steckt euch rote Blüten ins Haar, serviere rotes Essen und Getränke, verwende rote Dekoration. Du darfst kleine Geschenke und Aufmerksamkeiten deiner Freundinnen erhalten oder sie beschenken.

Verwandelt gemeinsam Altes in Lebendiges und Kraftvolles mit einem schönen, stärkenden Ritual. Feiere die Feste zur Menarche, zu Beginn deiner ersten Blutung nach der Schwangerschaft und Stillzeit. Feiere zu Beginn deiner Menopause ein rauschendes Fest. Du gehst in die Zeit der Weisen und kannst jeden Tag mit Güte, Reife, Klarheit positiv wandeln, annehmen oder Gutes darin erkennen.

Herbs of the Goddess

Die entspannenden, krampflösenden und stimmungsausgleichenden Frauenheilkräuter können in Töpfen oder Blumenbeeten angebaut oder gekauft werden: Frauenmantel, Kamille, Melisse, Schafgarbe, Gänsefingerkraut, Lavendel, Rosenblüten, Küchenschelle. Oft werden fertige Teemischungen im Handel angeboten oder auch von Apotheken nach Wunsch gemischt.

Nicht nur während deiner Menstruation, sondern auch bei Beschwerden emotionaler oder körperlicher Art können dir diese Frauenkräuter als wahre Allround-Talente, typisch weiblich eben, große Dienste leisten.

Bekannt für seine positive Heilwirkung ist der Mönchspfeffer, der die Balance der Hormone und damit unseren Zyklus, unser körperliches und emotionales Wohlbefinden, unsere Lust und Laune unterstützen kann.

Menstruiere frei, wild und gefährlich!

Die freie und selbstbestimmte Menstruation ist viel einfacher und unkomplizierter, als du vielleicht denkst, und auch in einem stressigen Alltag umzusetzen.

Sobald du dir selbst die Erlaubnis gibst und dir wenige Minuten am Tag bewusst Zeit nimmst, um das Blut abfließen zu lassen, wird sich deine Menstruation als etwas Besonderes und für dich Passendes entfalten. Das Blut fließt nicht die ganze Zeit, sondern in Schüben. Wir sind keine wandelnden Tropfsteinhöhlen. Mach dir bewusst, dass es sich bei deiner Menstruation nicht um eine Horrorvorstellung, ein Gemetzel handelt, sondern nur um ein Gläschen voll Blut. Das Blut fließt dann ab, wenn sich in der Gebärmutter genug angesammelt hat.

Du suchst nach Leichtigkeit und Einfachheit des Lebens? Dann fang bei dir an. Es ist die entscheidende Veränderung, dass du dir Zeit nimmst, deiner Menstruation einen wichtigen Stellenwert einräumst. Du beschenkst dich damit selbst. Es ist ein universelles Gesetz, dass Energie sich nach der Aufmerksamkeit richtet. Wohin du also deine Aufmerksamkeit lenkst, dorthin fließt die Energie und zeigt sich.

Du wünschst dir Beachtung, Wertschätzung von außen? Sie kann ganz natürlich erfolgen, indem du dir selbst und auch deiner Menstruation Aufmerksamkeit und Wertschätzung entgegenbringst. So kann sie zu einer deiner spirituellen und inneren Kraftquelle werden.

Meine Blutung stört nicht meinen anstrengenden und mit vielen Aktivitäten vollgepackten Alltag. Es ist egal, ob ich viel am Schreibtisch sitze, Menschen treffe, einkaufen gehe, koche, putze, Yoga praktiziere, tanze oder wandern gehe. Am zweiten Tag meiner Periode, wenn die Blutung am stärksten ist, gehe ich alle zwei bis drei Stunden zur Toilette, um das Blut abfließen zu lassen. Ich trinke dann ohnehin viel Kräutertee und stilles Wasser und könnte es nicht vergessen, ständig zur Toilette zu gehen.

Als ich mit der freien, »wilden« Menstruation begann, ging ich vorsichtshalber stündlich, sogar halbstündlich zur Toilette. Es war an einem Wochenende und ich konnte mich gut auf meine Empfindungen konzentrieren. Sonntags war ich experimentierfreudig und bin mit den Kindern in einen Park gegangen. Vorsichtshalber hatte ich mich mit einer Binde ausgestattet, falls ich nicht so schnell zu einer Toilette käme. Nach drei Stunden kündigte sich ein leichtes Kitzeln an, die ersten Blutstropfen. Ich spüre sie nicht als Druck. Es ist eine sehr leichte Empfindung. Es fühlt sich ab und zu etwas warm und feucht an, obwohl noch nichts zu sehen ist. Wahrscheinlich empfindet es jede Frau anders.

Du kannst wie ich Zeichen mit deinem Körper und deiner Weiblichkeit ausmachen, die du verstehst. Warum solltest du das Wirken des göttlich-weiblichen Prinzips in dir nicht zu deuten wissen? Der Kosmos ist nicht in unendlicher Ferne und nicht mit dem Verstand greifbar.

Vertraue darauf, dass deine Periode dir nicht als Bürde das Leben schwermachen will, sondern sich ganz unkompliziert und natürlich in dein Leben integrieren lässt. Es stört mich nicht, wenn ein winziger Blutstropfen in meiner Unterwäsche landet. Mir gefallen auch innovative Produkte und Ideen, die nachhaltig, natürlich und praktikabel sind. Moderne, sehr angenehm und unauffällig zu tragende Periodenunterwäsche aus Naturfasern soll es mit drei Tampons aufnehmen können, ohne sich feucht anzufühlen. Anders als bei störenden Binden, die mit Plastik und Klebefolie in der Tat seltsam riechen, nicht nur am Slip kleben bleiben und mehr einen Windelcharakter haben, können wir Frauen würdevollere Tage begrüßen und uns in edle Stoffe hüllen.

Du kannst also eine Lösung finden, wie du dich am besten unterstützen kannst während deiner Periode. Mach dir deine Tage so angenehm wie möglich. Geh zu Beginn öfters zur Toilette und entspanne dich. Aus jeder blutigen Anfängerin wird schon bald ein Profi.

Du kannst nur gewinnen, indem du dich sensibler auf deinen Körper einstellst.

Tipps für den freien, entspannten Flow

- **Wärme:** Gut ist ein warmes Badezimmer bzw. eine warme Toilette. Trage warme Socken.
- **Schönes Ambiente:** Wir können uns über Kleinigkeiten freuen. Selbst in die kleinste Toilette passt ein Teelicht, eine Duftkerze in feuerfestem Glas, ein Blümchen in einer Mini-Vase. Spare in dieser Zeit nicht mit solchen kleinen Aufmerksamkeiten. Es ist deine Verwöhnzeit. Meditative, stimmungsvolle, sanfte Musik kann von Vorteil sein.
- Atme über den Mund aus. Begleite das Ausatmen ruhig mit einem hörbaren Ton, Seufzen, Stöhnen, Brummen tiefer Töne, Chanten. Stell dir vor, wie sich dein Muttermund öffnet und das Blut, das sich in deiner Gebärmutter wie in einem Kelch angesammelt hat, abfließen kann. Lass deine Muskulatur ganz locker.
- Spüre, wie sich der Flow anfühlt. Spürst du Wärme und Erleichterung? Vielleicht fühlst du auch Neugier und bist erstaunt. Notiere deine positive Wahrnehmung. Lerne dich und das Wunder der Weiblichkeit kennen.
- Beobachte den Blutfluss, schenke dir Aufmerksamkeit. Das Blut fließt in Schüben, honigartig und wie in Fäden. Du merkst, wenn es nur noch ein Tropfen ist und kein Blut mehr nachfließt. Erst wenn sich wieder genug Blut angesammelt hat, öffnet sich der Muttermund und das Menstruationsblut fließt ab.
- Vielleicht fällt dir zu dem kosmischen Wunder in dir ein Bild ein, das du malen könntest (dabei geht es nicht um dein Können, sondern darum, dich positiv, liebevoll auf dich selbst einzulassen), oder du findest ein ansprechendes Göttinnen-Bild und kannst es in dieser Zeit öfters betrachten.

Den Flow bestimmen können

Um mein Blut bewusst fließen lassen zu können und einige Zeit zurückzuhalten, ist ein guter Beckenboden von Vorteil. Übe öfters, sanft deinen Beckenboden zu stärken und bewusst zu entspannen.

Der Beckenboden hält unsere Energie, wir sind nicht so schnell erschöpft und bleiben auch innerlich stabil, fühlen uns gehalten. Der Beckenboden hält das Blut und kann, wenn er gut funktioniert, entspannt und rasch das angesammelte Blut loslassen. Du kannst deinen Atem bewusst fließen lassen, den Atem anhalten, langsam oder schnell und mit Druck atmen. Wie das Blut fließen muss, so muss auch der Atem fließen, das ist keine Frage.

Sobald du deinen Beckenboden trainierst, kannst du mit dem Fluss des Blutes leichter umgehen, es länger zurückhalten und bewusst loslassen. Wenn du gerade auf der Toilette warst oder diese noch nicht sofort aufsuchen kannst, spanne deinen Beckenboden an. Setz Mula bandha, also zieh der Reihe nach die Muskulatur des Afters und der Genitalien zusammen und den Bauchnabel nach innen.

Optimal funktioniert ein Muskel, wenn er nicht nur anspannen, sondern entspannen und weich werden kann.

Verwechsle Stärke und Kraft nicht mit altem, vermännlichtem Denken. Der Beckenboden ist urweiblich und sollte sich nicht hart wie Stahl anfühlen.

Bekomme ein neues, weibliches Gefühl und eine Vorstellung von deinem Körper. Fühlst du, wie sich die Muskeln zusammenziehen und halten lassen? Du kannst beim Anspannen den Bauchnabel sogar etwas nach oben in Richtung Herz ziehen und halten. Lass wieder ganz entspannt locker, spüre die Wärme und samtene Weichheit deiner Muskulatur.

Atme ruhig aus, auch über den Mund, und lass die Muskulatur ganz weich werden, das ist ein wunderbares Beckenbodentraining, das du jederzeit üben kannst.

Der Beckenboden ist mit den Wänden und der Tür eines Raumes vergleichbar. Sie sollten stabil sein, damit sie Geborgenheit, Stabilität und Wärme vermitteln können. Die Tür sollte stabil, sicher und gleichzeitig flexibel sein, sich leicht öffnen und schließen lassen. Dabei sollte sich die Tür nicht unkontrolliert bei jedem Windstoß öffnen, sondern, wenn es gewollt ist.

Kundalini-Yogis lieben es, dem Beckenboden besondere Aufmerksamkeit zuteilwerden zu lassen, da so die Energie erhalten bleibt und erfreulich stark fließen kann. So wird nach jeder Übung die Beckenbodenmuskulatur angespannt, gehalten und bewusst entspannt.

Weitere Vorteile sind außer der Vermeidung von Gebärmuttersenkung, Inkontinenz etc. innere Stabilität, Ruhe und Gelassenheit, noch intensivere, sinnliche Gefühle!

Von Herz zu Herz – Beckenschaukel

Du kannst gemütlich im Bett oder auf dem Boden auf dem Rücken liegen und beide Füße aufstellen, dabei beim Ausatmen die Muskulatur wie einen Reißverschluss von unten (After, Genitalbereich, Unterbauch) nach oben Richtung Brustkorb ziehen, vom unteren Herzraum im Schoß zum oberen Herz im Brustkorb. Als wolltest du das Herz in deiner Beckenschale dem Herzen in deiner Brust entgegenbringen.

Dann atme ein, halte die Muskulatur noch angespannt, stell dir vor, wie die beiden Herzen sich verbinden. Lass mit dem Ausatmen die Muskulatur wieder locker, der Beckenboden entspannt, die Herzen lösen sich. Bemerke, dass sich beim Anspannen und Zusammenziehen der Beckenbodenmuskulatur der untere Rücken fest auf den Boden oder die Matratze drückt, beim Lockerlassen dagegen ein Hohlkreuz entsteht. Das Becken schaukelt beim Anspannen in Richtung nach unten, beim Lösen nach oben hin und her. Übe mehrere Male hintereinander, ca. 2 bis 3 Minuten. Die Beckenschaukel kannst du auch im Stehen machen. Steh dabei breitbeinig und etwas locker in den Knien.

Loslassen, immer wieder loslassen

An den stärksten Tagen könntest du öfters bzw. in kürzeren Abständen zur Toilette gehen, entspannen und das Blut fließen lassen. Kannst du dir vorstellen, den Fluss deines Blutes mit deinen Gefühlen zu verstärken? Dich in diesem Moment deiner Traurigkeit, Wut oder Verletztheit anzunehmen und sie zu fühlen?

Tauche dabei in das Gefühl ein, nicht in die Geschichten (»Er/sie hat das oder jenes gesagt/getan/nicht getan«). Lass dir Zeit und beobachte, wie sich das Fühlen verändert. Bleibt es stark, sodass dir die Luft wegbleibt? Atme tief und entspannt. Bleib weiterhin bei den Emotionen und atme tief aus. Achte darauf, ob sich etwas verändert. Beobachte das Blut, wie es fließt oder tropft und die Gefühle mitnimmt. Verändert sich etwas, indem dein Körper die schmerzhaften Gefühle »ausblutet«? Lass sie gehen, du hast sie sehr lange getragen. Vielleicht hast du sie sogar übernommen von deiner Mutter und die von ihrer Mutter.

Auch wenn es sich dabei um ganz intime Momente handelt, kannst du vielleicht auch während deines Alltags deine Gefühle loslassen, die trotz Arbeit, Stress, Anforderungen da sind und sich nicht einfach auf den Abend verschieben lassen. Wahrscheinlich fühlst du das, was gehen möchte, verstärkt am Abend, morgens gleich beim Aufwachen oder wenn du frei hast.

Den Prozess des Loslassens kannst du ganz bewusst erfahren und gedanklich begleiten. Denke oder sprich laut aus, was dir dazu einfällt, was du gerade emotional loslässt. Du kannst es auch allgemeiner formulieren:

»Ich bin bereit, alle Blockaden, die mich hindern, meinen Weg mit Leichtigkeit und Freude zu gehen und das Leben erfüllend zu erfahren, loszulassen.«

»Ich lasse alle Schwere und allen Ballast los, Gifte, Altes und alles, was mir nicht dienlich ist auf meinem Weg des Herzens. Ich lasse alles los (ob Übernommenes oder Eigenes), was nicht mehr zu mir gehört, zu meinem wahren Selbst.«

Sei frei und kreativ! Finde deine eigenen Formulierungen. Was dir als Erstes in den Sinn kommt, ist für dich das Richtige und will verabschiedet werden. Überlege nicht zu lange, sonst bist du wieder zu sehr im Kopf, dein Verstand könnte dann wichtige Impulse deines Unterbewusstseins zunichtemachen.

Flow-Check

Vielleicht möchtest du festhalten, wie viel Zeit zwischen dem Flow deiner Blutung liegt. Du könntest feststellen, dass du besonders am zweiten Tag nur alle zwei Stunden zur Toilette musst oder jede halbe Stunde. So lernst du dich und deine Gebärmutter richtig gut kennen und kannst dich auf deinen Blutungsrhythmus gut einstellen.

Ich gehe alle ____ Stunden zur Toilette. 1. Tag: alle ____ Stunden, 2. Tag: alle ____ Stunden, 3. Tag: alle ____ Stunden etc.)

Ich nehme meine negativen Gefühle an (Traurigkeit, Hilflosigkeit, Hoffnungslosigkeit etc.). Ich fühle _____

_____ und lasse los.

Ein kleines Tagebuch kann sehr hilfreich sein, um dir bewusst zu werden, welche Gefühle du zugelassen bzw. losgelassen hast. Vielleicht merkst du, dass sich deine Gefühle verändern, dass Schweres leichter wird. Es kann sein, dass schon bald ein Hoffnungsschimmer aufglimmt und sich lichtvollere, leichtere Gefühle andeuten.

Finde die positiven Qualitäten und Wünsche, mit denen du dich verwirklichen und die Welt beschenken möchtest. Beispiel: »Ich merke, ich darf neu anfangen. Ich habe hellere Gedanken und Gefühle. Bewusst kann ich mein Blut fließen lassen mit positiver Ausrichtung. Ich erschaffe in mir alles Leben, alles Lebendige. Ich erschaffe mit Liebe, mit Freude, mit Kreativität, Humor, Fantasie.«

Wenn du die Erfahrung gemacht hast, dein Mensblut frei und bewusst fließen zu lassen, was hat sich für dich verändert? Körperlich und emotional?

_____

_____

_____

Was hat sich im Außen verändert?

_____

_____

_____

_____

_____

Was konntest du durch deine bewusste Menstruation leichter verarbeiten und gehen lassen?

_____

_____

_____

_____

Welche positiven, liebevollen Gedanken und Wünsche kamen auf? Was verändert sich zum Guten?

_____

_____

_____

_____

Botschaften deiner Seele

Interessant und hilfreich ist besonders zum Ende der »Winterzeit«, ein Traumtagebuch an deinem Bett zu platzieren. Dein Unterbewusstsein kann dir in dieser Zeit durch deine verstärkte Intuition und Sensibilität leichter Botschaften senden und du träumst vielleicht intensiver.

Du könntest du schon vor dem Einschlafen eine Frage formulieren, die dich beschäftigt, oder deine Bitte an deine Seele, dein hohes Selbst.

Beispiele: »Wie kann ich besser mit … (das Problem benennen bzw. deine belastende Gefühlslage, zum Beispiel meiner Beziehung zu meinem Partner, Mutter, Chef etc.) umgehen?«, »Was sollte ich erkennen, damit ich mit … meinen Frieden finde?«, »Was brauche ich zu meinem Glück (beruflich, privat, finanziell etc.)?«, »Was kann ich ändern?«, »Worauf könnte ich meine Aufmerksamkeit richten, um Zufriedenheit zu erlangen?«

Bitte deine Seele, dir verständliche Botschaften zu senden. Am besten, du schreibst deine Erinnerungen an deine Träume sofort auf, sobald du die Augen aufschlägst, denn wenige Minuten später hast du womöglich das meiste vergessen.

Es gehört ein bisschen Übung dazu, seine Träume wahrzunehmen und sich zu erinnern, doch mit der Zeit klappt es immer besser. In deinen Träumen werden dir besonders markante Begebenheiten, Gegenstände, Tiere auffallen, das erleichtert die Traumdeutung. Je geübter du wirst im Erinnern, Aufschreiben und Recherchieren, desto leichter verstehst du deine eigene Traumsprache. Es hilft, einer Freundin oder einem Freund deinen Traum zu erzählen, denn oft haben andere einen sehr klaren neutralen Blick auf deine momentane Problematik und erkennen den Lösungsvorschlag deines Unterbewusstseins leichter als du selbst.

Ich habe beispielsweise von meinem Mann geträumt, von meiner Schwierigkeit, mit ihm zu kommunizieren, manchmal waren wir durch große Entfernung, Glaswände oder rauschende Flüsse voneinander getrennt. Oder ich träumte von einer Freundin, mit der ich Streit hatte, von der ich mich verletzt fühlte. Wir begegneten uns in gefährlichen Situationen, bedrohliche Tiere attackierten nur mich und ich konnte sie besiegen. Ich war in meinen Träumen auch sehr viel unterwegs, zu Fuß, mit dem Auto, manchmal konnte ich auch fliegen.

Noch beglückender empfand ich Essen, das auf mich wartete. In fast jedem Traum gab es kurz nach den Schwierigkeiten ein grandioses Büfett, an dem ich mich bedienen konnte. Meine Freundin Barbara deutete das vielfältige Essen als meine inneren, üppigen Gaben, meine Seelennahrung. Es war mir nicht bewusst, wie viele schöne Talente ich habe, die mich zufrieden und »satt« machen, wenn ich sie annehme, mich an ihnen erfreue und sie endlich nutze. Sie stellten für mich in vielen Träumen die Lösung meiner Probleme dar. Ich träume regelmäßig vom Essen, ohne auf Diät zu sein.

Die Träume lehren mich viel über mich selbst. Sie zeigen mir, dass ich sehr wohl mit Gefahren und Schwierigkeiten umgehen kann, obwohl ich mich im Wachzustand oftmals unsicher und schwach fühlte. Wenn es darauf ankam, konnte ich kämpfen, zu mir stehen und mich der Herausforderung stellen, trotz aller Ängste.

Die Weisheit der Steine

Mit einem Stein in der Tasche oder als Anhänger getragen erinnern wir uns an unsere unzerbrechliche, ungezähmte Kraft und Weisheit, die alle Krisen überdauern.

Der urweiblichen Kraft, der dunklen Göttin, die diese unverletzten Kräfte verkörpert, sind besonders die dunklen Steine gewidmet.

Schwarze Steine sind das Symbol der weisen, unerschrockenen Weiblichkeit und der Göttin, die dich mit deinen Wurzeln und deiner Wahrhaftigkeit verbindet. Nutze in aufwühlenden Zeiten einen Stein als Begleiter.

Du kannst ihn auch unter dein Kopfkissen legen und ihn bitten, dir mehr Klärung, Stabilität und Weisheit zu schenken. Leg den Stein bei Vollmond zum Ent- und Aufladen nach draußen. Entladen kannst du deinen Stein auch unter fließendem Wasser oder indem du ihn in die Erde legst. Danke ihm, dass er deine Belastungen übernommen hat und an die Erde abgibt, die unsere Schwere wandelt.

Die Feuerfrau

Sehr lange war die feurige Energie nur den Männern als Qualität vorbehalten. Frauen durften ihr Feuer nur leben, indem sie Heim und Herd behaglich warmhielten und eventuell im Schlafzimmer die feurige Geliebte mimten.

Das starke weibliche Feuer verhieß nichts Gutes für die alten Strukturen. In seiner Wildheit bedeutete das Frauenfeuer Veränderung! Es klärte, tobte und schuf den Boden für Neues. Die Feuerfrau war vollkommen frei, leidenschaftlich, aktiv und brannte kraftvoll für ihre Bestimmung und ihre sinnliche Lust. Sie liebte frei, was und wen sie wollte.

Mit der Rückkehr zu unserer wahren Essenz der Weiblichkeit erinnern wir uns an unser inneres Feuer, an diese nahezu unermesslich starken, wilden Kräfte, an die Kreativität, Zähigkeit und die unerschütterliche Ausdauer, zu der uns die Leidenschaft antreibt. Die Menschheit gäbe es nicht ohne uns Frauen, die so selbstlos dienen können, vor Liebe und Hingabe dauerhaft brennen. In Wahrheit ist die Frau das starke Geschlecht. Müssten Männer jeden Monat bluten, mit den Tiefen der Emotionen zurechtkommen und mit den anspruchsvollen vielfältigen Aufgaben, die weder angemessene finanzielle noch gesellschaftliche Anerkennung einbringen, hätten die meisten schon längst das Handtuch geworfen.

Die weibliche Kraft kann durch ihre Liebesfähigkeit über Grenzen gehen, durchhalten und große Opfer bringen, nicht nur in einer Schwangerschaft und bei der Geburt neuen Lebens, das die größte körperliche und emotionale Herausforderung im Leben einer Frau ist.

Frauen haben diese wärmende, nährende Energie, wie ein inneres Feuer, das nie ausbrennt, und gleichzeitig die transformierende hitzige Kraft, lustvoll Neues zu schaffen.

Feuerfunke

Einst hat sich unser Seelenfeuer, nenn es »göttlicher Funke«, im Schoß unserer Mutter eingefunden, zunächst nur als schlagendes Herz erkennbar. Durch ihre Hingabe und Liebe durften wir ins Leben eintauchen.

Was wir aus dem Abenteuer unseres Lebens machen, liegt allein an uns. Ob wir glauben, wir seien nicht willkommen, vollkommen oder gut genug, ist für unser inneres Feuer nicht von Bedeutung, denn es brennt wahrhaftig. Und im Gegenteil: Hindernisse, Enttäuschungen und Wunden fachen das Feuer nur weiter an!

Wenn wir fallen, dann nur auf den Nährboden unserer eigenen weiblichen Kraft und durch unsere Wunden scheint unser Licht. Unsere Narben leuchten in den Farben unseres inneren Feuers rot, werden bläulich und lila, bis sie immer mehr reines Licht hell durchscheinen lassen.

Ursprung aus der Weiblichkeit

Erinnere dich, alles Leben, alle Schöpfungen gehen aus dem ursprünglichen weiblichen Prinzip hervor. Selbst das Männliche wird aus dem Weiblichen geboren und ist zunächst ursprünglich weiblich. Erst nach sieben bis acht Wochen kann sich der Embryo zum männlichen Geschlecht hin entwickeln und nicht umgekehrt. Kein lebendiges Wesen kann aus der männlichen Rippe erschaffen werden. Mit der Erkenntnis unserer Wurzeln in der Weiblichkeit nähren wir unser Feuer!

 Das Feuer folgt der inneren Wahrheit und verlangt Authentizität.

Ohne das Wissen um unsere Essenz fehlt es uns an Halt und Energie, um Ziele in Angriff zu nehmen, wir laufen eher Gefahr, uns hinter unsinnigen Konditionierungen zu verkriechen, statt unsere Vielfalt und Ursprünglichkeit frei auszuleben. Das Weibliche setzt keine Normen. Es wächst in die Weite der Möglichkeiten, energetisiert durch das Feuer seiner Bestimmung.

Wir Frauen dürfen selbstbewusster, freier und offener sein, brauchen unsere kostbare Energie nicht mit unsinnigen feministischen Wortschöpfungen vergeuden, denn im Ursprung ist ohnehin alles weiblich.

Wenn ich meine Weiblichkeit gänzlich lebe, brauche ich keine äußerlichen Extras. Man muss mich nicht in jedem Satz »Kundin«, »Kollegin«, »Lehrerin« nennen, wenn es umständlich und zeitraubend ist. Ich weiß doch, dass ich eine Frau bin! Wichtiger ist, dass ich als solche nicht nur betitelt, sondern respektiert und angemessen behandelt werde.

Was nützt mir beispielsweise das Wort »Kundin«, wenn ich für einen Haarschnitt und eine Gesichtscreme mehr bezahle als ein Mann? Wie hilfreich ist es, Ingenieurin oder eine andere »-in« zu sein, wenn ich in der Männerwelt nicht für voll genommen werde, weniger Aussichten auf einen Job und eine gehobene Stellung habe, weniger Geld verdiene als meine männlichen Kollegen und nicht nach meiner weiblichen Konstitution, meinen Bedürfnissen, meiner Façon leben kann?

Was nützt mir all die Heuchelei, wenn ich mich dennoch nach überkommenen patriarchalen Regeln richten muss, die das Weibliche, unseren Ursprung und unsere Identität, schlechtmachen und uns, weil wir »nur« Frauen sind, auf ein Abstellgleis schieben oder in eine »Armuts-« oder andere Abhängigkeitsfalle bringen. Gegen übermächtige Gewalt hatten wir nie eine Chance. Das war das verdrehte männliche Prinzip, das ohne seine Verbindung zur Weiblichkeit aus seiner beschützenden ursprünglichen Kraft und Bestimmung gefallen ist.

Die Feuerkraft schafft Neues

Aber all das interessiert nicht die Feuerkraft in uns! Sie brennt alles Alte, Untaugliche nieder, ohne Bedauern. Sie ist ohne Angst und dem turbulenten Chaos, dem Tod, dem Loslassen nah, weil sie den notwendigen Wandel zum Neuen einleitet.

Die Feuerfrau kümmert sich mit ihrer Herzenswärme um das Wohl anderer, aber sie opfert nicht ihre Träume. Sie lässt sich nicht ihrer Energie, ihrer Bestimmung und ihrer Selbstliebe berauben. Wie könnte sie das, da sie selbst die Liebe ist?

Leben wir unsere Träume, Bedürfnisse, unsere Wahrheit nicht aus, halten wir sie unter dem Deckel der Anpassung, Ängste oder Bequemlichkeit, laufen wir Gefahr, innerlich auszubrennen und unseren inneren Funken zu ersticken.

Die weibliche Kraft muss von uns vollkommen »erkannt«, geachtet und ausgelebt werden, brennen dürfen, sonst wird sie zur Qual für uns und andere. Man spielt nicht mit dem Feuer, man lässt es auch nicht unbeachtet glimmen! Dann explodiert unsere Wut, die uns über unsere Grenzen schleudern will, oder unsere Angst, die jegliche Lebensfreude und Kreativität erstickt. Wenn wir unser Feuer, unsere Leidenschaft nicht nähren, sondern uns nur nach anderen richten, uns selbst kleinmachen, dann schwächen wir unseren inneren Antrieb. Sobald wir uns wieder Luft verschaffen und unserem Feuer Nahrung geben, lodern die Flammen erneut aus der Glut auf.

Die Feuerfrau brennt, tanzt ihren Fackeltanz und schüttelt alles ab, was keine Seele hat!

Niemand kann sie aufhalten, etwas zu tun, für etwas zu brennen, wonach sie sich sehnt. Das kann nur sie selbst.

Feuergöttinnen – Lichtbringerinnen

Es gibt zahlreiche Feuergöttinnen, die die wahre weibliche Natur verkörpern und uns Frauen zu einem besseren Verständnis unserer eigenen Weiblichkeit verhelfen können. Die Göttinnen durften einst all ihre Seiten zeigen. Sie waren alles andere als nett und brav, dafür aber voller Liebe, Hingabe, Weisheit und Kraft.

In unserer Region verehrte man Brigid, die keltische Göttin des Lichts, Feuers und Frühlings. In Irland ist sie noch als Urmutter lebendig, die das Lebensfeuer hütet und als weibliches Wesen vielfältige Aufgaben ausfüllt. Sie ist die Göttin der Weisheit, Heilung und Wahrheit, der Künste und aller Neuanfänge. Die Feuergöttin bringt Licht in die Dunkelheit und entzündet das Leben.

Bei jeder Geburt und jedem Neubeginn ist sie anwesend. Da sie alle ur-weiblichen Aspekte verkörpert, kennt man sie auch als »dreifache Göttin«. Brigid ist nicht nur die weiße Frühlingsgöttin, sie sendet auch die volle Kraft des Lichts im Sommer als Sonnengöttin und trägt ebenso den dunklen, sterbenden Winteraspekt. Ihr Symbol ist das Symbol der Triskele in Form von drei offenen Spiralen. Noch heute feiert man Ende Januar, Anfang Februar das keltische Lichterfest Imbolc zu Ehren der Feuergöttin, wenn nach der Wintersonnenwende das Licht Dunkelheit und Kälte überwindet. Das Christentum hat die weibliche Urkraft des Feuers nicht gänzlich ausmerzen können und so durfte wenigsten Maria mit der »Lichtmess« diese Feier übernehmen.

Eine weitere bekannte Göttin des Feuers, der wir uns nähern könnten, ist die hawaiianisch-polynesische Vulkangöttin Pele. Sie verkörpert die weibliche leidenschaftliche Urkraft, die in jeder Frau als heller Funke leuchtet und immer dann zu einem großen Feuer auflodert, wenn es Mut, Kompromisslosigkeit, Kreativität und Herzenswärme für die Befreiung von Altem und einen Neubeginn braucht.

Das innere Feuer einer Frau brennt stark und entfacht sich immer wieder neu, wenn sich die eigenen Träume vehement melden und verwirklicht werden wollen. Dann kann Pele vor Zorn glühen, zu hitzigen Wutausbrüchen neigen, längst Überfälliges zur Sprache bringen, »flammende« Monologe halten, sie muss das Aufgestaute und »Verfaulte« niederreißen und den Boden für Besseres vorbereiten. Sie folgt unbeirrt ihrer Leidenschaft. Dabei lässt sie sich nicht aufhalten.

Pele fügte sich nicht den Wünschen ihrer Eltern oder anderer Autoritäten, die sie als Wassergöttin sehen wollten. Pele »brannte« durch und folgte mit ihrer Sehnsucht dem Feuer, das sie begeisterte, belebte und ihr Herz erwärmte.

Wir sind wie Pele, wie jede Feuergöttin, »ganz Frau«, wenn wir unsere ursprüngliche Kraft wahrnehmen und uns für unsere Herzenswünsche einsetzen. Dafür brennt unser inneres Feuer und lässt uns intensiv Lebensfreude, Begeisterung, Kreativität spüren. Doch noch tun wir uns schwer, aus unserer Konditionierung auszubrechen und die unbequeme, zerstörerische Seite des Feuers zu akzeptieren.

Die Feuerfrau hat keine Probleme mit ihrer freien, machtvollen Wildheit. Sie verkörpert die anziehende junge Schönheit, die Amazone, Rebellin und Pionierin, die mit feuriger Leidenschaft, auch sexueller Lust und Freiheit, das Leben intensiv auskostet, Neues verwirklicht, sich nicht begrenzen lässt. Sonst zeigt sie ihr zweites Gesicht: die mürrische Alte, die kein Blatt vor den Mund nimmt. Sollte man sie missachten, ihre Freiheit einschränken, kann sie aufbrausend und jähzornig werden. Sie lässt sich nichts gefallen.

Die Alte, der Feuerdrache, weiß alles besser und macht keinen Hehl daraus! Sie kennt die transformierende, klärende Kraft des Feuers so gut, dass diese unbändige Kraft zu ihrer eigenen Natur wurde. Oft genug hat sie sich selbst gewandelt, verändern müssen, verbrannt, Unnützes erkannt und vernichtet.

Wofür brennst du?

Mach dir bewusst, dass es dich als Feuerfrau nicht »dosiert« geben kann und zurechtgestutzt nach den Wünschen anderer. Dein inneres Feuer brennt für dich und deine Bestimmung. Wofür begeisterst du dich? Was lässt dich unermüdlich wach bleiben und weitermachen, obwohl du eigentlich zu müde bist, zu wenig Zeit hast, niemand dich verstehen kann oder es andere Hindernisse gibt, die deiner Sehnsucht Steine in den Weg legen? Schreib es dir auf!

Wir Frauen hüten allerdings nicht nur das »innere« Feuer, wir sind auch Meisterinnen der Selbstsabotage. Auf dem Weg zur Verwirklichung unserer Herzenswünsche bremsen wir uns selbst aus! Ständig halten wir den Deckel auf die Flammen, die uns Angst machen. Wir müssten eine Schwelle überschreiten, unsere vermeintlich sichere Komfortzone verlassen, die uns nichts mehr spüren lässt. Wir wissen nicht, ob das Neue besser wird. Ja, die Lust auf etwas Neues mag in uns glimmen, aber wenn die Angst größer ist, dann bleiben wir gefangen wie in einem Käfig.

Die urweibliche Wildheit lässt sich jedoch nicht einschüchtern, sie verbindet dich mit deinem Seelenfeuer und dem Feuer deiner Kreativität. Aber sie fordert absolute Ehrlichkeit mit dir selbst. Daher ist die Feuergöttin Brigid auch die Göttin der Wahrheit. *Unsere innere Flamme braucht deine innere Klärung, das Aufspüren deiner Widersprüchlichkeiten.*

Du sehnst dich nach Liebe und liebst dich nicht, verzeihst dir nicht kompromisslos alles. Du möchtest dich verwirklichen und erfolgreich sein, bist aber nicht frei von ständigen Zweifeln und Ängsten, greifst dich selbst an und begrenzt dich, deine Möglichkeiten und deinen Selbstwert. Du möchtest um deinetwillen geliebt werden, doch du zeigst dich nicht so, wie du bist. Du willst schön sein, erkennst aber nicht deine vorhandene Schönheit an, sondern strebst nach einer toten Schablone. Schreib deine Wünsche und gegensätzliche Verhaltens- und Denkweisen auf! Die Liste deiner Lügen ließe sich endlos fortsetzen. Verbrenne sie!

Freunde dich stattdessen mit den unbequemen wilden Seiten an, die du bisher nicht gelebt hast. Von vielen Menschen hört man: »Als Kind war ich ganz anders! Ich war laut und wild!« Dieses Kind, dein Feuerkind, gibt es noch immer. Es wartet darauf, dass du dich erinnerst und es in dein erwachsenes Leben holst, denn jetzt bist du frei und die Zeit ist reif.

Feuerkind, sing! Feuerkind, tanz!

Unser Feuerkind, der Lichtfunke in uns, ist unverletzt. Im ewigen Sommer, im Süden wartet es auf unsere gereifte Frau, die sich wieder aufgerichtet hat und durch die Liebe in ihre Kraft gegangen ist. Sie nimmt das Feuerkind liebevoll an die Hand und gemeinsam laufen sie los über lichte Wiesen. Sie springen, tanzen und feiern das bunte Leben, sodass die Funken sprühen.

Als Kind hatte ich unbändige Fantasie. Ich liebte es, meine Kreativität auszudrücken, ich malte mit Begeisterung Bilder, erfand und schrieb Geschichten mit Happy End. Ich legte draußen in der Natur Blütenmandalas, die ich dann zerstören musste, weil es für die Erwachsenen nur »ein Haufen Schmutz« war. Ich verbrachte viel Zeit in der Natur, begleitet von meinem großen Hund.

In der Schule war ich nicht das beliebteste, hübscheste Mädchen, aber ich liebte es, mich so unverstellt auszudrücken, wie ich war. Ich bekam nicht die begehrte Rolle der Prinzessin in der Aufführung, ich musste die Vorleserin sein, weil ich so schön lesen konnte. Ich musste abseits in einer Ecke sitzen, als würde ich nicht dazugehören. Mein Feuer wollte sich aber ausdrücken, ich liebte das Theater! Ich wollte unbedingt auftreten wie alle aus meiner Klasse und was hätte es geschadet, wenn wir Kinder uns beim Lesen abgewechselt hätten? Hartnäckig erkämpfte ich mir eine kleine Rolle als Wächter einer Burg, da ich als Erzählerin eine Pause hatte. Mein alleinerziehender Vater unterstützte mich in solchen Momenten nach Leibeskräften. Viele Männer werden aktiv und verstehen die Feuerkraft, die ihnen selbst so nah ist. Meine Mutter lebte auch ihre männliche Seite, sie reiste und arbeitete viel im Ausland. Sie gab mir in den seltenen Momenten, wenn wir uns sahen bzw. sie wieder ging, das Gefühl, ich sei stark, frei und könnte alles schaffen! Das war für eine Frau wohl sehr ungewöhnlich. Mein Vater hielt mich auch für innerlich stark und mutig.

Er stattete mich für meinen Mini-Auftritt mit einer Peitsche und antiken Waffen wie Krummsäbel, zwei Pistolen und einem Gewehr aus. Ich war sehr dünn und klein, konnte das Gewicht des rasselnden, verrosteten Zeugs kaum tragen, das er mir in Windeseile an die Hose band und in die Arme drückte.

Ich setzte mich darüber hinweg, nur Statistin zu sein, stolperte in den Mittelpunkt der Szene, verlor schier meine Hose, da das Waffenarsenal so daran zog, und schrie laut »Halt, wer da?«, da mein Vater mir versicherte, das Ganze sei nur mit diesem militärisch-kraftvollen Ausruf authentisch. Das Publikum tobte vor Begeisterung und lachte Tränen! Meine Lehrerin fand mich unmöglich, meine Freundinnen, eigentlich alle Mädchen, hielten mich für komisch und doof. Die Jungs wollten unbedingt mit glänzenden Augen meine Waffen berühren und fanden mich außerordentlich toll. Ich fühlte mich unverstanden, vor allem hatte ich mit meiner Freundin ein Problem, dabei hatte ich mich nur verwirklichen wollen.

Es war nicht so, dass ich dadurch anderen schadete, ihnen eine Rolle wegnahm, schon gar nicht den Hauptdarstellern. Meine beste Freundin hatte die Hauptrolle und sprach zwei Wochen lang kein Wort mehr mit mir. Sie warf mir vor, ich hätte mich unerlaubt in den Vordergrund gedrängt und wäre völlig aus meiner Rolle gefallen, die Schweigen und Unsichtbarkeit erforderte. Meine erste Freundschaft bekam Risse. Ich merkte, dass sie mir nicht die Aufmerksamkeit gönnte wie ich ihr in ihrer Hauptrolle. Ich freute mich für sie und hörte sie stundenlang mit ihrem Text ab, den sie verbissen auswendig gelernt hatte. Sie konnte mir nicht einmal eine winzige Minute und einen Satz zugestehen in einer über einstündigen Aufführung. Ich verärgerte mit meiner Ausdrucksfreude andere, von denen ich dachte, sie seien meine Freunde. Wie konnte das sein? Ich wurde nicht gemocht, so, wie ich war, und fühlte mich allein. Mein Feuerkind mit seiner unbändigen Freude, Kreativität und Ausdruckskraft musste sich mehr und mehr wie Peter Pan auf eine Insel zurückziehen.

Mit der Pubertät verstärkte sich mein Gefühl, mich verleugnen zu müssen, nur um in einer Clique einigermaßen mitlaufen zu dürfen. Das tat ich aber nicht. Ich fand stille, nachdenkliche Freundinnen, mit denen ich aber nicht meine Abenteuerlust ausleben konnte, wenn wir in kleinen Grüppchen zu zweit oder zu dritt unterwegs waren. Denen war ich dann zu albern oder zu verrückt. Aber zu den Mädchen, die »in« waren, wollte ich schon gar nicht. Das wäre auch nicht möglich gewesen, ich hatte keine coolen Klamotten, meine Brüste ließen ewig auf sich warten, und ich sah viel jünger aus, als ich war. Das ist heute wunderbar, aber als 15-jähriger Teenager will man nicht wie 12 aussehen.

Die Mode der Achtzigerjahre mit den enormen Schulterpolstern, Sweatshirts und weiten Hemden hüllte meine zierliche Figur ein wie mit unförmigen neonbunten Säcken, ich war mir völlig unschlüssig, ob das jetzt von Vorteil war oder nicht. Ich fühlte mich nicht wohl in dieser Zeit. Ich litt unter Unsicherheiten und wollte mich einerseits verstecken, andererseits verlangte mein Feuer nach Ausdruck.

Ich wusste, ich entsprach nicht dem gängigen Schönheitsideal, und ich besaß schon gar nicht die Überlegenheit und Coolness eines »It-Girls«. Bestimmt war ich auch neidisch, aber niemals hätte ich mich hergegeben als fünftes Rad im Gefolge einer oberflächlichen, unsozialen »Tussi«, lieber kaute ich allein mein Pausenbrot und schaute in die Wolken! Ich begriff schon damals, dass manche Mädchen und Frauen den Archetyp der Königin mit ihrem egoistischen, gierigen Diva-Gehabe mit Füßen traten und sich zur »Drama-Queen« wandelten. Genauso wusste ich, dass ihr Gekicher keine echte Fröhlichkeit war oder ihr Ehrgeiz nichts mit dem inneren Feuer der Begeisterung zu tun hatte. Mit den Jungs, mit denen sie zusammen waren, spielten sie kurzzeitig, bis sie von ihnen gelangweilt waren oder solange sie von ihnen profitieren konnten. Sie ließen sich Hausaufgaben und Geschenke machen, einladen und überall rumkutschieren. Je mehr Jungs diesen Mädchen hinterherrannten, desto größer war ihr Ansehen, das sie sichtlich genossen.

Ich fragte mich, ob ich mich darüber aufregen sollte oder auch gern so umschwärmt wäre, entschied mich dann aber dafür, dass es mir egal sein sollte. Ich hatte mein Feuer auf Sparflamme reduziert, aber es war noch immer da! Bei Bedarf konnte ich es zu einer Feuersbrunst auflodern lassen.

Bald wurde in den Cliquen und auf den Partys Alkohol getrunken. Der Spaß, den plötzlich alle hatten, auch später, wenn gekifft wurde, war mit dem Spaß eines echten Feuers nicht im Mindesten vergleichbar. Es war eher das Gegenteil und brachte mich weiter weg von meiner Essenz. Ich sah die Auswirkungen schon von klein auf bei meinen Eltern, ihrer exzessiven Alkoholsucht würde ich nicht folgen.

Ich konnte meine inneren Funken wie mit einem Regler hochfahren und ekstatische Energie fühlen, tanzen, ich konnte still werden und staunen und den Regler dimmen, mich zurückziehen und schützen. Aber ich fühlte mich allein und einsam. Ich hatte nicht den Eindruck, irgendjemand sei so wie ich.

Ich hatte natürlich viele Ängste und Verletzungen, die mich einerseits ausbremsten und andererseits trotzig motivierten, meinen Platz zu finden. Aber ich war mir eigentlich sicher, es gäbe keinen für mich. Heute weiß ich, jeder hat seinen Platz mit seinem ersten Ja, seinem ersten Atemzug auf der Erde eingenommen, ganz unabhängig davon, wie die Eltern oder das Umfeld diese Wahrheit anerkennen und unterstützen. Wir haben uns selbst in dieses Leben geboren und tun es immer wieder.

Immer wieder lassen wir unser Feuer auflodern und brennen, hell wie die Sonne!

Ritual des Feuerkindes

Zünde ein Feuer an. Vielleicht hast du einen Feuerkorb oder eine Feuerschale. Es gibt auch kleine Feuerschalen für Innenräume. Zur Not kannst du auch viele Kerzen anzünden, allerdings siehst du dann den Tanz der Flammen weniger. Stell eine Schüssel oder einen Eimer Wasser für den Notfall bereit.

Es gibt das wunderbare Lagerfeuer-Lied »Fire Child«, das kannst du singen und das »Wesen« des Feuers, das noch immer in dir brennt, beobachten und seine Wärme fühlen. »Feuerkind, sing, Feuerkind, tanz! Feuerkind, du bist mein! Kleine Flamme, kleine Flamme, zünd mein Feuer jetzt an!«

Lade dein Feuerkind zu dir ein. Versprich ihm, mehr Zeit mit ihm zu verbringen. Mach es wahr! Sei Feuergöttin und Göttin der Wahrheit. Tu, was dich in deiner Kindheit begeistert hat.

Wenn ein kleines Feuer auf dem Boden brennt, dann spring darüber. Spring über die Schwelle zu deinem Feuerkind! Schrei laut: »Feuerkind!« Dann nimm es gedanklich an die Hand und spring mit ihm gemeinsam über das Feuer. Rufe jedes Mal laut, was du jetzt feurig leben willst, wofür du brennst!

Das macht dein Feuerkind lebendig: Hüpfe, johle laut, kichere wie eine Hexe, verkleide dich, stampfe auf, mach Unfug!

Spiele wie ein Kind, schau nicht auf die Uhr. Mach Picknick auf dem Fußboden, baue ein Zelt, mal dich verrückt mit Farben an, setz dir eine Krone oder einen komischen Hut auf, steck dir eine Feder, einen Blumenkranz oder Zweige ins Haar.

Mach was Verrücktes! Laufe rückwärts, sag das Gegenteil von dem, was du sagen möchtest, bleib wach, wenn du müde wirst, werde kreativ, sei besonders nett zu Menschen, die du nicht leiden kannst, mach ihnen ein Geschenk. Erinnere dich, was du als Kind später mal tun wolltest, was du werden wolltest, und verwirkliche es.

Trau dich, als gäbe es für dich kein Morgen!

Spüre, dass du mit der Rückkehr deines Feuerkindes zu deiner Freude, Energie und Lebenslust findest. Deine Feuerfrau hat noch andere reife, klärende, erneuernde Qualitäten. Aber mit beiden bist du vollständig in deiner Kraft und kannst deiner Verwirklichung mutig folgen, trotz aller Ängste.

Freiheit und Neuanfang

Finde heraus, ob du dich im Laufe deines Lebens doch etwas getraut hast, was schon lange deine heimliche Leidenschaft war.

- Von was hast du dich befreit?
- Wo war dir deine Identität wichtiger als Zugeständnisse, mit denen es dir nicht gut ging?
- Wo bist du über deine Angst hinausgewachsen?
- Was war das eindrucksvollste Erlebnis deiner Befreiung oder Veränderung und wie hat sich das Feuer in dir angefühlt?

Tanja: »Dass ich mit 50 das Reiten begonnen habe, mein heimlicher Traum, war für mich ein Wagnis. Ich habe mich über meine Angst hinweggesetzt, mich als »Älteste« zu blamieren zwischen den Mädchen. Ich erlebe seitdem eine unglaubliche Befreiung, ungezügelte Lebensfreude, einfach eine unbeschreibliche Kraft! Das ist es, was ich mir zurzeit am meisten wünsche und wirklich brauche!«

Angela: »Ich bin stolz auf mich, dass ich trotz meiner Verletzungen in der Kindheit mein Leben gut gemeistert habe. Ich hatte durchgesetzt, das Gymnasium besuchen zu können und zu studieren. Ich bin jetzt siebzig und ich bleibe auf meinem Weg! Ich habe nicht aufgehört, schamanische Arbeit und Ausbildungen zu machen und mich von meinen Ängsten zu befreien, obwohl mein Mann über meine alternativen Methoden entsetzt und wütend war.«

Katja: »Ich hatte schon viel geschafft, besonders beruflich. Im Management hatte ich mir als einzige Frau eine Stelle in führender Position erkämpft, und das als zweifache Mutter. Eigentlich wollte ich nur meinen Vater stolz machen, das erkannte ich erst nach meinem Burn-out. Ich war sieben Wochen allein auf Reisen und Selbstfindung – das war meine Befreiung!«

Claudia: »Jahrelang hatte ich mich wegen der Kinder nicht von meinem Mann getrennt, dabei war er nie für die Kinder da. Wir litten alle unter seiner Alkohol- und Spielsucht. Ich versorgte die Familie, ging arbeiten, machte den Haushalt und er machte nur Schulden, schrie uns alle ständig an. Irgendwann packte ich seine Koffer und seine Kisten, als er wieder mal tagelang weg war, brachte die Sachen in die Einliegerwohnung seiner Eltern und ließ das Schloss unserer Wohnung austauschen. Ich habe seine Schulden übernommen und bin dennoch frei. Diesen Sommer war ich mit den Kindern zelten am Meer! Ich bin so stolz auf mich.«

Symbole des Neubeginns

Finde ein Symbol, Krafttier oder ein Mantra, das dich an deine lichtvolle Urkraft erinnert, das Feuer, das Altes und Hinderliches zerstört und das immer wieder neu entfacht wird, sodass du mutig und entfesselt neue Ufer beschreiten kannst.

Zum Beispiel symbolisiert der Lavastein den Neubeginn, die Sonne das Licht und das Schwert die Befreiung von Abhängigkeiten und Schutz. Die Frühlingsgöttin benutzt ein Schwert, mit dem sie das Dunkle und Erkaltete verdrängt, aber auch die Funken in die Erde bringt. Was immer dir als Symbol, vielleicht in den Flammen oder in deinen Träumen erscheint, gehört zu dir.

Die Katzenfrau

Selbst wenn wir das unbändige Mädchen in uns wieder mehr und mehr in unser Leben holen, ist es nicht leicht, die Feuerfrau in uns zu erwecken. Sie ist ein kompliziertes Wesen, das nicht gefällig ist. Wie eine Katze macht sie, was sie will. Von einer Katze können wir viel über das ursprüngliche Wesen einer Feuerfrau lernen. Wir wissen, dass ihr kompromissloses Wesen nicht beliebt ist, und wir sehnen uns doch so sehr nach Liebe. Dabei suchen wir an der falschen Stelle.

Dort, wo wir uns bisher abgemüht haben, ist keine Liebe zu finden. Die Feuerfrau und die Katze wissen das. Sie sind sich selbst genug. Rückschläge lassen sie nicht verzagen, sie landen immer wieder geschmeidig auf ihren Pfoten. Sie lassen sich nicht erziehen oder bestechen. Eine Katze ist aktiv, sie ist eine geschickte Jägerin und bekommt, was sie will. Sie holt sich Streicheleinheiten, wann sie sie möchte. Sie fährt die Krallen aus, wenn ihr etwas nicht passt, so sehr sie den Menschen auch liebt. *Sie macht immer, was sie will!*

Mit negativen Energien macht sie sich einen Spaß, hält sie aber von ihren Lieben fern. Sie ist nicht umsonst das Haustier, der gute Geist der weisen Frauen, der Hexen.

Die Katze – Energie und Entspannung

Leg eine ein Matte auf den Boden. Geh in den Vierfüßerstand. Du kannst die Katze auch genüsslich im Bett machen und dich dehnen. Die Katze macht dich wieder geschmeidig und anmutig, beseitigt Verspannungen im Rücken. Wie es für uns Frauen üblich ist, ist die Katze vielseitig, sie schenkt neue Energie und gleichzeitig Entspannung. So funktioniert das weibliche Prinzip. Deine Kraft gewinnst du aus der Entspannung.

Deine Hände sind unter den Schultern, stell deine Knie etwas breiter und stabil auf. Runde mit dem Ausatmen deinen Rücken wie einen Katzenbuckel, nimm dein Kinn in Richtung Brustbein. Einatmen, Ausgangslage oder Hohlkreuz, Kopf geht ins Genick. Runde beim Ausatmen wieder deinen Rücken, zieh den Bauchnabel nach innen und die Beckenbodenmuskulatur zusammen. Entspanne beim Einatmen.

Übe so lange, wie du Lust hast, dehne und strecke genussvoll deinen Rücken. Werde geschmeidig und kraftvoll wie eine Katze!

Sei die, die du jetzt bist!

Es braucht oft einen langen Atem, viele Erkenntnisse und Erfahrungen, leider auch Verletzungen, bis dein Feuer unaufhörlich brennt. Kein Windstoß kann es löschen, sondern entfacht es nur noch mehr.

Irgendwann kennst du dich gut. Du weißt, was du nicht mehr persönlich nehmen musst, und hast deine Schwachpunkte, deine Wunden in deiner eigenen Fürsorge und Achtsamkeit. Was wirklich zählt: Wer bist du jetzt, in diesem Augenblick? Wer willst du sein? Das bist du bereits.

Lass die Vergangenheit verglühen wie eine Kerze, das Holz des letzten Feuers. Zünde jetzt ein neues, frisches Feuer an, größer und eindrucksvoller als bisher!

In der Vergangenheit hast du die für dich wichtigen Erfahrungen gemacht, und jetzt gewinnst du entscheidende Erkenntnisse. Es ist nicht wichtig, wer du warst, welche Abschlüsse du hattest, welchen Beruf und welchen Partner. Dein Bankkonto zählt genauso wenig wie deine Diplome, Kündigungen, Misserfolge, ob du Modell oder hässliches Entlein warst. Du bist hell strahlend in diesem Universum, auf diesem Planeten!

Löse dich aus den Abhängigkeiten der Vergangenheit, egal ob es Erfolge oder Demütigungen waren! Du hast keinen Einfluss mehr auf die Geschehnisse, sie sind nicht mehr als der Rauch des letzten Feuers. Aber jetzt kannst du in deine Kraft gehen und dein Feuer aufleuchten lassen.

Erkenne, dass du auch einen Weg des Lichts mit vielen Erfahrungen gehst. Es braucht Zeit, um die Magie und das Wesen deines inneren Feuers zu begreifen, damit es zur eigenen Natur wird.

Es hilft, die Vergangenheit im Licht der Reife, der Erfahrung dankbar loszulassen und dir immer wieder ins Gedächtnis zu rufen, was dich glücklich und froh in deiner Jugend gemacht hat und was dich heute immer noch begeistert. Was hast du vielleicht vor einigen Jahren vergessen, das aber heute sogar mehr Leidenschaft hervorruft, seit du dich wieder daran erinnerst? Dann zählt es zu deiner Bestimmung, und dafür ist es nie zu spät.

Wolltest du schon immer Ballerina sein, bist jetzt aber über dreißig? Such trotzdem eine Ballett- oder Tanzschule. Vielleicht findest du Gefallen an einem Step- oder Flamenco-Kurs oder an etwas anderem. Es ist möglich, dass du plötzlich etwas noch viel Besseres findest, etwas, das dich mitreißt und deine große Liebe wird.

Der Weg, den du gehst, ist das Ziel, vorausgesetzt, du gehst los!

Vielleicht triffst du einen besonderen Menschen oder machst eine wundervolle Erfahrung. Hadere nicht mit der Vergangenheit, sie liefert dir die wertvollsten Erkenntnisse. Folge unbeirrt deinem Weg! Wenn wir uns ausrichten, sorgt das Universum für unser Glück. *Wir befinden uns auf unserer Heldinnenreise!*

Heldinnen reisen lange

Meine große Leidenschaft galt schon immer der kreativen Ausdruckskraft. Als Mädchen wollte ich Schriftstellerin werden, dann verlor ich mehr und mehr den Zugang zu meinem Selbstbewusstsein, zu meiner Kreativität und Ausdrucksfreude. Ich schrieb als Journalistin sachliche, gut recherchierte Artikel, aber keine eigenen Texte. Ich traute mich nicht, etwas mitzuteilen, das nur ich dachte. Ich hatte das Mantra »Niemand versteht mich« verinnerlicht. Also verschanzte ich mich sicher hinter den Aussagen anderer, auch im Yoga.

Dann zeigten mir wiederum viele liebe Menschen in meinen Kursen und Workshops, dass mein Gefühl und mein Wissen für sie kostbar waren und gebraucht wurden. Ich dachte bis dahin, es wäre nichts Besonderes, was ich bemerkte und welche Schlüsse ich daraus für mich zog. Ich musste mir ein Herz fassen und aus der Komfortzone raus. Ich musste zeigen, wer ich bin!

Das tat ich auch ganz unfreiwillig, wenn ich in extreme Situationen geriet. Nur dann loderte mein Feuer auf, das sonst eher gedimmt brannte. Unüblich für eine Löwin, nur auf Sparflamme zu brennen. Aber ich hatte gelernt, mich zurückzuhalten und vorsichtig zu sein. Ich hatte verstanden, dass eine innere Zufriedenheit, ein In-sich-Ankommen wichtiger waren, als für einen rauschhaften Moment im Mittelpunkt zu stehen. Ich konnte durchaus anderen die Bühne überlassen und freute mich über neue Inspiration. Das tue ich heute noch. Mein Weg ist noch nicht zu Ende. Und diese Welt ist so groß und bunt.

In meiner Yoga-Ausbildung bin ich mitunter einen sehr beschwerlichen Weg gegangen, der mich körperlich extrem forderte. Ich hatte zwei kleine Kinder, mein Körper sehnte sich nach Schlaf und viel Zeit zur Erholung, nach schönem Essen, sanfter Bewegung, liebevollen, zärtlichen Worten und Aufmerksamkeit, was ich alles nicht wirklich bekam. Erst recht nicht bei den Yogis meiner Yogaschule, die ich mehr wie Drill-Sergeants mit Turban und in Flatterhosen empfand. Das Aufstehen um vier Uhr morgens und die stundenlangen Übungsreihen bis zum Abend forderten alles von mir. Ich jammerte nicht und gab mich allem hin, so gut, wie ich konnte, wenn wir an einem Wochenende zusammenkamen. Nach über einem Jahr war ich sehr fit und zäh, da ich Yoga auch zu Hause praktizierte. Als Mama erlaubte ich mir, kurz nach 6 oder 7 Uhr aufzustehen oder wenn mich die Kinder weckten.

Unsere letzte Ausbildungswoche verbrachten wir Schüler in einem Ashram in den Alpen. Ich war mit vielen Gepflogenheiten nicht einverstanden, die mich ans Militär erinnerten. Ich hatte den Eindruck, nicht frei zu sein. Bei den vielen Yogaübungen konnte man nicht einfach auf die Toilette gehen, ohne von einer »Aufseherin« böse Blicke zu ernten. Einmal ging sie mir sogar nach, um zu überprüfen, ob ich ja zur Toilette und nicht zum Faulenzen oder Futtern während des Fastens ging. Mich haben diese Kontrolle und Verbissenheit so abgeschreckt, dass ich meinen eigenen Yogaunterricht vollkommen anders gestalte. Für mich gilt das Gegenteil. Noch heute profitiere ich auch von besonders negativen Erfahrungen, die ich dennoch nicht wiederholen würde.

Bei manchen Yogis musste man nur ganz genau eine bestimmte Übung nach einer genauen Zeit oder 108-mal ausführen und alles war »Bombe«, also Ekstase. Irgendwie schien eigenständiges Vorgehen nach dem inneren Gefühl nicht sonderlich erwünscht, außerdem wollten die meisten sowieso lieber eine klare Anweisung, ein Rezept nach dem Motto: »Mach dieses und du erhältst jenes.«

Mich störte auch dieses Heiligkeitsgetue, wie überall in der Eso-Szene. Ich war schon immer ein Freigeist, ein verlorener Hippie ohne Drogen, auch ohne diese »Meister-Verehrung« der Yogalehrer.

Ich traf unter den Yoginis und Yogis viele Gleichgesinnte, die mich im Herzen berührten, sehr inspirierten, und andere, bei denen es genauso »menschelte« wie überall. Ich hatte nichts anderes erwartet. Yogis waren und sind auch nur Menschen.

Als wir uns im Yoga-Ashram alle am späten Abend trafen, dachte ich, jetzt erleben wir etwas Tolles, vielleicht gab es noch ein Büfett statt der ewigen Ingwerbrühe. Ich hätte mich doch im Voraus eingehender mit den Programmpunkten der Yoga-Intensivwoche vertraut machen sollen.

Als wären 10 Stunden Yoga am Tag nicht genug gewesen, stiegen wir mit leerem Magen auf einen Berg, obwohl sich bereits ein Gewitter mit riesigen schwarzen Wolken ankündigte. An Ausrüstung sollten wir nur einen Schlafsack und unsere Matte mitnehmen. Ich hatte meinen Schlafsack »vergessen« und eigentlich wusste ich, dass das ein Zeichen war, als ich den Weg zurück zum Yogi-Boot-Camp rannte. Es wäre einfach gewesen, in meinem Zelt zu bleiben und mich über meine Müsliriegel herzumachen, die ich im Gegensatz zu den anderen nicht obrigkeitshörig abgegeben hatte.

Ich überlegte aber nur Sekunden, denn mich lockte unfassbar das Abenteuer! Ich hetzte wieder los und den Berg hinauf. Kurz bevor ich die Gruppe erreichte, stürmte das Unwetter los. Es goss wie aus Kübeln, Wind und Wasser umpeitschten uns wie ein Schiff in Seenot. Der Donner knallte unfassbar laut, aber am schlimmsten waren die Blitze. Das Gewitter war direkt über uns.

Die Wiese, auf die wir uns zum Schlafen oder Meditieren legen sollten, war eine Mulde und lief binnen weniger Sekunden voll mit eiskaltem Wasser. Die Lehrer hatten sich verdrückt, wohin, weiß ich bis heute nicht, und einige Leute riefen panisch nach den Verantwortlichen. Eine Frau lief in Socken völlig aufgelöst umher. Ich hielt sie kurz fest und fragte sie nach ihren Schuhen. Da meinte sie, ihre Schuhe wären nass, sie stand dabei schlotternd in einem Wasserloch.

Andere sangen Mantren, um durchzuhalten. Ich konnte nicht singen und ich wollte es auch nicht. Meine Zähne klapperten so sehr, dass ich kaum reden konnte. Ich wusste, wenn ich jetzt nicht gehe, wäre ich ernsthaft in Gefahr! Ich würde vom Blitz getroffen werden oder an einer Lungenentzündung sterben. Was sollten meine Kinder von mir denken? Ich konnte noch drei Leute in meiner Nähe dazu bewegen, vom Berg zu steigen. Allein und ohne Stirnlampe war es einfach zu gefährlich. Wir hielten uns an den Händen und stiegen vorsichtig Schritt für Schritt runter ins Tal. Ich verließ den Ashram am nächsten Morgen, nachdem ich ganz ruhig und klar vor der Leitung ausgesprochen hatte, was ich über diese Lektion an »Bewusstseinserfahrung« dachte.

Ich war vollkommen in meiner Kraft! Auf einmal war mir egal, dass mich niemand verstand und 78 Leute dortblieben.

Ich hatte mich ein großes Stück befreit von meinem Glaubenssatz, unbedingt auf Verständnis stoßen zu wollen oder dazuzugehören. Ich durfte meine Yogalehrer-Prüfung allein ablegen, um die Gruppe nicht zu verunsichern mit meinem rebellischen Verhalten. Hätte mich nicht eine ebenso entrüstete Schweizerin (Danke, Dagmar!) die ganze Strecke bis zum nächsten Bahnhof mitgenommen, wäre ich zu Fuß gegangen, bis mir das Universum ganz sicher eine andere Mitfahrgelegenheit geschickt hätte.

Mein Feuer brannte so stark, ich spürte weder Müdigkeit und noch Angst.

Mein Mann war nicht begeistert, mich an der Haustür zu sehen, er befürchtete, das ganze Geld für die Ausbildung und das Diplom wäre nun verloren, erst später begriff er den Ernst der Lage. Meine fünfjährige Tochter war dagegen tief beeindruckt, sprach wochenlang über nichts anderes mehr als über das Abenteuer ihrer Mutter. Am liebsten malte sie mich auf einer Bergspitze. Mein kleiner Sohn war einfach froh, seine Mama wieder bei sich zu haben.

Ich konnte nicht anders, als unbewusst dem zu folgen, was mir meine rebellische Mutter und auch meine männlichen Vorfahren mitgegeben hatten. Es ist auch meine Wahrheit, »nicht mitzumachen, auch wenn es alle tun.«

Über Grenzen und Glaubenssätze

Selbst weniger dramatische Situationen brauchen das innere Feuer. Es galt, meinen Träumen treu zu bleiben und sie irgendwann, irgendwie wahr zu machen. Ich musste meine alten, negativen Glaubenssätze, mit denen ich mich klein und unwichtig machte, überwinden. Ich musste stattdessen an meiner Sehnsucht festhalten, aktiv, zäh und unbeirrt bleiben, wahrlich brennen und durfte mich nicht an all meine anderen Aufgaben verlieren.

Nicht nur meine Familie, ich selbst musste einsehen, dass mein Herzenswunsch meinen vollen Einsatz brauchte: So ließ sich dieses Buch nicht in einem Café nebenher schreiben, sondern erforderte meine ganze Konzentration, Hingabe und mein ganzes Durchhaltevermögen, trotz unzähliger Unterbrechungen, bei denen ich weiterhin als Mama von drei Kindern, Yogalehrerin, Hausfrau und Partnerin aktiv war. Eigentlich war ich mehr als ausreichend ausgelastet und kam an meine Grenzen, aber die Feuerfrau in mir gab mir in schwachen Momenten, in denen ich dachte, ich könne nicht mehr, immer einen zündenden Funken an Energie.

Natürlich arbeiteten die heftigen Erfahrungen stark in mir, sie sprengten den Panzer meiner Konditionierungen, meine Vorstellungen, wie ich zu sein hatte. Die intensivsten Erlebnisse lassen die alten Glaubensmuster und Dogmen aufbrechen wie eine Nussschale!

Gott sei Dank hat man nicht viele solcher Extreme, die einem keine andere Wahl lassen. Mich beschäftigte die Frage, wie man auch im Alltag das Feuer in sich immer wieder fühlen kann.

Mit vielen Ritualen und Übungen konnte ich immer besser meinen Weg klarer sehen. Ich erkannte meine besonderen Eigenschaften und Talente, die mein Feuer nährten, und die Hindernisse, die mich davon abhielten, meine

Gaben in die Welt zu bringen. Ich wusste, wenn ich mich klein und versteckt hielt und meine Energie für anderes opferte, würde das meine Zufriedenheit zunichtemachen. Es galt immer wieder, eine Schwelle zu überwinden. Ich wollte genau erkennen, wo ich mir selbst im Weg stand und was ich loslassen musste, weil es nicht meine Wahrheit war.

Die Feuerfrau denkt nicht, sie sei unwichtig, wertlos, dumm, hässlich, schwach, ungeliebt. Sie weiß, sie ist das Gegenteil von Vorstellungen und Glaubenssätzen wie diesen, die wir endlich überwinden dürfen. Vielleicht sind wir die ersten Frauen unserer Generation, die über diese Schwelle schreiten und unsere Wahrheit leben.

Unsere Fesseln sind subtiler und fast unsichtbar geworden. Aber sie sind noch immer wirksam. Wir halten selbst noch unsere wilden Anteile gefangen. Doch sollte uns jemand kritisieren, rütteln unsere weggesperrten Frauenanteile an den Gittern und wollen uns zur Besinnung und in unsere Kraft bringen.

Die Befreiung der Weiblichkeit

Am schlimmsten ist es, wenn wir zu unseren eigenen Feinden geworden sind. Wenn wir uns und andere Frauen angreifen, kritisieren, sie mobben, hintergehen und die Ketten, an denen wir noch hängen, kürzer ziehen. Manche Frauen spielen sich auf, als hätten sie mehr Macht und es damit besser als andere, sitzen aber in Wirklichkeit immer noch in Einzelzellen. Wie traurig ist das denn?

In der Vergangenheit hatte ich immer dann Probleme mit Frauen, wenn ich hervorstach und selbstsicher auftrat, da war ich auf einmal nicht mehr »nett«. Ich wurde von denjenigen, die es gewohnt waren, den Ton anzugeben, angegangen, da half es mir auch nicht, mit ihnen freundlich zu reden.

Insgeheim war ich nicht so selbstbewusst, wie es nach außen hin schien. Ein mürrisches Gesicht oder ein spitzer Kommentar konnten mich leicht verunsichern. Wenn ich dann richtig Gegenwind bekam oder unfair behandelt wurde, suchte ich den Fehler bei mir. Ich dachte, es gäbe immer Möglichkeiten, um alle zufriedenzustellen, und ich könne dies mit Freundlichkeit und Diplomatie erreichen. Ich wollte nicht wie eine hysterische Frau wirken, die ihre Emotionen nicht im Griff hat. »Wer schreit, hat unrecht« klang es mir in den Ohren, wenn mir der Geduldsfaden dann doch einmal riss und ich mich lautstark gegen anhaltende Ungerechtigkeiten wehrte. Dann schämte ich mich wieder entsetzlich für mein Verhalten und gab mich geschlagen.

Ich hatte so sehr meine wilden, starken Anteile eingesperrt, die nach Lebendigkeit, Lust, Freude und Harmonie hungerten, dass ich sie nicht einmal freilassen konnte, als ich ihre Unterstützung und Kraft gut hätte gebrauchen können. Je mehr ich ignoriert, schief angeguckt oder angegriffen wurde, desto mehr versuchte ich, mich zusammenzureißen und mich zu verbiegen und kleinzumachen. Doch der Wilden in mir war es zunehmend gleichgültig, ob sie auf Verständnis, gute Zusammenarbeit oder Respekt stieß. Sie kannte ihre Wahrheit, sie würde sie achten und verteidigen.

Wie die meisten Frauen hatte ich für mich selbst die fieseste Kritik und die geringste Anerkennung parat. Ich bin nicht gut genug, dachte ich. Ich fühlte mich zu schwach, um mich zu wehren, und war konfliktscheu. Ich wollte gemocht und respektiert werden, doch dadurch verriet ich mich und all meine wilden Seiten. Denn ich hatte eine spitzzüngige, widerborstige, leidenschaftliche, laute, freche, lebenshungrige und explosive Frau in mir!

In alltäglichen Situationen machte sich meine echte Frau immer mehr bemerkbar. Sie wollte das knallrote Kleid tragen, auch wenn alle in Grau und Schwarz kamen oder andere über mich tuschelten. Sie lachte dröhnend der einen Frau ins Gesicht, die mich fragte, ob ich mein viertes Kind erwartete, und war einfach nur geschmeichelt. So jung sah ich also noch aus!

Früher war ich verletzbar. Aber meine inneren Frauen sind jetzt frei und in ihrer Kraft. Sie können ehrlich sein. Sie wissen, sie sind mit Hingabe und Herzblut bei ihren Aufgaben und nicht immer in körperlicher oder mentaler Bestform. Sie suchen nicht nach Schwächen und Fehlern, weder bei sich noch bei anderen.

Jetzt willst du dich für andere nicht mehr verbiegen. Gratuliere dir dafür und zieh nicht gleich den Kopf ängstlich ein, wenn du keine Zustimmung oder gar Missfallen erntest. Du hast die Anerkennung und Unterstützung der wilden Frauen in dir selbst! Du wünschst dir, andere würden dich so akzeptieren und sein lassen, wie du bist, du hast dich aber nie getraut, dich so authentisch und facettenreich zu zeigen. Von ihnen wünschst du dir Offenheit, Wertschätzung und die plötzliche Aufgabe ihrer Glaubenssätze und Verhaltensmuster. Diesen Gefallen tun sie dir nicht! Danke ihnen dafür!

Sie machen dir das größte Geschenk, denn sie bringen deine Bekenntnisse, deine Selbstwahrnehmung ans Licht. Sie zwingen dich, dein altes Korsett zu verlassen und dir deiner Fesseln bewusst zu werden.

Du wirst kämpfen müssen, aber auf eine andere Weise als bisher. Du ringst in Wahrheit mit dir selbst. Du ringst mit deinen alten Konditionierungen, von denen du weißt, dass sie nicht mehr stimmig sind. Dein Innerstes, deine ungezähmte Weiblichkeit, will, dass du für deine Wahrheit und Würde einstehst. Du bist wertvoll und hast deinen Platz und dein Recht auf alles Glück verdient! Warum solltest du dich mit weniger zufriedengeben? Weil du eine Frau bist?

Befreiung deiner inneren Frauen

Schließe deine Augen. Atme tief in deinen Bauch. Beobachte, wie sich dein Körper gleichmäßig mit Atem auffüllt und mit dem Ausatmen Verspannungen loslässt und nach innen sinkt. Spüre die Wellenbewegung deines Brustkorbs beim Atmen. Nimm wahr, wie der Brustkorb und dein Bauch sich wölben beim Einatmen und zurücksinken beim Ausatmen. Der Atem kommt und geht. Entspanne dich immer mehr.

Spüre deine Füße, deine Fußsohlen warm. Öffne gedanklich deine Fußchakren, die Verbindung deiner Energie mit der starken Energie der Erde. Vielleicht spürst du ein Prickeln. Atme tief in die Erde und nimm von der Erde ihre weiblichen Urkräfte auf.

Entspanne ganz dein Gesäß, deine Schenkel. Lass gedanklich dein Steißbein in die Erde absinken wie eine Verlängerung. Eine lange Schnur, einen Anker, eine Wurzel, die sich stark und verzweigt in die Erde gräbt, immer tiefer in die Erde wächst. Spüre den Halt und die Stabilität der Erde, die dich nährt und versorgt. Spüre die Wurzeln, die starke Verbindung zwischen der Erde und dir. Du kannst leicht und frei deinen Rücken aufrichten, die Schultern locker sinken lassen. Lass das Gepäck und die Belastungen, die du trägst und dir aufgebürdet hast, absinken wie einen Rucksack. Atme befreit über deinen Mund aus. Vielleicht gibt es noch Lasten, lass sie mit dem Ausatmen los.

Spüre, wie sich dein Nacken lockert, dein Gesicht entspannt und wie der Unterkiefer gelöst nach unten sinkt. Deine Hände lockern sich. Leg deine Hände auf dein Herz. Lass es weit und weich werden.

Dein Bauch ist warm, weich und entspannt. Lass gedanklich deinen Schoßraum sich angenehm warm ausbreiten. Fühle, wie sich dein Becken entspannt. Atme tief in deinen Schoß und dehne ihn mit deinem Atem weiter aus. Nimm ein Licht in deinem Unterleib wahr und dehne es wärmer und heller aus. Beatme das Licht, vergrößere es durch deinen tiefen Atem.

Sieh vor dir eine Wiese, eine Waldlichtung. Geh leichten Fußes über das Gras. Deine Aufmerksamkeit richtet sich auf einen großen, wunderschönen Baum. Sieh seinen kräftigen Stamm und seine ausladenden Äste. Was ist das für ein Baum? Entdecke an ihm eine Tür, eine Öffnung. Vielleicht an seinem Stamm oder zwischen seinen Wurzeln. Du bemerkst verwundert, dass du die Größe annimmst, um durch die Öffnung zu gleiten. Sanft und voller Vertrauen schlüpfst du in einen sich warm und erdig anfühlenden Gang. Bequem kannst du dich aufrichten und wahrnehmen, dass die Wände rötlich und einladend leuchten. Betrachte diesen wunderbaren, strahlenden und schönen Weg. Wie sind die Wände, wie fühlen sie sich an? Welche angenehmen Gerüche nimmst du wahr? Du kennst diesen Weg und fühlst dich sicher und freudig. Es ist wie nach Hause kommen nach langer Zeit. Geh Schritt für Schritt weiter und tiefer. Über Stufen, Treppen oder einen spiralförmigen Flur gehst du immer tiefer.

Am Ende des Gangs gelangst zu einer sprudelnden Quelle und einer sich öffnenden Landschaft voller Pflanzen und Blüten. Betrachte staunend dieses Paradies. Ein glitzernder Fluss entspringt der Quelle. Tritt hinein und bade darin deine Füße, deine Hände, deinen ganzen Körper. Dein Weg war lang und beschwerlich, wasche alles ab, was auf dir lastet.

Lass dich im Fluss treiben und dich tragen. Vielleicht bemerkst du ein Tier, das dich freundlich begleitet. Am Ufer wartet dein geistiger Helfer auf dich. Ist es ein Mann, eine Frau oder ein androgynes Wesen? Jung, alt oder zeitlos? Vielleicht ist es auch dein Krafttier, das dich weiter begleitet. Spüre die Anwesenheit eines/einer starken und mächtigen Freundes/Freundin, einer gütigen, weisen Seele an deiner Seite. Gemeinsam geht ihr zu einem alten Gebäude.

Du betrachtest die alte Tür. Woraus ist sie gemacht? Du öffnest die Tür und betrittst das Gebäude. Von der Halle, in der du stehst, geht ein Gang hinunter. Du atmest tief und gehst weiter. Du nimmst Stufe für Stufe in den Keller hinunter. Dein Helfer/deine Helferin ist an deiner Seite. Du bist vollkommen sicher.

Sieh vor deinem inneren Auge viele traurige, wütende, ängstliche Frauen in einem Käfig eingeschlossen. Schau in ihre Gesichter. Sind sie alt oder jung? Sind sie schön oder hässlich? Sie wollen dir in ihrer Verzweiflung gemeine Dinge sagen, aber du hörst sie nicht. Du hast Mitgefühl mit ihnen und öffnest den Käfig. Welcher Frau stehst du gegenüber? Schau tief in ihre Augen. Bitte sie um Verzeihung, dass sie nicht frei sein durfte. Löse ihre Fesseln.

Sag mehrmals, am besten laut: »Du bist frei und in Sicherheit. Du bist frei und in Sicherheit. Du bist frei und in Sicherheit.« Sag es so oft, bis du merkst, sie entspannt sich, betrachtet dich ohne Groll und geht. Die Frauen im Käfig kommen nacheinander zu dir, du tust das Gleiche, betrachte sie, löse ihre Fesseln, bitte um Verzeihung und entlasse sie in ihre Freiheit. Schau, wie sie gehen, und spüre ihre Erleichterung, Freude, ihre Liebe und die Verbindung zu dir. Fühle ihre Kraft. Falls sie zögern, reichst du ihnen die Hand, und gemeinsam mit den anderen Frauen gehen sie in die Freiheit.

Nimm das Feuer und das Licht in deinem Schoß und in deinem Herzen wahr. Lass es zu einem großen Feuerball werden, der in deine Hände gleitet und dort hell brennt. Wirf den Feuerball mit dem Ausatmen in den Keller und sieh, wie die Flammen alles verbrennen.

Alles Leid aus der Vergangenheit wird im Feuer transformiert, ob aus diesem Leben oder von früheren Leben, ob es sich um deine Erfahrungen handelte oder um Erfahrungen deiner Ahnen, ob es die Traumen deiner Lieben waren oder die des weiblichen Kollektivs. Betrachte das Flammenmeer.

Geh nach oben und tritt ins Freie. Nach und nach kommen die Frauen zu dir, lächeln dich an und umarmen dich. Jede von ihnen verschmilzt mit dir. Spüre, wie ihr Körper und ihr Wesen in dich hineingleitet. Atme tief ein und nimm sie vollständig und dankbar auf. Sag: »Ich heiße dich willkommen.« Spüre, wie sie nun in dir ihren Platz einnimmt und in ihre Kraft gehen darf. Wie sie in dir lebendig und frei wird.

Visualisiere und verinnerliche die Verschmelzung, die Freiheit und die Lebendigkeit deiner Frauenanteile in dir so oft wie möglich, wenn du dich unsicher fühlst, du dich kleinmachst, wenn du aus deiner Kraft gehst und Energieverluste, Mangel- oder Trennungsgefühle hast.

Verabschiede dich von deinem geistigen Lehrer, deiner Lehrerin und bedanke dich. Gleite durchs Wasser und lass dich zurücktragen. Fühle die Begleitung. Du bist nie mehr allein. Fühle deine inneren Frauenanteile und ihre Kraft. An der Quelle steigst du aus dem Wasser und gehst durch den Erdgang, die Stufen oder den Weg, den du gekommen bist, zurück. Spüre und nimm die erdigen, rötlichen Wände wahr. Du kommst zwischen den Wurzeln an deinem Baum bequem und leicht an die Oberfläche. Atme dort tief ein und aus. Nimm kräftigende Atemzüge. Bedanke dich bei deinem Baum und geh zurück über die Wiese. Recke und strecke dich. Öffne deine Augen und komme ganz ins Hier und Jetzt.

Geliebte Feindin

Ich habe früher mir nicht vorstellen können, dass es Konflikte gibt, die sich nicht durch ein Gespräch lösen lassen. Aber heute weiß ich, dass jeder seine Wahrheit haben darf, und akzeptiere das. Ich muss nicht mehr mit allen befreundet und bei allen beliebt sein. Ich muss mich aber auch nicht streiten oder mir Dinge anhören, die ich für unwahr halte. Ich muss mich nicht manipulieren und erniedrigen lassen. Ich muss mich nicht mehr zwingen, etwas zu tun, immer nachgeben, damit andere kein langes Gesicht ziehen oder eingeschnappt sind. Das halte ich aus oder kann es stehen lassen. Ich weiß, das sind Erwachsene, die etwas so tun und verlangen, völlig unreflektiert, weil es schon immer so war. Oder die ganz egoistisch ihren Willen bekommen wollen und sich wie Kindergartenkinder aufführen. Ich kann meinen eigenen Kindern nicht genug für diese und viele andere Erkenntnisse danken. Erstaunt habe ich festgestellt, dass sich auch Menschen in gestandenem Alter aufführen wie übermüdete, überdrehte, hungrige Kleine.

Betrachte vielleicht einmal den Menschen, der dir Probleme bereitet, wie ein Kind und er verliert seine Macht über dich. Sieh die Frau, die dich angreift, als Gefangene, die sich bedroht fühlt und ums Überleben kämpft.

Dann bin ich schnell in meiner Kraft und fühle mich nicht attackiert. Vielleicht habe ich sogar Mitgefühl, das eine Situation sofort positiv verändert und die Streitlust auflöst. Nichts wirkt so schnell wie Mitgefühl! Wenn ich mich ärgere, spüre ich im nächsten Moment wieder meine Lebenslust. Niemand kann sie mir nehmen oder sie schmälern. Nicht mehr.

Auch du brauchst dich nicht mehr beirren zu lassen von den Resten alter Käfige. Das sind die alten Vorwürfe und Schuldzuweisungen von denen, die noch in ihren Gefängnissen sitzen. Oft begegnen uns vor allem Frauen als Gegenspielerinnen, die uns wie aus einem Zerrspiegel der Vergangenheit ihre bösartigen, wütenden oder missbilligenden Gesichter zeigen. Wundere dich nicht.

Hab Mitgefühl und keine Angst. Du bist selbst bis vor Kurzem in diesem Käfig gesessen. Ihre Worte und ihr Verhalten können dich nicht wirklich verletzen, du kannst aus ihnen kein Gefängnis mehr bauen, in das du dich wieder zurückziehst. Du kannst diese Konditionierungen nicht mehr als Entschuldigung dafür verwenden, deiner Feuerkraft nicht zu folgen, und andere können sie nicht als Waffe benutzen.

»Das macht eine Frau/Tochter/Schwester/Freundin/Kollegin nicht. So verhält sich keine Frau. So bist du nicht wertvoll, liebenswert, so bekommst du keinen Job, kein Glück, keinen Mann, der dir Sicherheit und eine Bestimmung gibt.« Das ist nicht deine Wahrheit!

Du bist frei, wild und wunderbar!

Zeit der Zweisamkeit

ACHT

Glückliche Momente

Es gibt Momente im Leben, die sind so schön und besonders, dass man sie mit jemandem teilen möchte. Welch Glück, dies dann auch mit einem geliebten Menschen erfahren zu dürfen.

Ich glaube, es sind diese seltenen, kostbaren Augenblicke, die uns reich machen und dann an uns vorbeiziehen, wenn die Seele im Begriff ist, den Körper zu verlassen. Es sind wohl kaum die Momente, in denen wir besonders fleißig Überstunden geschoben haben, auf einer Bühne standen, Diplome errungen, Niederlagen, peinliche Momente oder die schmerzhaftesten, schlimmsten Erfahrungen erlitten haben. Was wir in diesem Augenblick in der Tiefe er»innern«, ist die Liebe, die uns im Herzen berührt hat und die wir in die Ewigkeit mitnehmen.

Wenn wir romantische Filme schauen oder Liebesromane lesen, dann warten wir auf diese besonderen Szenen einer großen Liebe, das ganz große Glück. Wir verzehren uns danach und im Vergleich dazu erscheint uns das eigene Leben als öde und leer. Nur: Unser Leben ist kein Film, den wir von der Couch aus betrachten, es ist echt.

Wir müssen schon selbst etwas dafür tun, dass es so besonders wird wie ein Drehbuch. Auch ein Drehbuch wurde mit viel Energie geschrieben und mit noch mehr Energie umgesetzt. Wie viel positive Energie verwendest du für die Erfüllung deiner Wünsche? Und wie viel negative Energie butterst du täglich in deine Vorstellungen vom perfekten Glück zu zweit?

Es ist ganz einfach: Es kann nur das rauskommen, was du reingegeben hast. Es kommt wie bei einem Kuchen auf die Zutaten an und ob du ihn selbst bäckst.

Nehmen wir an, du hast einen netten, aber einfallslosen, trägen Partner, der nur aktiv wird, wenn es um seine Interessen geht, die da wären: Essen, Hobbys, Sex, Schlafen, Arbeit. Du sehnst dich nach prickelnder, fantasievoller Paarzeit. Du wünschst dir, dass er von sich aus den Impuls hat, dich zu erfreuen und zu verwöhnen. Das kann vorkommen, aber meistens passiert es nicht. Denn was du möchtest, ist nicht dasselbe, was er sich wünscht. Du wünschst dir mehr Energie von ihm, er wünscht sich das Gegenteil: Entspannung.

Du könntest also ihm den Gefallen tun und ihm seine Wünsche erfüllen, um dann noch gefrusteter zu sein, weil du feststellst, dass er zwar kurzzeitig zufrieden war, aber dennoch nicht aus dem Kreuz kommt. Verständlicherweise empfindest du die Situation als unfair und unharmonisch. Wer weiß, wie lange er es schon gewohnt ist, dass Beziehungen so sein sollten. Eventuell erledigt er einige hilfreiche Tätigkeiten im Haushalt, aber er wird dir wahrscheinlich keine Rosenblüten zu Füßen legen, Kerzen anzünden und den Champagner öffnen, dabei mit Karten für ein romantisches Event wedeln, zu dem er dir ein umwerfend schönes Kleid in deiner Lieblingsboutique gekauft hat. Dazu müsste er einmal zugehört und auch einen Blick auf deine Kleidergröße geworfen haben. Du kennst schließlich auch seine Konfektionsgröße, nicht wahr?

Du merkst, wie dein Frustlevel schon wieder in die Höhe steigt? Weil du nicht so einen einfallsreichen, engagierten Gentleman an deiner Seite hast?

Werde dir zunächst bewusst, was du willst, und dann, was dein Partner/ deine Partnerin wahrscheinlich möchte. Du hast deine Intuition, deine Weisheit, benutze sie.

Du kannst unmöglich einen Kuchen backen, wenn du die falschen Zutaten hast. Du möchtest, dass Romantik und die Süße des Lebens von ihm kommen, während er vielleicht etwas ganz anderes möchte – ein Steak oder ein Schnitzel vielleicht?

Die Frage ist, könnt ihr beide immer mal wieder zusammenkommen? Oder willst du noch auf den Prinzen warten, der er vielleicht nicht ist und nie werden wird? Es ist überhaupt nicht ausgeschlossen, dass »Mann« sich entwickeln kann! Nörgeln und eingeschnappt sein helfen bei der Transformation von der ichbezogenen »faulen Socke« zu »Mr. Charming« sehr wenig.

Glück nach Rezept

Ein erster Schritt: Du solltest wissen, was du wirklich brauchst zum Glück. Zweiter Schritt: Setz deine Energie dafür ein. Du möchtest wieder glücklich sein. Du weißt nicht, wo er sich gerade (emotional) befindet. Bring dich in deine Mitte. Beweg dich wieder hin zu deinem inneren Glück.

Zieh deine Energie (die vielleicht schon recht unangenehm geworden ist) von ihm ab und sorge für dich.

Es wird eine spürbare Veränderung sein für ihn. Wer weiß, wie viel weibliche Energie und alle damit verbundenen Erwartungen er schon seit seiner Geburt bekommen hat bzw. ertragen musste! Die Energie, die seit Ewigkeiten von Frauen zu Männern geflossen ist, ist auch nicht nur von Leichtigkeit, Freude und Freiheit geprägt! Sie hat weniger mit Liebe zu tun als mit der Erwartung, dass der Mann der Frau, dem »armen Opfer«, zur Seite steht. Das ist jetzt vorbei! Die Frau ist nicht mehr das Opfer. Sie muss nicht darauf warten, dass der Partner ihren Käfig etwas schöner einrichtet. Es ist Zeit, dass wir endlich ungezwungen und wild miteinander Spaß haben!

Viele Frauen beklagen die Passivität ihrer Partner, obwohl doch die Männer das aktive Geschlecht sein sollten. Dies mag eine Form von Flucht sein. Denn auch Männer waren nicht wirklich frei. Vielleicht mussten sie schon ihrer Mutter und allen Frauen, die sie kannten, ständig ihre Liebe beweisen und Erwartungen erfüllen. Sie haben gelernt, sich gegen diese Form der emotionalen Erpressung zu schützen und sich trotzig zu verbarrikadieren. Die ursprüngliche Bestimmung des männlichen Prinzips ist, der Liebe zu dienen und nicht, egoistische Bedürfnisse zu befriedigen. Genauso wenig wie eine wilde Frau.

Zwei Menschen können sich dann in Liebe verbinden, wenn Liebe da ist.

Es ist eigentlich ganz einfach. Oft kann man einander nicht mehr wahrnehmen bei all dem Chaos, in das man verstrickt ist. Eine Lösung könnte sein, dass du deinen Partner hinter seiner Mauer wahrnimmst. Diese Mauer sollte ihn schützen, aber inzwischen trennt sie euch. So wie deine inneren Frauenanteile ihren Kerker verlassen haben, so kann auch nur er selbst seine Mauern einreißen. Dein Mitgefühl ist eine heilsame Zutat!

Werdet Freunde

Er wird seinen Schutz aufgeben können, wenn er merkt, dass du ihn nicht mehr »bedrohst«, etwas von ihm willst und deine Energie von ihm abziehst. Vielleicht musst du auch mehr an seinen Mauern rütteln und ihn deutlich auffordern, nicht so feige und bequem zu sein. Wenn er sich zeigt und aus der Deckung kommt, könnt ihr Freunde werden, das wäre ein guter Anfang.

Vielleicht lebt ihr weiterhin nebeneinander her und ihr habt euch nur getroffen, um eure Schützengräben zu verlassen. Erkenne, was du wirklich möchtest. Vielleicht darf sich die reine Liebe endlich ganz frei und leicht zeigen.

So oder so, zur Zweisamkeit gehören zwei, die das Gleiche wollen. Die schönsten Momente sind geprägt von Liebe. Diese ist frei von Schwere, Erwartungen, Druck. Wir erleben diese Augenblicke deshalb unerwartet, weil wir unseren Kopf weniger eingeschaltet haben und stattdessen einfach nur offen sind und Ja sagen zu diesem Lichtpunkt nach langen Entbehrungen.

Je öfter wir in den Zustand von Erwartungsfreiheit, Leichtigkeit, Freude, positiven Gefühlen gehen können, desto mehr dieser Lichtpunkte können wir erleben. Sie tanzen in Wirklichkeit millionenfach direkt vor uns!

Diese Augenblicke können wir mit einem Menschen teilen, und er wird dadurch noch kostbarer. Aber wir sollten zunächst lernen, uns selbst für diese kleinen Wunder zu öffnen. Je häufiger wir die Welt mit offenen Augen erkennen, desto leichter ist es, diese Momente allein und auch zu zweit zu erleben. Verliebe dich in die Welt. Betrachte sie so, als würdest du sie zum ersten Mal sehen. Verliebe dich in dich. Es gibt in dir so viel zu entdecken und zu staunen! Verbringe und genieße die Zeit mit dir.

Ich bin mein ganzes Glück

Löse dich von der Illusion, dein Partner müsste permanent an deiner Seite sein. Er ist nicht für dein Glück verantwortlich! Wahrscheinlich hast du zu Beginn dieses Lebens nicht gedacht: So, und wenn ich groß bin, suche ich mir einen, der mich glücklich macht!

Der Partner ist nicht dazu da, dir die Welt zu Füßen zu legen. Es ist deine Welt, betritt sie auf deinen Füßen!

Betrachte dich und ihn als eigenständige Wesen, die sich immer wieder trennen, aufeinanderprallen, miteinander verschmelzen, um sich wieder zu lösen, wie Wasser und Land. Dabei ist die weibliche Energie wie das Wasser, weich, lebensspendend, formlos, sich wandelnd und von ausdauernder Urkraft. Die männliche Energie gibt Form, Schutz und Halt, ist stabil, wie die Landmassen trotzt sie den Fluten.

Manch männliche Kraft kann hart sein wie ein Steinmassiv, andere nachgiebiger wie ein sandiger Wall.

Mein Partner ist ein starker Mann. Er lässt sich von meiner überschäumenden Kreativität umspülen wie ein Fels in der Brandung. Er hüpft nicht bei meinen Wünschen wie ein Hündchen nach einem Ball. Ich habe weniger Erwartungen an ihn als vielmehr »geniale Ideen«, die ich gern mit seiner Hilfe umsetzen würde zur Erhöhung unserer Lebensqualität. Als wilde Frau habe ich den Plan für ein besseres Leben!

Leider fiel mein Partner früher bei meinen Ideen in eine regelrechte Schockstarre! Während ich überquoll von neuen Vorschlägen, starrte er mich an wie ein Reh das heranrasende Scheinwerferlicht. Ich scheiterte schon beim ersten Satz mit »Ich würde gern …«. Mein Mann geriet schon in Panik, wenn ich nur über Ideen sprach. Meine kreative Energie und die anstehenden Veränderungen machten ihm Angst. Er konnte sich nicht vorstellen, was ich schon vor meinem inneren Auge verwirklicht sah. Als Mann fühlte er sich nicht mehr Herr der Lage und überrannt von meiner Dynamik und wilden Energie. Er fürchtete, am Ende darin unterzugehen.

Mein Partner kann auch heute noch nicht unterscheiden zwischen Terrassenverschönerung durch Pflanzen und Windlichter oder Terrassenverschönerung durch Holzdeck, Infinitypool und Saunahütte, weil er schon bei meinen ersten begeisterten Worten wie gelähmt ist. Ich glaube, er trägt noch etwas von der alten Last in sich, den Käfig der Dame »golden« ausstatten zu müssen.

So nach und nach lernt er aber, mir zu vertrauen, und wird selbst auch »wilder«. Außerdem hat er nach zwei Jahrzehnten erkannt, wie gut es in der Vergangenheit immer war, etwas zu verändern, und wie wertvoll unsere Paarzeit dadurch wurde mit unvergesslichen Momenten.

Bitte nur kein Neid! Denn leicht war das nicht. Es war ein unglaublicher Prozess hauptsächlich meinerseits. Im Grunde genommen habe ich Landmassen in Bewegung versetzt. Ich habe nicht nur wie Moses ein Meer geteilt, sondern einen Berg versetzt. **Ich bin und muss eine starke, wilde Frau sein und meinem Partner als solche gegenübertreten.**

Mein Partner liest (noch!) nicht meine Wünsche von meinen Augen ab. Er liest vielmehr Nachrichten, Sport-, Technik- und Auto-News auf dem Handy, in Print-Magazinen, im Videotext und hört sie im Radio. Im Fernsehen sieht er die Welt in Gefahr und er spielt Kriegsspielchen in Online-Games nach als Ausgleich für einen stressigen Arbeitstag. Kein Wunder, dass er danach null aufnahmefähig ist für mein sommernächtliches, träumerisches Geflüster von Schönheit und Harmonie.

Manchmal soll ich ihm einfach etwas erzählen, ihn beruhigt meine Stimme wie das sanfte Gurgeln eines Bächleins, das ihn in den Schlaf wiegt. Sein Tag war dann so furchtbar schwer! Leicht ist das nicht zu ertragen, doch ich habe viel Geduld. Es geht lange recht dösig zu in unserem Alltag, dann packt mich wieder meine Wildheit, und die wünscht sich Fairness, Offenheit, Neues und Lebendigkeit.

Zunächst werde ich mir darüber klar, was ich selbst brauche und möchte. Dazu nehme ich mir eine kleine Auszeit. Ich verbringe gern Zeit allein. Das klärt mich und schenkt mir neue Energie und Kreativität.

Sollte mein Partner bei meinen Bedürfnissen eine Rolle spielen, suche ich das Gespräch mit ihm. Meistens versteht er mich und ich ihn, wenn wir von Herz zu Herz sprechen können, ohne Vorwürfe meinerseits, ohne Mauern seinerseits. Wünsche ich eine Veränderung oder stelle ich fest, dass sich alte unfaire Gewohnheiten und Nachlässigkeiten wieder eingeschlichen haben, braucht es mehr von meiner Energie.

Ab und an muss der Fluss anschwellen und überschwappen, dann wird es auch für ihn ungemütlich! (Ich habe mir von vielen Frauen sagen lassen, das sei vollkommen normal.)

Partnerschafts-Counseling: aus dem Herzen sprechen

Nimm einen Redestab oder Stein für diese Übung. Wer den Stab hält, darf sprechen, was ihm/ihr am Herzen liegt, ohne unterbrochen zu werden. Der andere lässt das Gesagte unkommentiert stehen. Alles darf gesagt werden und bekommt Raum. Sprich aus dem Herzen, möglichst in Form von Ich-Botschaften und beschreibe deine Gefühle und Gedanken. Wie geht es dir? Was fühlst du? Du sprichst so lange, bis du alles gesagt hast, was dir auf dem Herzen liegt. Dann bekommt dein Partner den Redestab oder den Stein.

Beispiele: »Ich fühle mich in letzter Zeit so unsichtbar und wenig beachtet, das verletzt mich. Es macht mich traurig, wenn ich jeden Abend auf der Couch sitze und keinen Austausch mit dir habe. Ich fühle mich vernachlässigt und innerlich leer. Ich weiß nicht, wie ich es ändern kann, wie ich deine Aufmerksamkeit bekommen könnte.«

Ihr werdet beide feststellen, dass keiner den anderen böswillig angreift oder ignoriert. Im besten Fall versteht ihr einander und findet eine Lösung für die Verbesserung eurer Situation.

Männlich und weiblich – Himmel und Erde im Herzen

Nutze deine Auszeiten, um für dich Klarheit zu gewinnen und Dinge zu ordnen. Nimm dir Zeit, um die weibliche und männliche Energie in dir wieder in Balance zu bringen. Geh den wichtigsten Schritt zu Harmonie: Fang bei dir selbst an. Suche dir einen Ort, an dem du nicht gestört wirst, vielleicht in der Natur.

Setz dich einen Moment und schließe die Augen. Atme tief und entspannt in deinen Bauch. Spüre, wie sich die Bauchdecke sanft hebt und dein Brustkorb sich weitet. Schaffe Raum in deinem Inneren. Lass mit dem Ausatmen deine Schwere und Anspannung gedanklich los. Atme über den Mund aus. Vielleicht fühlst du den Wind in deinem Haar oder Gesicht. Spüre die Energie der Luft, die dich an Freiheit, Leichtigkeit und auch Veränderung erinnern kann. Öffne, wenn du magst, die Augen und betrachte den Himmel. Er ist die Weite, in die du wachsen darfst. Gleichzeitig steht der Himmel auch für die männliche, väterliche Energie, die Freiheit, Entwicklung erlaubt und Schutz bietet. Denke dabei an das Wort »Himmelszelt«.

Spüre die Erde unter dir. Vielleicht möchtest du für einen Moment die Schuhe auszuziehen und barfuß die Erde unter dir fühlen. Setz deine Füße auf den Boden und breite deine Zehen locker aus. Schließe die Augen. Stell dir vor, dass sich die Chakren an deinen Fußsohlen öffnen, sodass du dich ganz mit der nährenden und beruhigenden mütterlichen Energie der Erde verbinden kannst. Atme tief ein und gedanklich zur Erde hin aus, lass los, was dich belastet. Stell dir vor, wie die Energie oder ein Energieball tief in die Erde bis zu ihrem Herzen fließt. Beim Einatmen zieh die Liebe, Wärme, Geborgenheit, Stabilität, Sicherheit und alles, was du brauchst, vom Herzen der Erde in deine Körpermitte, in dein Herz hinein. Mutter Erde schenkt uns gern ihre Liebe!

Atme jetzt von deiner Mitte zum Himmel aus. Stell dir vor, wie dein Kopf am Kronenchakra offen wird und du die Energie oder den Energieball nach oben zum Herzen des Himmels fließen lässt. Du kannst dir das Herz auch als großes Licht vorstellen, als eine Sonne. Jede Vorstellung, die dir in den Sinn kommen mag, ist die Richtige für dich. Beim Einatmen in dein Herz fließt nun gedanklich all die Energie, die du brauchst, wie Freiheit, Unabhängigkeit, Mut, Ziele, Visionen, Schutz, in dich hinein. Sei dir sicher, du musst nichts extra benennen, damit es zu dir kommen kann. Sobald du dich öffnest, wirst du empfangen, was im Ungleichgewicht oder Defizit war. Das ist das natürliche Bestreben der Harmonie.

Atme erneut zur Erde hin aus und vom Zentrum der Erde ein und zieh die Energie in deine Mitte. Atme zum Himmel aus und von dort wieder in dich ein. Atme so lange zwischen Himmel und Erde ein und aus, bis du dich ganz prall fühlst. Dann atme von Himmel und Erde gleichzeitig in dein Herz ein und lass beim Ausatmen diese Energie nach außen strömen. Vielleicht möchtest du dazu die Hände beim Einatmen auf dein Herz legen, spüren, wie die Kraft von Himmel und Erde gleichzeitig in dein Herz strömt. Beim Ausatmen kannst du die Arme nach außen bewegen und dir vorstellen, wie diese gewaltige Liebesenergie deinen Körper und jede Zelle darin erfüllt, über deine Körpergrenzen hinaustritt und in die Welt strömt. Die Liebe kannst du so lange ein- und ausatmen, bis du nicht nur dich ganz aufgeladen hast, sondern die ganze Umgebung und die ganze Region, den gesamten Erdball. Du kannst dich so weit ausdehnen und die Energien der Harmonie verströmen, wie du willst. Die Liebe ist die größte Energie des Universums, der größte Schutz, die Weisheit, unsere Essenz, unsere Wahrheit, sie ist einfach alles. Diese Übung kannst du natürlich auch in einem geschlossenen Raum machen.

Beim folgenden Schwellenritual musst du allerdings nach draußen gehen, da dir die Natur als Spiegel dient und dir bei deinen Problemen Klärung und Antworten geben kann.

Der Schwellengang – zwischen den Welten

Am besten nimmst du für deine Auszeit ein Getränk mit, eventuell etwas zu essen und eine kleine Unterlage zum Sitzen oder Liegen, außerdem etwas zu schreiben. Lass dein Handy im Haus und suche einen ruhigen Ort in der Natur. Dazu brauchst du meistens nicht weit zu gehen oder zu fahren. Es müssen nicht die Berge oder Naturschutzgebiete sein, oft liegt die Wildnis und Idylle vor unserer Haustür, ohne dass wir sie bisher bemerkt haben.

Es gibt auch Parks, die unter der Woche und bei etwas schlechterem Wetter nicht gut besucht werden, in denen du zur Not oder zwischendurch, sogar während deiner Mittagspause, auftanken und dich klären kannst. Das geht nicht in der Fußgängerzone oder in einem Kaufhaus. Dort sind die Leute gestresst, häufig negativ und durcheinander. Das ist nicht der Spiegel, den du brauchst, das wird dir oft genug im Alltag gespiegelt! Du brauchst einen Spiegel, der dir dein wahres Inneres zeigt, den Weg zu deiner Wahrheit, deinem Frieden, zur inneren Freiheit und Harmonie und zu dem, was dir im Moment nicht erschlossen ist. Wichtig ist also, dass du weniger durch laute Geräusche, Stress und Hektik abgelenkt wirst, sondern »wilde« Tiere, Blumen und Pflanzen entdecken kannst, um deine eigene Wildheit zu befreien. In der Natur, der Wildnis, findest du am leichtesten in deine Weiblichkeit und Kraft!

Dann nimm dir einen Moment Zeit, um tief zu atmen und dich zu entspannen. Atme tief und entspannt in deinen Bauch. Spüre, wie sich die Bauchdecke sanft hebt und dein Brustkorb sich weitet. Schaffe Weite in deinem Inneren. Lass mit dem Ausatmen deine Schultern nach unten sinken, lass deinen Kiefer und die ganze Muskulatur locker. Atme über den Mund aus, wenn du möchtest. Denke jetzt an das, was dir Probleme und Sorgen bereitet. Fühle die Emotionen, die mit deinem Thema verbunden sind: Angst, Wut, Verletztheit, Unsicherheit, Ohnmacht, Verwirrung etc.

Sei bereit, deine negativen Gefühle loszulassen, um eine Lösung zu finden. Eine Lösung braucht die Bereitschaft, etwas loszulassen, das uns ohnehin nicht dient und uns daran hindert, in unsere Kraft zu gehen. Such dir einen Stock, eine Feder, einen Stein, eine Pflanze, etwas, das dir als Schwelle dienen kann. Leg deine Schwelle auf den Boden.

Sag dir innerlich, dass du bereit bist, dich von der belastenden Vergangenheit zu lösen. Bitte die Natur, dir zu zeigen, was dir bisher nicht bewusst war, was dich aber in deine Kraft, auf deinen Weg bringt und dir wieder Harmonie schenkt. Heilung ist Harmonie.

Ist etwas aus dem Gleichgewicht geraten, haben wir zu viel auf der einen Seite (Angst, Ärger, Gifte, Wut, Trauer, Verletzung, Trennung, Einsamkeit etc.) und zu wenig auf der anderen Seite (Mut, Vertrauen, Liebe). Die Liebe ist die mächtigste Energie, sie bedeutet Heilung auf allen Ebenen, da sie hilft, loszulassen und gleichzeitig das zu stärken und ins Bewusstsein zu holen, was verloren schien. Sie stellt als unsere Essenz wieder unsere Verbindung her zu uns und zu anderen.

Die Natur schwingt in dieser Liebes-Essenz. Das tun wir auch, wir vergessen es nur immer wieder in unserem Stress. Daher haben viele Menschen inzwischen die Heilkraft des Waldes wiederentdeckt. Auch nur ein Baum vor deinem Fenster erinnert dich wieder an deine eigene Essenz und wer du in Wahrheit bist. Du bist Liebe!

Beispielfragen: »Was braucht es, damit ich Zufriedenheit und Glück in (zum Beispiel Partnerschaft, Beruf, Beziehung …) finde?«

»Was muss ich loslassen, das mir noch nicht bewusst ist?«

»Was sehe ich nicht? Wo täusche ich mich und erlebe Enttäuschungen? Wo liegt mein Potenzial, mein Glück?«

»Was ist mein Talent? Was macht mich aus? Worin liegt meine Bestimmung?«

»Worin liegt meine Schönheit, meine Kraft? Wie kann ich es leben, in die Welt bringen?«

»Was will mir meine Krankheit, der Konflikt, die Krise sagen, das ich noch nicht erkannt habe? Wie kann ich zu meiner Kraft finden? Was braucht es, um die Krise zu überwinden?«

Tritt dann über die Schwelle und geh in einem angenehmen Tempo los. Geh intuitiv in die Richtung, in die dich deine innere Stimme oder dein Bauchgefühl lenken. Bleib stehen und betrachte aufmerksam die Natur. Sie spricht mit dir. Sie sendet dir unentwegt Botschaften, wir nehmen uns nur keine Zeit und sitzen lieber drinnen. Wir sind zu gestresst, um eine kleine Botschaft am Wegesrand zu entdecken. Kinder nehmen noch die Magie wahr. Sie sind noch vollkommen in dieser zeitlosen, harmonischen Schwingung. Betrachte im Alltag die Welt wie ein Kind. Vielleicht ist es eine Pfütze, ein Fleck in Herzform, ein kleiner Vogel, eine Pusteblume, ein Gänseblümchen oder ein Eichhörnchen. Alles spricht mit dir! Die Natur ist dir ein heilsamer, wohltuender Spiegel.

Verlasse den Weg, wenn du möchtest. Was fällt dir auf? Jede Pflanze, jedes Tier, die Begebenheiten der Landschaft haben für dich eine Botschaft zu genau deinem Thema. Du kannst alle Tiere als deine Helfer ansehen, die dir im Moment deines Schwellenrituals begegnen. Sie sind dir für diese Zeit wertvolle Krafttiere. Ihre Bedeutung kannst du leicht im Internet herausfinden.

Es ist sehr interessant, welch unterschiedliche Bedeutungen allein die Vogelarten haben. Aber analysiere nichts in der Zeit deines Schwellengangs! Nimm einfach nur wahr, beobachte, was dir begegnet. Erwarte nichts. Mach dir keine Gedanken dazu und bewerte nicht.

Geh deinen Weg und bleib stehen, wo du willst. Atme, öffne deine Augen, dein Herz ist offen.

Fällt dir womöglich ein Baum besonders auf? Zu welchem fühlst du dich hingezogen? Oder ist es eine Wildpflanze? Hat sie eine besondere Form? Rankt sie sich unaufhaltsam dem Licht entgegen, hält sie sich an anderen fest und kann durch diese Gemeinschaft weiterwachsen, obwohl sie sehr fragil erscheint? Hat eine andere Pflanze Dornen, ist sie weich oder widerspenstig, duftet sie verführerisch, obwohl sie eher unscheinbar wirkt? Welche Farben erkennst du? Welche Blüten entdeckst du? Wie gestaltet sich dein Weg? Ist er steinig, beschwerlich, schlammig, sandig, eben, steil, voller Moos oder hinderliche Äste? Erscheint dir der Weg breit, ausgetreten, geheimnisvoll und mystisch?

Wenn du das Gefühl hast, du solltest heimkehren, dann begib dich auf den Rückweg. Kurz bevor du zu deinem Endpunkt kommst, kannst du noch einmal eine Schwelle legen und aus der Natur, die dir ihre Geheimnisse geoffenbart hat, hinaustreten. Das kann auch eine andere Stelle sein als die, von der du aufgebrochen und über die Schwelle gegangen bist. Für manche sensible Menschen ist es hilfreich, sich wieder etwas in sich zurückzuziehen, denn sie neigen dazu, alles um sich herum wahrzunehmen. Sie nehmen dann leider auch wieder die ganze Hektik und das Durcheinander wahr. Für sie ist es gut, sie gehen aus der friedlichen Natur über die Schwelle in ihren Alltag, hüllen sich gedanklich in einen Schutz ein und schützen besonders ihren Solarplexus. Du kannst deinen Schwellengang aber auch ohne weitere Schwelle beenden. Vielleicht lebst du in einer schönen Umgebung, bist weniger Stress ausgesetzt und die Botschaften der Natur können dich ungehindert erreichen.

Nimm dir für einen Moment Zeit und notiere dir in Stichworten, was dir aufgefallen ist. War es ein besonders schöner Baum, eine Pflanze oder ein Tier? Es können bei deinem Schwellengang viele Botschaften der Natur deine Aufmerksamkeit erregt haben, vielleicht gibt es eine besonders eindrucksvolle Botschaft. Vielleicht ist dir ein Tier auf deinem Weg begegnet und ihr habt euch angesehen.

Achte auf deine Gefühle! Notiere deine Emotionen. Was verbindest du mit diesem Tier, der Pflanze, dem Weg, welche symbolische Bedeutung, welchen Wert hat das alles für dich? Welche Gefühle haben dir der Baum oder das Tier vermittelt? Kannst du damit etwas anfangen? (Es gibt übrigens wundervolle Bücher, die eine Fülle an Hintergrundinformationen bieten und das Verständnis für deine Welt vertiefen.)

Beispiel: »Ich fühle mich in einer Sackgasse, weiß aber nicht, was ich ändern könnte. Ich bin bereit, Ängste loszulassen und meinen Drang, keine Fehler zu machen. Ich will nicht am Ende versagt haben und lieber alles besser wissen, das macht mich unfrei und unflexibel. Dadurch wage ich nichts mehr, bin nicht mehr gelassen und offen.

Mein Weg in der Natur ist sehr offen und weit. Ich gehe über Felder. Der Wind tut mir gut, ich kann ganz frei atmen! Ich öffne mich. Und werde von einer Birke angezogen. Mir gefallen Birken. Sie wirken so filigran, ihre Blätter sind so lebendig. Sie verkörpern für mich Leichtigkeit, Freiheit, Verspieltes. Die Birke steht für den Neuanfang, Erneuerung und Veränderung, wie ich später nachlese. Sie wächst schnell unter kargen Bedingungen und ist widerstandsfähig, ein sehr weiblicher Baum! Die Birke ist nach der Göttin aller Neuanfänge, Brigid, benannt und auch der Frühlingsgöttin Freya gewidmet. Ich gehe vorbei an saftigen Wiesen voller Butterblumen und pastellfarbenem Wiesenschaumkraut, den Wildblumen meiner Kindheit. Ich weiß, alles ist und wird gut. Ich assoziiere die Wiese mit der satten Fülle (Butterblume) und dem Potenzial, aus dem ich aus der Tiefe, aus meinen Wurzeln (Wiesenschaumkraut) schöpfen kann. Es beruhigt mich, zu spüren, dass ich mich nicht mehr anstrengen muss, da alles, was ich brauche, schon da ist. Dann zieht mich ein kleiner Pfad in den Wald magisch an. Er erscheint mir geradezu dunkel und mystisch mit seinen schnörkeligen Bäumen. Ich entdecke eine schwarze Feder mit weißen Punkten, ein Gruß vom Buntspecht und damit wieder ein Gruß von der Weiblichkeit, der großen Mutter. Ich darf alle Aspekte, die dunklen wie die hellen, den Zyklus des Lebens in seiner Vielfalt und Ganzheit erfahren und leben. Der schwarz-weiße Specht mit dem roten Gefieder am Kopf lehrt, dass alles sein darf, was ist, und seine Notwendigkeit hat. Jeder und alles hat seinen Platz, sogar der Schmerz und das Dunkle. Wer das erkennt, so die Botschaft meines Tierfreundes, darf vor allem das Glück und die Freude erfahren. Ich darf mich freuen auf alles, was kommt. Mein Herz schlägt wieder leichter. Ich nehme dankbar die Feder und mache mich auf den Rückweg. Ich bedanke mich in Gedanken, manchmal summe ich ein kleines Lied oder sammle Müll ein. Es kündigt sich übrigens auch etwas Gutes an, wenn man den Specht im Wald trommeln hört: Man darf den Rhythmus seines Herzens wiederfinden.«

Den inneren Mann umarmen – Gefährte, Geliebter, Freund

Ob du es glauben willst oder nicht, der Mann an deiner Seite sagt viel mehr etwas über dich aus, als dir lieb ist. Er zeigt dir, wie es um deinen inneren Mann steht. Auch wir Frauen besitzen männliche Energie und einen inneren Mann.

Je nachdem, wie sehr wir unsere Erfahrungen mit dem männlichen Geschlecht verarbeiten und für uns einordnen konnten, desto freier und liebevoller können wir dem Männlichen im Außen begegnen. Uns hat nicht nur unser Vater geprägt, sondern auch die Gefühle unserer Mutter bzw. wie sie das Männliche wahrgenommen hat. Es ist wichtig, für sich zu klären, was übernommen wurde und uns noch unbewusst beeinflusst, vielleicht sogar blockiert, was wir uns wirklich wünschen und welcher Gefährte zu uns passt.

Du wirst keinen Mann wollen, der den Vorstellungen deiner Mutter mehr entspricht als deinen eigenen. Vielleicht fragst du dich auch, warum du immer auf die gleiche Sorte von Mann »reinfällst«, obwohl du dir einen ganz anderen Mann wünschst. Was hat einen Mann, mit dem du schlechte Erfahrungen gemacht hast, anfangs so anziehend gemacht? Fällt dir dazu etwas ein?

Überprüfe: Sind das deine Gefühle und Wünsche? Willst du wirklich einen Mann, der genau diese Qualitäten als hervorstechende Eigenschaften besitzen soll? Kurz: Was ist dir das Wichtigste an deinem Partner? Das, was du dir eben überlegt hast? Wahrscheinlich nicht. Dann war deine spätere Ent»täuschung« nur die Erkenntnis dieser Illusion.

Wie siehst du den wilden, ursprünglichen Mann? Welche Eigenschaften hat dieser Gefährte auf Augenhöhe?

Welche positiven Eigenschaften besitzen dein Partner oder die Männer, die du kennst?

Denke auch an den wilden Jungen im Mann, er kann wie dein wildes Mädchen Leichtigkeit und Freude in eine Partnerschaft einbringen. Denke an den König, den Krieger und den Weisen. Fallen dir weitere positive Eigenschaften ein?

Die wilde Frau macht den Partner nicht für ihr Glück oder ihre Unzufriedenheit verantwortlich. Welche Probleme siehst du in deiner Partnerschaft? Worüber stolperst du immer wieder? Versuche, das Gefühl zu beschreiben, das du hast, wenn sich dir die Hürden und Verletzungen zeigen.

Kommt dir dieses Gefühl, dieser Glaubenssatz bekannt vor? Hattest du diese negativen Gedanken schon vor deinem Partner? Kennst du diese Gefühle vielleicht aus deiner Kindheit und Jugend?

Kannst du dir vorstellen, dass diese negative Situation mit deinem Partner etwas mit deinem Inneren, deiner Vergangenheit zu tun hat? Wie hast du deine Eltern in problematischen Situationen erlebt? Hat sich dir schon damals das negative Bild einer Partnerschaft gezeigt?

Wie würdest du gern schöner, erfüllter leben? Welche Qualitäten einer harmonischen Partnerschaft sind dir wichtig?

Entspricht deine Partnerschaft mehr deinen Wünschen oder mehr deinen Verletzungen, an die du durch deinen Partner immer wieder erinnert wirst, damit sie endlich deine Aufmerksamkeit erhalten und heilen dürfen? So oder so hilft dir dein Gefährte, zur Harmonie zu finden.

Meditiere. Nimm dir einen Moment Zeit. Zünde vielleicht eine Kerze an. Schließe deine Augen. Atme mehrere tiefe Atemzüge sanft in deinen Bauch, spüre, wie die Bauchdecke sich wölbt und beim Ausatmen senkt. Lass mit dem Ausatmen alles los, werde weich, lass deine Schultern absinken, entspanne deine Muskulatur. Geh gedanklich eine schöne breite Treppe in die Tiefe, Stufe für Stufe. Am Ende der Treppe siehst du einen schönen Weg. Geh diesen freudig und leicht. Der Weg führt dich an einen breiten sanft fließenden Fluss. Seine Wasseroberfläche glitzert im Licht.

Der Fluss teilt sich. Geh den linken Fluss entlang durchs Gras, an wunderschönen Blumen entlang. Am Flussufer steht eine schöne, anmutige Frau und lächelt dir zu. Sie hat auf dich gewartet und lächelt dich an.

Wie sieht sie aus? Spricht sie zu dir? Frag sie um Rat, was deine Weiblichkeit angeht. Was rät sie dir, gibt sie dir ein Symbol oder ein Zeichen? Was erlebst du mit ihr?

Verabschiede dich dann von deiner inneren Frau. Du kommst bald wieder.

Frieden mit dem inneren Mann

Meditiere. Geh gedanklich an die Stelle zurück, wo sich der Fluss teilt. Nimm heute oder ein anderes Mal den Weg am rechten Fluss entlang. Dort wartet dein innerer Mann auf dich. Er ist dein männlicher Anteil und freut sich, dich zu sehen. Wie wirkt er auf dich? Spricht er mit dir? Hat er eine Botschaft für dich?

Bitte deinen inneren Mann, er möge dich ein Stück begleiten, und geh mit ihm zu der Stelle, an der sich der Fluss teilt. Er wartet. Geh allein den linken Fluss erneut entlang und bitte deine innere Frau, dich zu begleiten. Du führst sie an den Ort, wo der Mann wartet.

Beobachte, wie die beiden sich wahrnehmen: Wie schauen sie sich an? Lächeln sie oder sind sie zurückhaltend oder gar abweisend? Gehen sie aufeinander zu? Wollen beide Nähe oder nur einer? Wie verhalten sich die beiden?

Geh öfters zu dieser Meditation zurück. Schreib auf, was sich verändert. Wenn sich das Verhältnis deiner inneren Frau und deines inneren Mannes klärt, verändert und heilt, wirkt sich das auch auf deine Beziehungen aus.

Im Namen der Liebe

Leg ein Mandala aus Rosenblättern. Löse Blütenblatt für Blütenblatt. Gib in jedes Blütenblatt, was du im Namen der Liebe loslassen möchtest. Alles, was dich von der Liebe abhält, was du womöglich von deiner Mutter und den Ahninnen deiner weiblichen Linie übernommen hast. Alles, was du schmerzlich selbst erlebt hast, besonders im Zusammenhang mit einem Mann (auch was deine Mutter mit deinem Vater erlebt hat). Nimm anschließend die Blütenblätter auf und wirf sie in den Wind oder suche einen Fluss auf, stellvertretend für den linken Fluss deiner Ahninnen.

Sag laut, was du loslässt. Beispiel: »Ich lasse meine Wut los; ich lasse meinen Schmerz los, ich lasse meine Enttäuschung los, alleingelassen zu werden. Ich lasse los, dass ich von dir nicht gesehen wurde, ich lasse das Gefühl los, nicht schön, wertvoll zu sein ...« Lass vor deinem inneren Auge die Frau zu dir treten und sie loslassen, was sie belastet. Wie erlebst du das Loslassen auf der weiblichen Seite?

Wiederhole diese Heilung mit und für deinen inneren Mann. Lass alles los, was deine männliche Seite verletzt hat. Waren es Traumen deines Vaters, ungute Erwartungen deiner Mutter an einen Mann? Was immer deine männliche Seite belastet hat und du unbewusst übernommen hast, lass Schmerz und Schuld los. Oft bleibt der männliche Anteil in einer Täterrolle gefangen, entlasse deinen inneren Mann auch aus dieser sehr alten Rolle. Deine innere Frau ist stark und kein Opfer. Warte, was dir deine Intuition eingibt, was losgelassen und geheilt werden möchte.

Beispiel: »Ich lasse den Schmerz los, nicht geliebt zu werden, um meinetwillen. Ich lasse den Schmerz los, nur benutzt worden zu sein, als Versorger, ich lasse die Enttäuschung los, nicht anerkannt worden zu sein, nicht gut genug gewesen zu sein.«

Wie erlebst du das Loslassen deines inneren Mannes?

Wie erlebst du nun die Begegnung deiner inneren Frau und deines inneren Mannes? Umarmen sie sich?

Verändert sich etwas im Außen zu deinem Partner oder in deinem Verhältnis zu Männern?

Einssein

Es ist schon seltsam, einerseits streben wir nach Individualität und andererseits wollen wir immer wieder zur Einheit verschmelzen.

Wir sind wie magnetische Pole, die sich voneinander abstoßen, aber wie durch ein Wunder die Gesetze der Physik außer Kraft setzen und sich dann doch immer wieder verbinden können. Das ist wohl Liebe!

In der körperlichen Liebe ist die Verschmelzung ein wahrer Energiegewinn für beide.

Diese Verschmelzung, in der du dich über die Begrenzungen des Verstandes erhebst und im Einssein erfährst, in einem Zustand außerhalb von Zeit und Raum, ist allein möglich durch einen erhebenden (meditativen) Zustand oder zu zweit. Es ist dann der Fall, wenn beide ihre Erwartungen und Wünsche loslassen können und sich ganz der Liebe widmen. Die Zeit steht still, wenn beide das Gleiche wollen und es die Essenz, die Zutaten der Liebe, enthält.

Dann kann das Negative transformiert und gewandelt werden, Sexualität wird dadurch heilsam und heilig. Die Franzosen nennen den Stirb-und-werde-Prozess in der Liebe den »kleinen Tod«, den Tod des kleinen Ichs, wenn das Einssein orgiastisch erlebt und gefeiert werden darf.

Der Sex zeigt, wie es um die Liebe eines Paares steht. Wie unter einer Lupe kommen die wunden Punkte der beiden zum Vorschein. Gibt es unausgesprochene Konflikte, wie sehr sind beide mit sich selbst im Reinen, haben sie für sich Harmonie mit dem männlichen und weiblichen Anteil gefunden, können sie sich bestärken, verbinden, auffüllen oder müssen sie einander schmerzhaft zeigen, wo noch dunkle Flecken sind?

Kann sie sich vertrauensvoll fallen lassen oder hat sie Angst, verletzt zu werden? Ist diese Angst begründet? Oder tut sie ihrem Partner unrecht, beschuldigt ihn einer Rolle, die er nie eingenommen hat? Kann er sie halten, ihr den Raum geben für sich und ihre Emotionen oder will er sie egoistisch für sich einnehmen, besitzen, benutzen?

Kann sie ihre Ängste loslassen und das Alte oder die Wut? Ist es ihre Wut auf ihn? Oder ist diese Wut älter, kommt noch die Wut der Frauen ihrer Familie auf den Mann zum Vorschein? Kann sie ihre Enttäuschungen, ihre Verletzungen loslassen und findet sie in ihm dabei einen Verbündeten, einen Gefährten?

Oder findet sie in ihm so lange einen Verstärker, bis sie die alten Verletzungen verarbeitet und verabschiedet hat und damit auch ihn?

So oder so finden wir immer zu uns selbst.

In der Sexualität betreten wir einen sehr sensiblen Raum, der uns klare Botschaften sendet. Die Energien sind extrem hoch und intensiv spürbar! Deutlich zeigt sich in der Sexualität, was sich abspielt: ein Drama, Liebe, Leidenschaft, ein Trauer- oder Lustspiel.

Die weibliche Lust

Wie erlebst du deine Lust? Genießt du dein Frausein? Kannst du dir selbst sinnliche Momente schenken? Welche Ideen hast du, um deine Sinnlichkeit auch für dich ganz allein zu pflegen und zu genießen (schöne Öle, Kleidung, Kerzenlicht, Musik, Essen, Massagen, »Selbstbeglückung« etc.)? Was bereitet dir am meisten lustvolle Gefühle?

Kennst du eine andere Art sexueller Freude, den sanften »Tal«-Orgasmus? Er ist für uns Frauen sehr leicht erfahrbar und kommt unserer weiblichen Natur entgegen. Es ist im Gegensatz zum »Gipfel«-Orgasmus, der körperlich als heftig empfunden wird, sehr sanft und entspannend, nicht erschöpfend, sondern auffüllend und nährend. Er kommt auf »leisen Sohlen« daher und wird in unserer schrillen, lauten Welt kaum beachtet. Bekannt ist in unserer Leistungsgesellschaft mit Perfektionsstreben der Gipfel-Orgasmus, bei dem man sich anstrengen muss, um den Gipfel zu erklimmen, um dann orgiastisch zuckend eine kurze Erlösung von starker Anspannung zu finden. Für viele Frauen ist diese eher männliche Form des zielgerichteten Höhepunkts nicht leicht zu erreichen. Meistens sind wir Frauen (aber auch die Männer) zu erschöpft und zu sehr im Kopf, um zur Sinnlichkeit zu finden. Die Weiblichkeit ist ganz bei sich und im Moment, sie gibt sich an das eigene Prinzip hin. Das heißt, sie zieht ihre Sinne und ihre Aufmerksamkeit nach innen zurück.

Es erleichtert den »weiblichen Höhepunkt«, wenn du dich genussvoll entspannst, vielleicht die Augen schließt, tief atmest und dich ganz auf dich, deinen warmen Schoß und deine Gefühle konzentrierst. Viele Frauen haben diesen Orgasmus, ohne es zu wissen, weil der Körper nicht unbändig zuckt, sondern noch weicher wird.

Die weibliche Energie ist ausdehnend und unendlich entspannend. Das Empfangen dieser Energie des Einsseins geschieht am besten ohne Erwartungen, Druck, nur mit liebevollen Gedanken, den Moment gemeinsam zu genießen, sich aneinander zu freuen. Du bekommst sicherlich eine Gänsehaut in einem besonderen Moment, diese lässt sich auch nicht erzwingen, sondern geschieht, wenn dich bzw. dein Herz etwas berührt.

Ohne Liebe geht nichts

Beim »weiblichen Höhepunkt« ist das Herz dabei, ohne die Liebe geht es nicht. Ohne die Liebe kannst du Sex haben, aber wahrscheinlich nicht das Einssein mit dem Universum erfahren, eine pure Glückseligkeit, in der du außerhalb von Zeit und Raum bist und nichts mehr sonst brauchst.

Öffne dein Herz, stell es dir wie deinen Schoß warm, weit und lichtvoll vor und lasse gedanklich die Energie des Unterleibs nach oben zum Herzen fließen. Stell dir vor, wie die Energie des Schoßraums, deine und seine Energie, wie ein goldener Fluss hoch zu deinem Herzen fließt und eventuell noch höher. Setz dich aber auf keinen Fall unter Druck. Ein Gedanke der Liebe reicht.

Die weibliche Energie ist stark und ohnehin fließend. Sie kann ohne Anstrengung wie ein Fluss in alle Richtungen strömen.

Ein liebevoller Partner kann dich erwärmen und erfreuen, er schenkt dir seine Liebe und kann deine Energie zum Überfließen bringen. Er hält dich, damit du dich sicher und geliebt fühlen und entspannen kannst. Du nimmst ihn mit deiner sanften, sich ausdehnenden Kraft zu deinem Herzen und zurück zu deiner Essenz.

Man könnte eure Vereinigung auch »Ausflug zum Herzen« nennen, dabei ist der ganze Weg schon ein Genuss. Das Herz, das Zentrum der Liebe, zieht beide magnetisch an. Dort können sie sich verbinden mit dem höheren göttlichen Prinzip des Einsseins von allem.

Beide geben sich in Liebe hin, ohne eigene Bedürftigkeit oder egoistische Absichten, und nehmen sich mit.

Licht und Liebe

Verbinde dich mit deinem Schoßraum. Atme tief und sanft. Werde dir der Wärme bewusst. Sieh eine Lichtquelle in deinem Schoß. Lass die Lichtquelle sich langsam vergrößern und ausdehnen. Spüre genauso die Wärme in deinem Herzen. Werde nur mit deinem Partner intim, wenn du es willst, und spüre auch dabei dein inneres Leuchten. Entspanne dich immer mehr. Spüre seine Wärme und seine Liebe.

Betrachte die sexuelle Vereinigung als eine tiefe Meditation. Als Frau bist du der Quelle in dir sehr nah und verbunden. Diese kann wie das Herz niemals verletzt werden. Atme zu deinem Herzen. Sende die Liebe zu deinem Partner und spüre eure Verbindung.

Erlebst du Gefühle des Einsseins, tiefe Entspannung, das Gefühl, dein Körper löse sich auf, siehst du Farben, hört die Zeit auf zu existieren? Erfährst du die Verbindung zum Kosmos, in dem es keine Trennung, nur Einssein gibt? Vielleicht möchtest du dir deine Gefühle aufschreiben.

Die Liebe ist die Liebe

Liebe Freundin, spürst du den Neuanfang? Merkst du, dass sich etwas anderes als bisher ankündigt, von dir entdeckt, gelebt oder ins Leben gerufen werden will? Vielleicht fühlst du dich noch etwas unsicher, verwirrt. Das ist normal bei allem Neuen, sogar, wenn man sich frisch verliebt.

Sei verliebt in dich!

Betrachte dich mit den Augen der Liebe und triff Entscheidungen mit ihr. Die Liebe ist die wilde Weiblichkeit, aber das weißt du längst.

Wenn du alles über die Liebe weißt, dann weißt du alles über dich.

Dass Liebe nicht zögerlich ist und keinen Rückzieher macht, nur um andere nicht vor den Kopf zu stoßen. Dass sie frei ist, furchtlos, stark, neu erschaffend, verändernd, heilend, verbindend, pure Harmonie, Magie ist und glücklich macht. Du bist die Liebe! Du bist die Liebe, genau diese Liebe, die du dir schon so lange wünschst!

Geh Schritt für Schritt, nur Mut! Glaube an dich! Schau in den Spiegel, in deine Augen, und sieh die Frau, die du wirklich bist! Leg deine Arme um dich und wisse, jeder Millimeter deines Körpers ist liebenswert und schön. Du verkörperst ganz besonders und individuell das urweibliche Prinzip allen Seins.

Zeige dich, atme, geh in diese Welt, sie gehört dir!

Spüre die Frauen hinter dir, sie folgen dir. Auch wenn, du sie nicht sehen kannst, spüre ihre Liebe und Dankbarkeit.

Danke

Ich schreibe diese letzten Zeilen und kann es selbst kaum glauben. Ich habe es geschafft! Ich bin über mich hinausgewachsen und habe meinen Traum Wirklichkeit werden lassen. Ich bin so vielen Menschen unendlich dankbar, die mich diesen langen Weg unterstützt, mich inspiriert und begleitet haben.

Danke, Frank, du bist meine große Liebe und ein wahrhaft wilder, großer Mann! Du hast die Kinder und mich mit Liebe, Essen, Weisheiten, lustigen Sprüchen versorgt und bei Laune gehalten. Ich danke meinen Kindern Sophie, Laurin und Finya, dass sie an mich geglaubt, mich bestärkt und immer wieder ins Hier und Jetzt geholt haben. Bleibt so wild und einzigartig, ich liebe euch! Geht euren Weg immer leicht mit Freude und im Licht der Liebe.

Danke meinen Eltern und meinen Ahnen für euren Schutz und eure Hingabe.

Danke von Herzen meinen und anderen Frauengruppen und meinen Freundinnen Ilona, Claudia, Cornelia Ursula, Osari Johanna, Tanja, Anja, ihr habt mich auf diesem oftmals harten Weg immer wieder in den Arm genommen, mir gezeigt, dass wir es schaffen, immer weiterzugehen, zu heilen, zu weinen, zu lachen und uns selbst zu finden, dieses Leben mit Freude zu genießen und zu feiern. Ihr habt mich ermutigt, furchtlos zu sein und kreativ zu werden! Ich wollte vieles anders haben, schöner, lebendiger, jetzt habe ich angefangen mit eurer Unterstützung und sage Danke an: meine Yogafrauen, die offen für alle verrückten Rituale, Mudras und wilde Atem-Yogaübungen sind, und nicht zu vergessen all die wunderschönen, sinnlichen und wilden Frauen, die mit mir und Sabua Gärtig von »Lichtraum« die Fotos gemacht haben (Angela, Ulrike, Birgit, Lena, Sophie G., Sophie S., Vanessa, Osari Johanna, Katie, Friederike und Romy) und all die geliebten Wesen, die mir den Weg zur Weiblichkeit geebnet haben.

Von ganzem Herzen bedanke ich mich bei Caroline Oblasser, deren Buch »Regelschmerz ade« mich in meinem Entschluss, »frei zu menstruieren« bestärkt hat, meiner Lehrerin Siri Preetam, die mir Kundalini-Yoga mit großem Herzen und viel Humor gezeigt hat. Danke an Wulfing von Rohr und Katrin Ingrisch, ohne euch gäbe es dieses Buch nicht, und an Anouk Pross für die magischen Fotografien wilder Weiblichkeit im Schwarzwald. Sie und Sabua bringen die wahre Schönheit und Magie einer jeden Frau ans Licht, ganz ohne Photoshop.

Aktuelle Informationen, Workshops und Rituale findest du unter
www.wilde-weiblichkeit.net